普通高等教育"十二五"规划教材

航空运输地理

石丽娜　周慧艳　主编

国防工业出版社

·北京·

内容简介

本书主要由两部分组成,第一部分为基础篇,主要介绍地球与导航、航空地图、时差与飞行、气象与航空安全;第二部分为专业篇,主要介绍航空运输布局、世界航空运输区划、我国航空运输布局。

本书内容充实,充分结合了航空运输飞行过程中的特定要求及遇到的各种实际情况,因此具有很强的实用性。在所有章节后附有复习思考题,并在最后附上了实用的小工具,是高等院校航空商务、航空经营管理、国际货运、航空物流、空中乘务以及飞行技术等相关专业师生在学习、教学、参考、阅读时的必备材料,也可以作为民航企业培训教材。

图书在版编目(CIP)数据

航空运输地理/石丽娜,周慧艳主编. —北京:国防工业出版社,2012.8(2017.4 重印)
ISBN 978-7-118-08311-8

Ⅰ.①航… Ⅱ.①石…②周… Ⅲ.①航空运输 – 运输地理 Ⅳ.①F56

中国版本图书馆 CIP 数据核字(2012)第 172752 号

※

国防工业出版社出版发行

(北京市海淀区紫竹院南路23号 邮政编码100048)
三河市众誉天成印务有限公司印刷
新华书店经售

*

开本 787×1092 1/16 印张 16 字数 355 千字
2017 年 4 月第 1 版第 6 次印刷 印数 12001—14000 册 定价 40.00 元

(本书如有印装错误,我社负责调换)

国防书店:(010)88540777 发行邮购:(010)88540776
发行传真:(010)88540755 发行业务:(010)88540717

前　言

　　一直到2020年,这一时期是我国全面建设小康社会的重要时期,也是民航发展的重要战略机遇期。中国民航已提出在本世纪头20年实现由民航大国向民航强国跨越的奋斗目标。为适应国家经济社会发展的需要和建设民航强国的要求,我国民航局近期进一步提出建立新一代民用航空运输系统的宏伟构想。

　　中国民航"十二五"规划中,提到运输机场是国家综合交通基础设施的重要组成部分,是民航最重要的基础设施。"十二五"期间,中国民航要以需求为导向,优化机场布局,加快机场建设,完善和提高机场保障能力,重点缓解大型机场容量饱和问题和积极发展支线机场。"十二五"期间,要全面落实《全国民用机场布局规划》;实施枢纽战略,满足综合交通一体化需求;加强珠三角、长三角、京津冀等区域机场的功能互补,促进多机场体系的形成;到2015年,全国运输机场总数达到230个以上,覆盖全国94%的经济总量、83%的人口和81%的县级行政单元。

　　原中国民航局副局长杨国庆在2009年举行的中国民航发展论坛上宣布,中国将集中有限资源,利用现有政策和措施,在3年~5年内基本建成东中西部、支线干线、客运货运、国内国际运输比较协调、完善、高效、便捷的国家公共航空运输体系。这些措施包括:加强北京、上海、广州三大门户复合枢纽建设;加快区域枢纽建设;完善干线网络建设;促进支线航空发展。

　　种种举措表明,无论在什么样的背景下,民航运输的发展总是离不开重要的三个方面,即机场、航线、运力。

　　本书以地理学为基础,分为两大部分共7个章节。第一部分由绪论~第4章组成,主要围绕着与航空运输生产布局有关的地理学的基础知识进行介绍。其中,绪论介绍了地理学的发展历史和地理学科的特点,以及航空运输地理的概念及其研究的对象;第1章介绍了地球的基本知识;第2章介绍了航空地图;第3章介绍了时差与飞行间的关系;第4章阐述了容易影响航空运输生产布局的几种天气现象及其影响结果。

　　第二部分由第5章~第7章组成,紧紧围绕着影响航空运输布局的三个要素——机场、航线、运力,详细介绍了国内和国外的航空运输生产布局情况。其中第5章详细介绍了影响航空运输布局的三个要素的基本概念,以及航空运输布局的六大影响因素;第6章主要介绍了IATA的三个业务分区,并且结合IATA的区域划分和ICAO的区域划分分别介绍了发达国家的航空运输布局;第7章则按照航空区域的划分,分别介绍了我国各地区的航空运输布局。

　　本书内容非常充实,具有很强的时效性和实用性,并在附录中列出了航空运输地理要求掌握的基本内容,如国内机场三字代码、航空公司二字代码等,本章中的多数数据来源于各航空公司的官方网站,数据真实。本书是高等院校航空商务、航空经营管理、国际货运、航空物流、空中乘务以及飞行技术等相关专业师生在学习、教学、参考、阅读时的必备材料,也可以作为民航企业培训教材。

本书的主要特色是:

(1) 内容全。本教材在编写过程中参考了已经出版的同类型的相关教材,以及民航运输企业的内部材料,吸取了当前出版的所有航空运输地理相关书籍的优点,做到了教材内容全、新,能满足教学和实际工作的需要。

(2) 结构新。目前,国内有关航空运输地理的教材较为匮乏,且内容较陈旧,知识点相对零散。本教材在编写过程中结合多年的授课经验以及与东航等航空公司众多专家的意见,全方位地对航空运输地理进行阐述。

(3) 通俗易懂。本书作为最基础的专业课程用书,在编写过程中充分考虑了各个专业的特点,对一些相关的基础知识和基本概念都做了详细的介绍。

本书的绪论至第 5 章由石丽娜编写,第 6 章和第 7 章由石丽娜、周慧艳共同编写,上海工程技术大学校长汪泓教授、航空运输学院副院长郝勇教授、飞行学院常务副院长徐宝纲对本书部分章节提出了具有建设性的意见和建议。

本书在编写过程中,参考了很多业内外人士的观点、书籍和文章,在此谨向他们表示真诚的感谢。由于编者水平有限,书中难免存在错误和不妥之处,恳请读者和专家批评指正。

编 者

目 录

绪论 ··· 1

第一篇 基础知识篇

第1章 地球与导航 ·· 8
1.1 地球的基本知识 ·· 8
 1.1.1 地球的形状和大小 ·· 8
 1.1.2 地理坐标 ··· 8
 1.1.3 地球磁场 ·· 10
 1.1.4 航线 ·· 13
1.2 地球运动的基本形式 ··· 16
 1.2.1 地球自转 ·· 16
 1.2.2 地球公转 ·· 18
1.3 地球与导航 ··· 20
 1.3.1 天文导航 ·· 20
 1.3.2 无线电导航 ··· 20
 1.3.3 卫星导航 ·· 22
本章小结 ··· 25
复习与思考 ·· 25

第2章 航空地图 ·· 26
2.1 地图三要素 ··· 26
 2.1.1 地图比例尺 ··· 26
 2.1.2 地图符号 ·· 27
 2.1.3 地图投影 ·· 28
2.2 常用的航空地图 ··· 30
 2.2.1 航空地图 ·· 31
 2.2.2 特种航图 ·· 31
本章小结 ··· 40
复习与思考 ·· 40

第3章 时差与飞行 ··· 41
3.1 时差与时间 ··· 41
 3.1.1 时差 ·· 41
 3.1.2 时间的种类 ··· 41

3.2　飞行时间计算 ·· 45
　　本章小结 ·· 47
　　复习与思考 ·· 47
第4章　气象与航空安全 ·· 48
　　4.1　基本气象要素 ··· 48
　　　　4.1.1　气温 ·· 49
　　　　4.1.2　气压 ·· 50
　　　　4.1.3　空气湿度 ·· 53
　　　　4.1.4　基本气象要素与飞行 ·· 54
　　4.2　大气结构 ·· 55
　　　　4.2.1　对流层 ·· 56
　　　　4.2.2　平流层 ·· 57
　　　　4.2.3　航行层 ·· 57
　　4.3　云与能见度 ··· 59
　　　　4.3.1　云 ··· 59
　　　　4.3.2　能见度 ·· 63
　　4.4　风与风切变 ··· 67
　　　　4.4.1　风及其对飞行的影响 ·· 67
　　　　4.4.2　低空风切变 ·· 69
　　4.5　降水与积冰 ··· 73
　　　　4.5.1　降水 ·· 73
　　　　4.5.2　雷暴 ·· 75
　　　　4.5.3　飞机积冰 ·· 77
　　4.6　飞机颠簸 ·· 79
　　本章小结 ·· 81
　　复习与思考 ·· 81
　　阅读 ·· 82
　　思考题 ·· 84

第二部分　专　业　篇

第5章　航空运输布局 ·· 85
　　5.1　概述 ·· 85
　　　　5.1.1　航空运输的概念 ·· 86
　　　　5.1.2　航空运输的特点和地位 ·· 87
　　5.2　航线及航线网络 ··· 88
　　　　5.2.1　航线 ·· 88
　　　　5.2.2　城市对航线和城市串航线的结构 ···································· 89
　　　　5.2.3　枢纽航线的结构 ·· 90
　　　　5.2.4　主要国际航线 ·· 96

5.3 机场(航空港) ·· 99
　　5.3.1 机场(航空港)的概念 ·· 100
　　5.3.2 机场的功能 ··· 102
　　5.3.3 机场的经营管理模式 ·· 107
5.4 航空公司 ·· 109
　　5.4.1 航空公司的概念及其分类 ·· 109
　　5.4.2 航空公司运行管理结构及其职能 ·································· 110
　　5.4.3 航空公司运力及其分布 ··· 114
　　5.4.4 航空公司联盟 ·· 115
5.5 航空运输布局的影响因素 ··· 119
　　5.5.1 地理位置 ·· 120
　　5.5.2 自然条件 ·· 122
　　5.5.3 经济条件 ·· 124
　　5.5.4 政治条件 ·· 124
　　5.5.5 科技条件 ·· 124
　　5.5.6 人口条件 ·· 128
5.6 影响航空运输布局的行业 ··· 129
　　5.6.1 旅游业 ·· 129
　　5.6.2 对外贸易 ·· 131
　　5.6.3 劳务输出 ·· 131
　　5.6.4 航空运输与其他交通运输方式的关系 ···························· 132
　　5.6.5 航空运输与铁路运输的关系 ··· 132
本章小结 ·· 134
复习与思考 ·· 134

第6章 世界航空运输区划 ·· 135

6.1 IATA业务分区 ·· 135
　　6.1.1 ICAO概述 ··· 135
　　6.1.2 IATA概述 ··· 139
　　6.1.3 IATA业务分区 ··· 142
　　6.1.4 世界航空区划 ·· 143
6.2 IATA一区 ··· 143
　　6.2.1 概述 ··· 143
　　6.2.2 机场 ··· 145
　　6.2.3 航空公司 ·· 147
6.3 IATA二区 ··· 149
　　6.3.1 概述 ··· 149
　　6.3.2 机场 ··· 152
　　6.3.3 航空公司 ·· 155
6.4 IATA三区 ··· 158

VII

             6.4.1 概述 158
             6.4.2 机场 160
             6.4.3 航空公司 161
         本章小结 163
         复习与思考 163
     第7章 我国航空运输布局 164
         7.1 我国的航线 164
             7.1.1 我国的国际航线 164
             7.1.2 我国的国内航线 165
         7.2 我国的机场 165
             7.2.1 我国机场的基本体系 166
             7.2.2 我国机场的基本评价 167
             7.2.3 我国机场的布局原则 169
             7.2.4 机场分区介绍 169
         7.3 我国主要航空公司 193
             7.3.1 三大航空集团 194
             7.3.2 地方航空公司 201
             7.3.3 民营航空公司 210
             7.3.4 其他航空公司 212
         本章小结 212
         复习与思考 215
         阅读 215
         思考题 217
 附录1 国际时差换算表 218
 附录2 世界国家二字代码(部分) 227
 附录3 世界航空公司二字代码 232
 附录4 我国民用机场三字代码 234
 参考文献 240

绪　论

地理学是关于地球与其特征、居民和现象的学问,是研究地球表面的地理环境中各种自然现象和人文现象,以及它们之间相互关系的学科。地理学以往仅指地球的绘图与勘查,今天已成为一门范围广泛的学科。地球表面各种现象的任何空间变化类型都受到影响自然界和人类生活的许多因素的制约,因而地理学家必须熟悉生物学、社会学及地理学等学科。地理学家的特殊任务是调查研究其分布模式、地域配合、联结各组成部分的网络,以及其相互作用的过程。

随着科学技术的进步、各国各地区经济开发和建设以及环境管理和保护的需要,地理学将成为一门有坚实的理论基础、应用理论的基础性学科,也是一门与生产实际紧密联系的应用性学科,学科的内容和结构也将发生变化。

一、概述

1. 地理学研究对象

地理学研究的是地球表面这个同人类息息相关的地理环境。地理学者曾用地理壳、景观壳、地球表层等术语称呼地球表面。它是地球各个层圈——大气圈、岩石圈、水圈——相互交接的界面,具有一定的面积和厚度。在地球表面,各种自然现象和人文现象组成一个宏大的地表综合体,它具有以下的特征:

(1)地球表面是由五个同心圈层组成的整体,它们分别是大气对流层、岩石圈上部、水圈、生物圈和人类圈。

大气对流层主要由气态物质组成,也包括部分液态水和固体颗粒。由于对流层同地面和水面接触,因此大气中各种要素都受到下垫面的强烈影响。

岩石圈上部主要由固体物质组成,包含部分气态、液态物质和微生物,它是生物和人类所依附的场所,也是各种圈层相互影响、相互作用最集中的地方。

水圈主要由液态水组成,以海洋为主,还有陆地地表水和地下水。水圈在地球表面物质和能量循环中起着十分重要的作用,它是生物圈和人类圈得以生存和发展的基础。

生物圈是有生命活动的圈层,包括植物、动物和微生物。生物圈同大气对流层、岩石圈上部、水圈相互交错,组成一个巨大、复杂的自然综合体。

人类的出现是地球表面形成和发展过程中的一个重要转折。人类以其特有的智慧和劳动,通过社会生产和生活的各个方面对地球表面施加影响,创造了一个新世界,并发展成为一个新的层圈——人类圈。

上述各层圈所组成的地球表面这个综合体是自然历史发展的结果,各层圈的形成在实践上亦有一定的顺序:岩石圈、大气圈和水全是无机的物质,首先出现;有机的生物圈及其相关的土壤,是在无机圈层基础上发展起来的;人类则是生物圈发展到一定阶段的产物。这种发展的动力来自于地球内部和外部力量——太阳能。

(2) 地球表面是一个不均匀的层面,存在着明显的区域差异。造成地球表面不均匀和区域差异的主要原因是太阳能在地球表面分布的不均匀性和地球内能分布的不均匀性。人类是在一定的自然地理环境中生存和发展的,因此人类的体制和社会、政治、经济、文化等活动都存在着明显的区域差异,如人种的差异、生活方式的差异等。

自然地理的变化影响人文地理,人文地理也反作用于自然地理。特别是在现代工业化时期,人类的活动是地球表面发生深刻的变化,一方面控制或减轻了某些自然灾害,另一方面诸如森林的砍伐、污染、荒漠化等情况的出现,破坏了自然生态系统的平衡。随着人口的急剧增加、资源的大量消耗,人类的影响程度还在加剧。

2. 地理学学科特点

地理学是在研究地球表面的过程中逐渐形成的,并不断完善其理论、方法和手段。它的特点主要是综合性、区域性、动态研究性、方法多样性等。

(1) 综合性。作为研究对象的地球表面是一个多种要素相互作用的综合体,这决定了地理学研究的综合性特点。

地理学不限于研究地球表面的各个要素,更重要的是把它作为统一的整体,综合地研究其组成要素及它们的空间组合。它着重于研究各要素之间的相互作用、相互关系,以及地表综合体的特征和时、空变化规律。地理学的综合性研究分为不同的层次,层次不同,综合的复杂程度也不同。高层次的综合研究,即人地相关性的研究,是地理学所特有的。

综合性的特点决定了地理学是一个横断学科,它与研究地球表面某一个层圈或某一个层圈中部分要素的学科都有密切的关系,如研究大气的大气物理、研究岩石圈的地质学、研究人类圈的经济学、政治学、心理学等。地理学从这些学科中吸取有关各种要素的专门知识,反过来又为这些学科提供关于各种要素及与其他现象间联系的知识。

(2) 区域性。地球表面自然现象和人文现象空间分布不均匀的特点,决定了地理学研究又有区域性的特点。由于不同的地区存在不同的自然现象和人文现象,一种要素在一个地区呈现出的变化规律在另一个地区可能完全不同,因此研究地理区域就要剖析不同区域内部的结构,包括不同要素之间的关系及其在区域整体中的作用,区域之间的联系,以及它们之间发展变化的制约关系。地理区域性研究的内容包括区域内部结构和区际关系两个方面。

地理学的区域研究根据研究对象的范围分为三个尺度:大尺度区域着重探讨全球或全大陆范围内的分异规律和内部结构特征,从而揭示全球或全大陆的总体特征;中尺度区域研究是分析国家或大地区范围内区域总体特征和地域分异规律,以及该地区对大尺度区域分异的作用;小尺度区域是揭示局部地区区域特征和分异规律,以及该地区对中尺度区域分异的作用。

(3) 研究动态性。地球表面不断变化的特点,决定了地理学必须用动态的观点进行研究。地理学研究及注重空间的变化,也注意时间的变化。这种变化既有周期性的又有随意性的;有长周期的,也有短周期的。

用动态的观点研究地理学,就要求把现代地理现象作为历史发展的结果和未来发展的起点,研究不同发展时期和不同历史阶段地理现象的规律。现在现代地理学已经有可能对于某些区域的未来发展提出预测,并根据预测结果进行控制和管理,以满足人们对区域发展的要求。因此,时间和空间统一的概念,在地理学研究中越来越受到重视。

（4）方法多样性。地球表面的复杂性决定了地理研究方法的多样性。现代地理研究主要采用野外考察与室内实验、模拟相结合的研究方法。地理学的研究对象是地球表面，关于地球表面的属性和特征的资料主要来自于野外考察，随着航空遥感、气象卫星、地球资源卫星、航天技术的成果广泛应用于地理学研究，提高了野外考察的速度和精度。地理数据的处理、各种地理现象的实验室模拟等也迅速地发展起来，这不仅仅大大提高了工作效率，还促进了地理学的快速发展。

3. 地理学学科体系

地理学可分为自然地理学、人文地理学和区域地理学三个分支。

1）自然地理学

自然地理学是研究地理环境的特征、结构及其地域分异规律的形成和演化规律的学科，是地理学两个基本学科中的一个，其研究对象是地球表面的自然地理环境，包括大气对流层、水圈、生物圈和岩石圈上部。它可再分为地貌学、气候学、生物地理学和水文学。

2）人文地理学

人文地理学是研究地球表面人类各种社会经济活动的空间结构和变化，以及与地理环境的关系的学科，是地理学两个基本学科中的另一个。按研究对象可分为社会文化地理学、经济地理学、政治地理学、城市地理学等分支。

社会地理学即狭义的人文地理学，包括人种地理学、人口地理学、聚落地理学、社会地理学、文化地理学等。

经济地理学包括农业地理学、工业地理学、商业地理学、交通地理学，以及新近形成的旅游地理学等。

政治地理学包括狭义的政治地理学和军事地理学。

城市地理学层是聚落地理学的一部分，隶属于社会文化地理学，经过近20年的发展，它的研究对象和内容已经超出了聚落和社会文化的范围，成为人文地理学的一个独立分支。

历史地理学是研究人类历史时期的自然地理和人文地理环境及其变化规律的学科，这是地理学的一个年轻的分支学科。

3）区域地理学

区域地理学是研究地球表面某一区域地理环境的形成、结构、特征和演化过程，以及区域分异规律的学科，是地理学的重要组成部分。现代区域地理学强调自然地理和人文地理的统一，注重研究区域自然地理要素和人文地理要素的区域综合和空间联系。

二、交通运输地理学

交通运输地理学是研究交通运输在生产力地域组合中的作用、客货流形成和变化的经济地理基础，以及交通网和枢纽的地域结构的学科。在地理学体系内，交通运输地理学是作为经济地理学的一个分支发展起来的，正在形成为一门独立的学科。

1. 交通运输地理学科的对象和内容

交通运输地理学的对象是：交通运输在生产力地域组合中的作用，客、货运及其产生的客货流形成的经济地理基础，以及交通线网和枢纽的地域结构和类型。

作为研究交通运输活动空间组织的学科，交通运输地理可分为理论交通运输地理、部门交通运输地理、区域交通运输地理、城市交通运输地理四个部分。

理论交通运输地理主要研究交通运输网的构成及其各种交通方式的地位,交通运输在生产布局中的作用,运输联系和客、货流分布及其演变趋势,合理运输与货流规划的理论和方法,交通运输布局的经济效益计算和地域系统评述,交通网络和站场布局的类型和模式,交通运输区划的原理和方法。

部门交通运输地理分别研究铁路、水运、公路、管道、航空等运输方式的经济技术特点,及地域的适应性。

区域交通运输地理分别从国际、国家、国内经济行政区,或按河川流域、地形单元进行交通网络和客、货流的分析,通过对区域交通运输情况的描述,揭示区内经济结构的空间联系和区际物质联系的内在规律。

城市交通运输地理主要研究和预测城镇内部道路交通网和客、货流与交通流的形成变化规律,城市对外交通线和站、港空间布局,以及综合交通系统。

按研究对象的内容,交通运输地理分为交通网地理、客货流地理,以及作为整个学科理论、方法基础的理论交通地理。

交通运输地理包括:交通运输网的组成和各种交通类型在其中的地位,交通运输在生产力布局中的作用,客货流的地域动态分析,合理运输与货流规划的理论和方法,交通运输与产销区划的关系,吸引范围的理论与方法,交通线网和站场布局的类型和模式等。部门交通运输地理主要分铁路、水运、公路、航空和管道五种运输方式,可从自然、技术、经济的联系中把握它们各自的特点。这方面的研究既是交通运输地理基本理论的具体化,又是交通运输区域研究的先导。区域交通运输地理可以从全世界、全国,也可按经济区域进行交通线网和客货流的分析。它不单是国家或区域交通运输情况的记载描述,还应通过这种研究,揭示区内经济结构的空间联系和区际物质联系的内在规律。城市交通运输地理则是城镇内部道路交通网、客货和交通流以及城市对外交通线和站、港空间组合的研究。这是极其复杂、综合的交通运输系统,因而对它的调查和分析可以直接为城市规划服务。

2. 交通运输地理学科的特性

同其他地理学科一样,交通运输地理学具有明显的地域性与综合性,特别注意地理环境(自然条件、经济地理环境、社会文化环境)与交通运输的相互作用和影响,大量采用区域对比、系统分析与空间区划等方法,并十分重视交通运输网络系统各组成部分的综合研究,以及影响其形成因素(自然、技术、经济等因素)的综合分析。

1) 地域性

在研究中要把交通运输现象作为生产力地域组合中的一个环节来考虑,特别注意地理环境同它的相互作用,大量采用空间地域的分析方法,如分析交通运输的地域差异、区域网型和运量结构、交通运输区划、交通点和线的区位,以及交通网络分析、交通运输系统模拟等。并且按照国家和区域(经济行政区、吸引范围、流域等)对交通运输分布现状、发展趋向进行评述和预测。

其地域性表现在以下三个方面:

(1) 把交通运输现象,作为生产过程,特别是生产力地域组合中的一个环节来考虑,因而,特别注意地理环境(包括自然环境、经济环境和社会文化环境)的影响,以及其反馈作用。

(2) 大量采用空间地域的分析方法,如交通运输地域类型,区域交通运输结构,交通运输区划,交通点、线的区位,交通网络分析,交通运输系统模拟等。

(3) 按照国家和区域(行政区、经济区、吸引范围等)对一定地域内的交通运输情况进行描述和预测。

交通运输地理学综合分析交通运输的自然、技术、经济条件及其结合,研究各种运输方式组成的统一交通网的内在结构、空间布局和时间次序,揭示其内在机制并预测其未来趋势。

研究中利用一系列具体经济指标,运量、运距、周转量、运输能力、成本、运价、投资、利润等,以及科学管理和计划方法。在运用现代数学方法和电子计算机方面,同现代数学联系日益密切。除大量应用分析数学线性规划、数理统计等数学方法外,还引入了网络分析、动态规划、掉队论、模糊数学和投入—产出模式等方法。

2) 综合性

经济地理学科的综合性,表现在从自然、技术、经济的联系中对其研究对象的综合分析上,交通运输地理学亦不例外。

自然,是指地壳和自然环境,它们是研究交通运输地理的外在物质基础。例如,铁路的选线往往经由不同的地形部位,平原、丘陵和山地在线型、地基基础和工程量上有巨大差异;公路网的规划和建设,必须充分考虑土壤冻结、水热状况、地形单元和自然病害等综合自然条件;海岸和河口的水文、地貌条件,是海港选址的基本依据。

技术,是指各类交通运输方式的建设方法和生产工艺。交通运输技术的改进,如强力牵引动力的使用、高速线路的铺设、新型运载工具(如管道、集装箱)的出现,从时间上相对缩短了运输的空间距离,增大了各地联系的规模,也从经济上改变了交通工具对自然环境的依赖关系,如桥梁基础和结构工程的改进使飞越天堑成为可能,新的隧道测量和凿进技术的应用打通了高山陆路的禁区。所以,技术成了联系自然和经济的纽带。

经济,是指交通运输的经济依据和管理方法。它包括进行交通运输地理研究必备的一系列指标体系,如运量、运输距离、周转量、运输能力、成本、运价、投资、利润等方面,以及经营组织运输活动中采用的科学管理方法。为生产力合理布局服务的交通运输地理研究,总的要求是使运输合理化,使生产过程在流通中延续的耗费最小、居民用于交通上的支出最节约,从而提高社会劳动生产率。在同交通运输地域组合有关的方案中,追求一个自然条件有利(或至少是较好)、技术措施先进(或至少是可能)、经济效益显著(或至少是合理)的方案,是这个学科开展理论研究和解决实际问题的目标。为了对比方案的可行性,进行线网和站点的定位,又必须进行经济分析和定量计算。由此可见,经济是交通运输地理的核心。

3. 交通运输地理学科同相邻学科的关系

根据本学科的内容和特性,交通运输地理学同许多相邻学科有密不可分、相互补充的联系。

(1) 自然地理学和经济地理学是交通运输地理学形成和发展的前提,同时,交通运输地理学扩充了这两个学科的内容。

运输经济学和各种交通运输方式的技术和设计学科,如铁道建筑、港口工程、公路设计、城市道路交通等,有助于交通运输地理学的深入研究。近年来发展的综合运输学科,从技术经济角度研究不同运输方式之间的协调,与交通运输地理共同为统一运输网的宏观布局提供科学依据,但前者侧重于设备、经济、综合利用和比较计算,而后者更注意地域结构的分析。

(2)交通运输地理学是经济地理学的分支学科,它研究的是交通运输地域组织的规律。其核心是研究交通网(包括线网、枢纽和港站)的结构、类型、地域组合及其演变规律,同地区间的运输经济联系、经济发展水平和人口分布有紧密联系的客、货流的产生与变化规律,交通运输在地域生产力综合体形成与发展中的地位与作用。

地理学科与交通运输学科之间又存在着非常紧密的关系。

(1)地理学科。交通运输地理学是地理学的一部分,分别研究地球表面自然和经济环境的自然地理学(也包括部分地质学)和经济地理学,都是这门学科形成和发展的前提。同时,交通运输地理学又从自然条件的交通评价和利用方面,丰富了自然地理学和自然区划的应用方向,其对工、农业布局的交通运输要素的研究以及地区内外运输联系的研究,均成为经济地理学和经济区划理论中的最重要组成部分。

(2)交通运输学科。是指运输经济学和各种交通运输方式的技术和设计学科,如铁路建筑、港口工程、公路设计、城市道路交通等,都是交通运输地理的姐妹学科。近年来,一门从技术经济角度研究不同运输方式之间协调的学科,即综合运输经济与组织,正在发展。

在国外,伴随着公路和城市道路交通的现代化,出现了以治理交通为目的的交通工程学,它研究交通流和行车设施以及同周围环境的关系,从而成为交通运输地理学这门基础学科通向实际应用的又一桥梁。

三、航空运输地理

在《现代地理学辞典》里,民用航空运输的定义为:以飞机作为运输工具,以民用为宗旨,以航空港为基地,通过一定的空中航线运送旅客和货物的运输方式。它是国家和地区交通运输系统的有机组成部分。其突出优点是运输速度快、航线直、不受地面地形的影响、可承担长距离的客货运输,但运载量小、燃料费用高、运输成本贵、易受气候条件影响。民用航空运输在国际交往和国内长距离客运中起着非常重要的作用。

航空运输地理研究航空运输与地理环境的关系,研究航空运输的空间分布及其发展规律的一门科学,是研究航空线路及航空港空间分布的交通运输部门地理。航空运输地理是一门新兴的学科,是庞大的地理科学体系中的一个小小分支。它与公路、铁路、水运、管道等其他运输地理学分支构成交通运输地理学的部门学科体系。

地理学的理论与社会实践相结合,为社会服务是现代地理学发展的必然趋势。航空运输地理这一分支学科的产生,是社会实践的需要。因此,航空运输地理又是一个应用性很强的学科。从应用的角度出发,航空运输地理的主要研究内容包括航空线路的起讫点和中途站航空港的位置、功能和规模等级,即研究航空线路和航空港的布局。

航空运输地理具有边缘学科的双重特性,它既是地理学的分支,又是航空运输知识体系的重要组成部分。航空运输地理运用地理学的基本原理和基础知识为航空业务服务,有些内容直接应用于航空业务工作,它属于专业基础课的范畴。

本 章 小 结

地理学是关于地球与其特征、居民和现象的学问,是研究地球表面的地理环境中各种自然现象和人文现象,以及它们之间相互关系的学科。

交通运输地理学是研究交通运输在生产力地域组合中的作用、客货流形成和变化的经济地理基础,以及交通网和枢纽的地域结构的学科。

航空运输地理研究航空运输与地理环境的关系,研究航空运输的空间分布及其发展规律的一门科学,是研究航空线路及航空港空间分布的交通运输部门地理。航空运输地理的主要研究内容包括航空线路的起讫点和中途站航空港的位置、功能和规模等级,即研究航空线路和航空港的布局。

复 习 与 思 考

1. 什么是地理学,地理学的研究对象是什么?
2. 地理学学科的特点有哪些?
3. 地理学学科体系怎么构成?
4. 什么是交通运输地理学? 其研究对象和内容是什么?
5. 交通运输地理学科的特点有哪些?
6. 交通运输地理许可同相邻地理学科的关系是什么?
7. 交通运输学科与地理学科之间的关系是什么?
8. 什么是航空运输地理?
9. 航空运输地理的主要研究内容是什么?

第一篇 基础知识篇

第1章 地球与导航

本章关键字

地球　earth	地球磁场　earth magnetic field
地球自转　earth rotation	导航　navigation
地球公转　earth revolution	

　　航空运输是三维空间的人类活动。随着科学技术的进一步发展,空间技术已在航空领域内不断得到应用。飞机飞行层次已扩展到10几千米的高空。全球卫星导航系统的出现,使航空活动进入了更为广阔的地表空间。地球的空间位置、地球运动、地球大气的圈层结构、地球大气的运动都直接或间接对航空活动产生影响。在航空运输中,还产生一些飞行所特有的地理现象。本章将对有关的基础理论和基本知识作必要的阐述。同时,对上述问题从理论到实践的结合上进行探讨,以解释飞行产生的特殊现象,利于解决飞行遇到的问题。

1.1 地球的基本知识

1.1.1 地球的形状和大小

　　地球是一个表面凹凸不平,东西稍膨大,南北稍偏平的椭圆球体(图1.1和图1.2),是太阳系的九大行星之一,它的长半径为6378.28km,短半径为6356.86km,两者的差值很小,一般把地球当做一个圆球体,它的平均半径为6371km。地球绕一条轴线自转,这条轴叫地轴,地轴在地表的两个端点南面是南极,用S表示,北面为北极,用N表示。

1.1.2 地理坐标

　　地理坐标是用经度、纬度表示地面点位置的球面坐标,是用来确定在地面和空中运动物体位置的一种最基本、使用最广泛的坐标。

　　地理坐标系以地轴为极轴,所有通过地球南北极的平面,均称为子午面。子午面与地球椭球面的交线,称为子午线或经线。所有通过地轴的平面,都和地球表面相交而成为(椭)圆,这就是经线圈,一条经线是一个半(椭)圆弧。在地球仪上,通过伦敦格林威治天

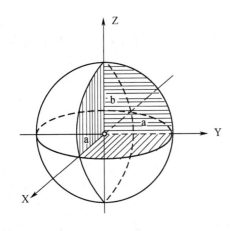
图 1.1 地球的形状和大小

图 1.2 地球的半径

文台原址的那条经线称为 0°经线,也叫本初子午线。

所有垂直于地轴的平面与地球椭球面的交线,同赤道平行的线称为纬线。纬线是半径不同的圆,其中半径最大的纬线称为赤道。纬线指示东西方向,所有纬线长度不相等。

在地球仪上,经纬线相互交织构成经纬网。纬度是地理坐标中的横坐标,经度是纵坐标。例如,我国首都北京位于北纬 40°和东经 116°的交点附近,昆明位于北纬 25°和东经 103°的交点附近。

1. 纬度

每一条纬线的地理位置,用它的坐标——纬度(ϕ 或 LAT)来表示,因此,纬线标注的度数就是纬度,它是该纬线上任意一点与地心的连线同赤道平面的夹角,单位为度、分、秒。以赤道为 0°量起,向南、北两级各 90°。赤道纬度为 0,赤道以北的叫北纬(ϕ_N 或 LATN),赤道以南的叫南纬(ϕ_S 或 LATS),如图 1.3 所示。同一纬圈上各地点的纬度相同,北京的纬度是北纬 39°57′,常见的形式为:①ϕ_N39°57′;②39°57′N;③N39°57′;④LATN39°57′。

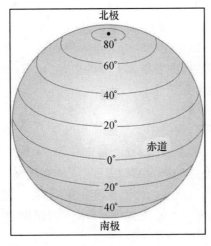

图 1.3 纬线示意图

2. 经度

通过地球两级的大圆圈叫经圈,每个经圈都被两极分为两半,每一半或一段叫经线。1884年,国际经度会议决定以通过英国伦敦南郊格林威治天文台中心的经线,作为起始经线(也叫主经线或零度经线),其他经线则都叫做地方经线,其所在的平面分别叫做起始经线平面和地方经线平面。

地球表面上任何地点都有一条经线通过,它代表该地点的南北方向。所有经线都会在两极交会,所有经线都呈南北方向,长度也彼此相等。每一条经线的地理位置,用它的坐标——经度(λ或LONGE)来表示。某条经线的经度,就是该地方经线平面和起始经线平面的夹角,叫该地点的经度,单位为度、分、秒。以起始经线为0°量起,向东、西各180°,起始经线以东的叫东经(λ_E或LONGE),起始经线以西的叫西经(λ_W或LONG W),如图1.4所示。例如北京的经度为东经116°19′,常见的表现形式为:①λ_E116°19′;②116°19′E;③E116°19′;④LONGE116°19′。

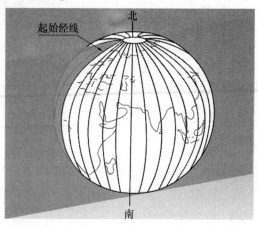

图1.4 经线示意图

地面上任何地点都有且仅有一条纬线和一条经线通过。在地图或地球仪上标画出每一地点的经、纬度就可以建立一个完整的地理坐标网。由经线和纬线构成的经纬网,是地理坐标的基础。根据某地点的经、纬度(即地理坐标),就可以在地球仪或地图上查出该地点的地理位置。反之,也可以通过已知位置点查出其经、纬度(地理坐标)。

飞行中,可以随时利用经、纬度来报告飞机的位置,也可以在机载设备中进行航路点(位置)的经、纬度输入,完成领航工作。

1.1.3 地球磁场

地球周围有两种物质,一种是大气,它的范围很小,大气质量的98.81%集中在近地面30km以下,99.92%集中在近地面50km以下。人类利用大气发明了飞机,由于大气的范围小,所以限制了飞机的飞行高度。由于飞机高速飞行,大气对其有阻碍作用,所以大气限制了飞机的飞行速度。由于飞机高速飞行与空气摩擦产生热量,所以空气使飞机高速飞行产生危险(如美国航天飞机的失事)。

地球周围的另一种物质是地球磁场,地球磁场的范围是从地面到6万多千米的高空。在20世纪海上发生的神秘事件中,最著名而且最令人费解的,当属发生在百慕大三角的一连串飞机、轮船失踪案。据说自从1945年以来,在这片海域已有数以百计的飞机和船只神秘的无故失踪。失踪事件之多,使世人无法相信其尽属偶然。但真正的原因一直无权威的科学解释。几十年来,全世界的科学家运用自己已知的各种知识,去解释发生在百慕大三角的种种怪事。在各种解释中比较有代表性的就包括磁场说。因为在百慕大三角出现的各种奇异事件中,罗盘失灵是最常发生的。这使人把它和地磁异常联系在一起。地磁异常容易造成罗盘失灵而使机船迷航。人们还注意到,在百慕大三角海域失事的时间多在阴历月初和月中,这是月球对地球潮汐作用最强的时候。

地磁场是复杂地球系统的一个组成部分,它与大气圈、生物圈、深部地幔甚至内核相互作用。地磁场一个很有用的性质就是它的指北性(或指南性)。地磁场记录在地球科学的许多方面起了重要作用。

地球存在磁场,很像在它的内部放置着一个大磁铁。地球磁场的两个磁极叫地球磁极。靠近地理北极的叫磁北极,约在北纬74.9°的地方;靠近地理南极的叫磁南极,约在南纬67.1°和东经142.7°的地方,如图1.5所示。地球磁极的位置不是固定的,而是在不断变化中,由东向西有规律地缓慢移动着。

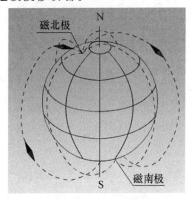

图1.5　地磁极

某一位置的地球磁场在水平面和垂直面上的方向,用磁差和磁倾表示;地球磁场的强度,用地磁力表示。磁差、磁倾和地磁力称为地球磁场三要素。

1. 地球磁差

地球仪或地图上所标画的经线,都是指向地理南北的方向线,叫做真经线,真经线的北端用真北(N_T)来表示;未定的自由磁针所指的南北方向线叫做磁经线,磁经线的北端用磁北(N_M)来表示。

由于地磁南北极与地理南北极不重合,使得稳定的自由磁针指示地磁的南北极,即各地点的磁经线常常偏离真经线,磁经线北端离真经线北端的角度,叫磁差或磁偏角,用MV或VAR表示,如图1.6所示。磁经线北端偏在真经线以东为正磁差,以西为负磁差;磁差范围0°~180°。

某一地点的磁差,可以从航空地图或磁差图上查出。在航空地图或磁差图上,通常把磁差相等的各点,用紫色的虚线连接起来,并标出磁差的数值,这些虚线就叫等磁差曲线,可供飞行时查取磁差之用。图1.7为世界磁差图。

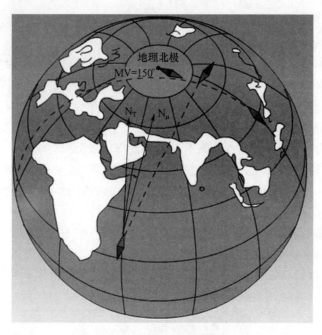

图1.6 磁差示意图

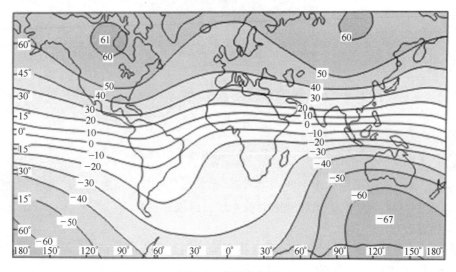

图1.7 世界磁差图

2. 磁倾

在大多数地区,地球磁场的磁力线都同水平面不平行,所以支点同重心重合的磁针常常是倾斜的。磁针的轴线(磁力线的切线方向)同水平面的夹角,就叫磁倾角,简称磁倾,如图1.8所示。地球上各点的磁倾也常不相同,磁倾随纬度增高而增大,在地球磁极附近的地区,磁倾最大可达90°。

3. 地磁力

地球磁场对磁体(如磁针)的作用力叫做地磁力。同一磁体所受的地磁力,在地球磁极附近最强,在地磁赤道上最弱,地磁力的大小还与飞行高度有关。随着高度的升高,地

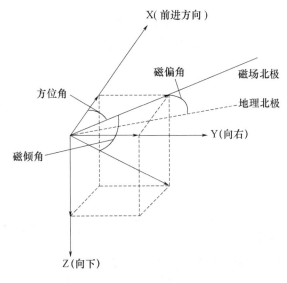

图 1.8 地球磁场向量

磁力将逐渐减弱。

地磁力对水平面常常是倾斜的。在磁极附近地磁水平分力很弱,磁针难以准确地指示出南北方向。

1.1.4 航线

飞机从地球表面一点(起点)到另一点(终点)的预定航行路线叫航线,也称为预计航迹。确定航线的元素是方向和距离。航线的方向是用航线角表示的。

由于地面导航设施、空中交通管理、飞行任务、地形等因素的影响,一条航线常常由起点、转弯点、终点等航路点构成,其中还包括指定的或飞行员自选的检查点,这样的航线称为航路。

在目视飞行规则(VFR)条件下飞行,通常以起飞机场作为航线起点,以着陆机场作为航线终点,转弯点和检查点则是一些明显易辨的地面景物。而在仪表飞行规则(IFR)条件下飞行,通常以起飞机场和着陆机场的主降方向远距台或附近的归航台为航线起点和终点,而转弯点和检查点则是一些无线电导航点或定位点。实施区域导航时,这些航路点则是一些选定的点(采用经纬度表示)。

1. 航线角和航线距离

航线(航段)的方向,用航线角(Course)表示,即从航线起点的经线北端顺时针量到航线(航段)去向的角度,如图 1.9 所示。航线角范围 0°~360°。因为经线有真经线、磁经线,所以航线角用真航线角(TC)和磁航线角(MC)两种来表示,换算关系式为

$$MC = TC - (\pm MV)$$

航线距离(Distance,D)是航线起点到终点间的地面长度,它等于各航段长度之和,其计算方法按《飞行管制 1 号规定》执行。对于航线距离,我国常用千米(km)和海里(n mile)为单位,也有以英里(mile)为单位的,规定地球上大圆弧 1′的长度为 1n mile。三者之间的关系为

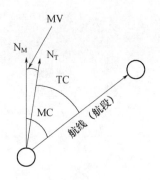

图 1.9 航线角及换算

1n mile = 1.852km = 1.15mile

2. 大圆航线和等角航线

地球上的两点可以有许多种连线,但作为航线,除特殊情况外,一般只使用两种航线。一种是大圆航线,一种是等角航线。

1)大圆航线(Great Circle)

以通过两航路点间的大圆圈线作为航线的叫大圆航线。大圆航线上各点的真航线角不相等,但航线距离最短。如图 1.10 所示。

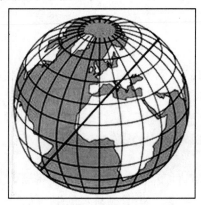

图 1.10 大圆航线

大圆航线的航线角、距离和途中所经各点的地理坐标,是航行的基本要素,可以根据球面三角公式导出各参数的计算公式。实际飞行中,通过自动导航设备,飞行人员只需输入位置坐标,即可计算出所需的参数。

航线角的计算公式为

$$\cos TC = \cos\phi_1 \tan\phi_2 \csc(\lambda_2 - \lambda_1) \sin\phi_1 \cot(\lambda_2 - \lambda_1) \tag{1.2}$$

航线距离的计算公式为

$$\cos D = \sin\phi_1 \sin\phi_2 + \cos\phi_1 \cos\phi_2 \cos(\lambda_2 - \lambda_1) \tag{1.3}$$

式中:ϕ_1、λ_1 为起点的地理坐标;ϕ_2、λ_2 为终点的地理坐标。计算北纬取正值,南纬取负值;东经取正值,西经取负值。计算得出的 D 值以弧度为单位,需乘以 60 换算为海里。

2）等角航线

以通过两航路点间的等角线作为航线的叫做等角航线。等角航线是一条盘向两极的螺旋形曲线,等角航线上各点的真航线角相等,但它的距离一般都比大圆航线长,如图1.11 所示。

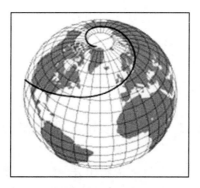

图 1.11　等角航线

经圈或纬圈都是等角航线。等角航线的航线角、距离和途中所经各点的地理坐标,同样可根据球面三角公式导出各参数的计算公式,以便在飞行中计算出所需的各参数。

航线角的计算公式为

$$\tan TC = (\lambda_2 - \lambda_1)/[\ln \tan(45° + \phi_2/2) - \ln \tan(45° + \phi_1/2)] \tag{1.4}$$

航线距离的计算公式为

$$D = (\phi_2 - \phi_1) \cdot \sec TC \tag{1.5}$$

或

$$D = (\lambda_2 - \lambda_1)\cos\phi_{均} \cdot \sec TC \tag{1.6}$$

式中:$\phi_{均}$为起点和终点的平均纬度,纬度相差较大时,用式(1.5);纬度相差较小时,用式(1.6)。其他的规定与计算大圆航线参数相同。

3）大圆航线和等角航线的应用

地球上任意两点间都有一条大圆航线和一条等角航线,只有当两点都在赤道上或同一条线上时,这两条航线才互相重合,否则就一定是两条不重合的航线。

等角航线一般比大圆航线的距离长,二者相差的距离随航线长度而增加,且与起点和终点的航线方向及纬度、经度差有关。经度差越大,航线角越接近 90°或 270°,距离差越大;纬度越高,航线方向越接近东西方向,等角航线和大圆航线的距离相差越大,在中纬度地区,距离差最大。例如,北京到旧金山大圆航线的距离为 9084km,等角航线为 10248km,两者相差 1164km。但北京到拉萨两种航线的距离差仅为 12km。但是,经过计算表明:在经度差小于 30°的情况下,无论其他条件如何,距离差都很小,完全可以忽略不计。

大圆航线距离虽短,但在飞行中需要经常改变航线角以保持航线,这对驾驶员带来不便,但正是因为大圆航线距离短,节省燃油和时间,因此大圆航线经常被采用。

而在等角航线上飞行,航线角始终不变,为飞行带来方便。等角航线多数情况下都比大圆航线距离长,但可以在飞行中不改变航线角一直到达目的地。

因此,实际飞行中必须根据不同的情况进行选择。一般在近程飞行,相差距离很小时,选用等角航线;远程飞行时,则必须计算出两者相差的数值,然后根据差值的大小选择一种或二者配合,最常用的方法是全程采用大圆航线,然后将大圆航线根据实际情况分成几个航段,每一航段按等角航线飞行,这样,可以减少不必要的麻烦,便于领航的空中实施,同时也能得到较好的经济效益。

现代大中型飞机上的导航设备都使用大圆航线,而小型飞机(如运五、TB等)受导航设备限制只能采用等角航线。

1.2 地球运动的基本形式

地球上的许多自然现象与地球运动密切相关。由于地球的运动才产生了昼夜更替、地方时的差异、运动物体的偏转、四季变化和昼夜长短的问题,而它们与航空运输的活动是紧密相关的。深入了解地球运动的规律及其影响是必要的。

1.2.1 地球自转

地球自西向东旋转称为地球自转。

1. 地球自转方向

地球绕地轴自转方向为自西向东。图1.12和图1.13表示了地球自转方向因观察的角度不同而呈现不同的旋转方式。从北极上空看,地球做逆时针方向旋转;从南极上空看,做顺时针方向旋转。

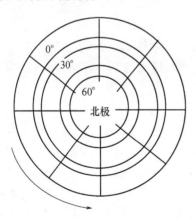

图1.12 逆时针方向

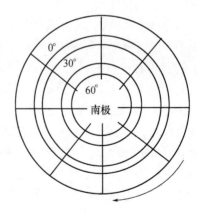

图1.13 顺时针方向

2. 地球自转周期

地球自转一周实际所需的时间,或春分点两次经过同一子午圈所需的时间,也就是某一个恒星两次经过同一子午线所需的时间,即一个恒星日。一个恒星日等于23小时56分4.09894秒。因为地球自转不断变慢,所以恒星日将越来越长。

在日常生活中,一般把两次天亮或天黑之间的时间段叫做一天,也就是指一个太阳日,一个太阳日就是太阳连续两次经过同一子午面的时间间隔,或者说是地球同一经线相临两次面向太阳所用的时间,为24h。太阳过子午面时,该地点恰好是正午12点。那么两次正午12点的时间间隔就是24h。子午面即通过子午圈的无限伸展的平面。对于地球上任一地点来说,子午面就是沿南北方向延伸与地面垂直的平面。

一个太阳日与一个恒星日之间的差异主要是地球公转影响的结果。如图1.14所示。

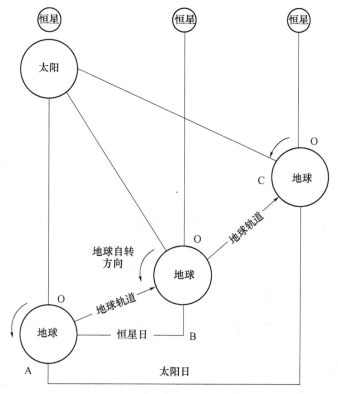

图1.14 恒星日与太阳日示意图

当地球位于A点时,太阳、恒星、地球上某一点O点位于同一条直线上。地球位于B点时,地球已经自转了360°,O点又位于恒星与地心的连线上,所以,从A点到B点为恒星日。地球位于C点时,地球自转了360.59′。此时,O点位于太阳与地心的连线上,从A点到C点为一个太阳日。

3. 地球自转速度

地球自转的速度分为角速度和线速度。

角速度指的是地球本体绕通过其质心的旋转轴自西向东旋转的速度,一般用w表示,其速度为15°/h。

线速度指的是单位时间内转过的弧长。

如图1.15所示,此图表示了地球自转角速度除极点外均为15°/h,线速度则随纬度增加而降低,大致是赤道为1670km/h,60°N大约为赤道的1/2,即837km/h,这是纬线圈的长度由赤道向两极递减的结果。南、北极点无论角速度、线速度均为0。

4. 地球自转的影响

地球自转主要造成了昼夜更替、地方时差、地转偏向力等重要现象。自转还使地表物

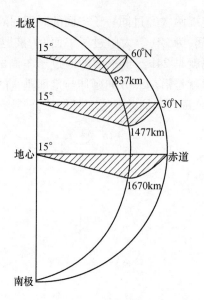

图1.15 地球自转角速度和线速度

体产生惯性离心力,从而塑造了两极略扁、赤道略鼓的地球形状。

运动物体的偏向,是一个极为重要的问题,飞机的长距离飞行明显受其作用,空气运动、河水流动,几乎一切在地表运动的物体都要受到它的作用。

1.2.2 地球公转

地球绕太阳的运动,叫做公转。从北极上空看是逆时针绕日公转。地球公转的路线叫做公转轨道。它是近正圆的椭圆轨道。太阳位于椭圆的两焦点之一。每年1月3日,地球运行到离太阳最近的位置,这个位置称为近日点;7月4日,地球运行到距离太阳最远的位置,这个位置称为远日点。如图1.16所示。在近日点地球公转速度较快,在远日点则较慢。

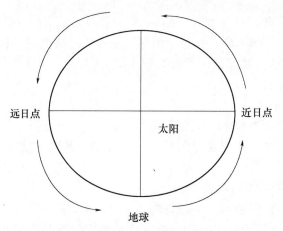

图1.16 地球公转示意图

地球公转的方向也是自西向东,运动的轨道长度是9.4亿千米。地球自转的平面叫赤道平面,地球公转轨道所在的平面叫黄道平面。两个面的交角称为黄赤交角,地轴垂直于赤道平面,与黄道平面交角为66°34′,或者说赤道平面与黄道平面间的黄赤交角为23°26′,由此可见地球是倾斜着身子围绕太阳公转的。我们所见到的地球仪自转轴多数呈倾斜状态,它与桌面(代表地球轨道面)呈66°34′的倾斜角度,而地球仪的赤道面与桌面呈23°26′的交角,这就是黄赤交角的直观体现。

1. 地球公转周期

地球绕太阳公转一周所需要的时间,就是地球公转周期。笼统地说,地球公转周期是一"年"。因为太阳周年视运动的周期与地球公转周期是相同的,所以地球公转的周期可以用太阳周年视运动来测得。地球上的观测者,观测到太阳在黄道上连续经过某一点的时间间隔,就是一"年"。由于所选取的参考点不同,则"年"的长度也不同。常用的周期单位有恒星年、回归年和近点年。

(1) 恒星年

恒星年指地球绕太阳一周实际所需的时间,也就是从地球上观测,以太阳和某一个恒星在同一位置上为起点,当观测到太阳再回到这个位置时所需的时间,即一个恒星年,它是地球公转的真正周期。一个恒星年等于365天6小时9分10秒,约365.25天。

(2) 回归年

回归年是指地球公转的春分点周期。这种周期单位是以春分点为参考点得到的。在一个回归年期间,从太阳中心上看,地球中心连续两次过春分点;从地球中心上看,太阳中心连续两次过春分点。

春分点是黄道和天赤道的一个交点,它在黄道上的位置不是固定不变的,每年西移50″.29,也就是说春分点在以"年"为单位的时间里,是个动点,移动的方向是自东向西的,即顺时针方向。而视太阳在黄道上的运行方向是自西向东的,即逆时针的。这两个方向是相反的,所以,视太阳中心连续两次春分点所走的角度不足360°,而是360°50″.29即359°59′9″.71,这就是在一个回归年期间地球公转的角度。因此,回归年不是地球公转的真正周期,只表示地球公转了359°59′9″.71的角度所需要的时间,用日的单位表示,其长度为365.2422日,即365日5小时48分46秒。

(3) 近点年

地球公转的近日点周期就是近点年。这种周期单位是以地球轨道的近日点为参考点而得到的。在一个近点年期间,地球中心(或视太阳中心)连续两次过地球轨道的近日点。由于近日点是一个动点,它在黄道上的移动方向是自西向东的,即与地球公转方向(或太阳周年视运动的方向)相同,移动的量为每年11″,所以,近点年也不是地球公转的真正周期,一个近点年地球公转的角度为360°+11″,即360°0′11″,用日的单位来表示,其长度365.2596日,即365日6小时13分53秒。

2. 地球公转的影响

由于地球公转和地轴的倾斜,共同造成了四季更替和昼夜长短的变化。昼夜长短变化是安排航班的考虑因素之一。为了充分利用白天,冬春季航班时刻表普遍比夏秋季航班时刻表提前1h~2h。

3. 地球公转与自转的基本特征对比

地球公转与自转的基本特征对比见表1.1。

表 1.1 地球自转与公转的基本特征

	围绕中心	运动方向	运动周期	运动速度
地球自转	地轴	由西向东 北极看：逆时针； 南极看：顺时针	23 小时 56 分 4 秒 地球自转的真正周期	（1）地球自转的角速度到处相等 15°/小时；南、北两极点为零。（2）地球自转的线速度由赤道向南、北极点逐渐减小，至 60°N,S 处减小为赤道的 1/2；两极点处为零
地球公转	太阳	由西向东 （逆时针）	1 个回归年：365 日 5 小时 48 分 46 秒	平均角速度：约 1°/日；平均线速度：30km/s 近日点公转速度最快；远日点公转速度最慢

1）地球自转的规律

（1）方向（自西向东、北极上空俯视呈逆时针方向、南极上空俯视呈顺时针方向）。

（2）周期（1 恒星日，即 23 小时 56 分 4 秒）。

（3）速度（角速度：除极点外，其他各点均为 15°/h；线速度为 $1670\cos\Phi$ km/h）。

（4）地理意义：昼夜更替，周期为 1 太阳日，即 24h；经度每隔 15°，地方时相差 1h，越向东，地方时越早；地球表面水平运动的物体，其运动方向发生一定的偏转，北半球向右，南半球向左。

2）地球公转的规律

（1）轨道（椭圆轨道，1 月初近日点，7 月初远日点）。

（2）方向（自西向东、北极上空俯视呈逆时针方向，南极上空俯视呈顺时针方向）。

（3）周期（1 恒星年，即 365 日 6 小时 9 分 10 秒；回归年，即 365 日 5 小时 48 分 46 秒）。

（4）速度（角速度为 1°/天，线速度约为 30km/s；近日点快，远日点慢）。

（5）地理意义：昼夜长短和正午太阳高度的变化；四季和五带的划分。

1.3 地球与导航

导航是轮船和飞机正常航行不可缺少的技术手段。最初，人们仅靠目视判别地表物体来确定航向，指南针的出现为古代航海提供了方便。后来，人们掌握了太空中一些天体的准确位置和运行规律，于是利用仪器对天体进行观测，从而确定航向。随着科学技术的进步，无线电技术、空间技术、电子计算机等先进技术逐渐在导航、通信、监控等方面得到应用，大大提高了导航的准确性，使轮船和飞机在全球的海、空领域内自由航行。导航的实质是确定物体所在的经纬度位置。

导航的方法有三种：天文导航、无线电导航和卫星导航。

1.3.1 天文导航

天文导航是根据天体来测定飞行器位置和航向的航行技术。天体的坐标位置和它的运动规律是已知的，测量天体相对于飞行器参考基准面的高度角和方位角就可以计算出飞行器的位置和航向。天文导航系统是自主式系统，不需要地面设备，不受人工或自然形成的电磁场的干扰，不向外辐射电磁波，隐蔽性好，定向、定位精度高，定位误差与时间无关，因而天文导航在航天器上得到广泛应用。

1.3.2 无线电导航

无线电导航是目前最主要的导航方式，是指利用无线电保障运载工具，安全、准时地从一地航行到另一地的技术和方法,借助于载体上的电子设备接收和处理无线电电波获得导航参量,保障载体安全、准确、及时到达目的地的一种导航手段。无线电导航在军事和民用方面有着广阔的应用前景。

1. 无线电导航的基本知识

1) 电磁波传播的基本特性

无线电导航主要利用电磁波传播的三个基本特性。

(1) 电磁波在自由空间是直线传播。

(2) 电磁波在自由空间的传播速度是恒定的。

(3) 电磁波在传播路线上遇到障碍物时会发生反射。

通过测量无线电导航台发射信号(无线电电磁波)的时间、相位、幅度、频率参量,可确定运动载体相对于导航台的方位、距离和距离差等几何参量,从而确定运动载体与导航台之间的相对位置关系,据此实现对运动载体的定位和导航。

2) 无线电波在空间传播过程中的特性

(1) 无线电波在均匀理想媒质中,沿直线(或最短路径)传播。

(2) 无线电波经电离层反射后,入射波和反射波在同一铅垂面内。

(3) 无线电波在不连续媒质的界面上会产生反射。

(4) 在均匀理想媒质中,无线电波传播速度恒定。

利用上述特性,通过无线电波的接收、发射和处理,导航设备能测量出所在载体相对于导航台的方向、距离、距离差、速度等导航参量(几何参量)。

20 世纪 20 年代～30 年代,无线电测向是航海和航空仅有的一种导航手段,而且一直沿用至今。不过它后来已成为一种辅助手段。第二次世界大战期间,无线电导航技术迅速发展,出现了各种导航系统。雷达也开始在舰船和飞机上用作导航手段,飞机着陆开始使用雷达和仪表着陆系统。

3) 无线电导航的优缺点

优点:不受时间、天气限制,精度高,定位时间短,设备简单可靠。

缺点:必须辐射和接收无线电波而易被发现和干扰,需要载体外的导航台支持,一旦导航台失效,与之对应的导航设备无法使用。

2. 无线电导航在航空中的应用

无线电导航设备在过去几十年中发展出很多种类。我国目前正在使用的主要有两类:一类叫无方向信标,也叫中波导航台,英文缩写为 NDB;另一类是甚高频全向信标(缩写为 VOR)和测距仪(缩写为 DME)组成的系统。

在中波导航台系统中,飞机使用可以转动的环状天线接收信号,当测到电波最强的方向时,天线停止转动,于是就测出电台与飞机之间的方位。飞机按这个方向飞行,就能准确地飞到电台所在的位置。中波导航台准确性低并且容易受到天气的影响,但它价格便宜,设备结实耐用,所以世界上很多中小型机场和发展中国家的多数机场还在使用它。我国广大的西部地区的机场也在使用这种系统。

甚高频全向信标台使用甚高频电波,直线传播,不受天气影响,准确度高。VOR 的天线在发射时不停地转动,发射出的信号按方向改变而改变。飞机收到 VOR 信号时,机上的仪表按照信号的频率和强度变化自动指示出正北方向和飞机相对于发射台的方向。

VOR 的作用有效范围在 200km 以内。通常在航路上每隔 150km 左右建立一个 VOR 台。飞机根据航空地图上标出的 VOR 台的位置，就可以在航路上顺利地飞行了。在使用 VOR 航路飞行时，驾驶员只能知道发射台的方向，但不能确定飞机与发射台之间的距离。当测距仪系统与 VOR 配套使用后，这个问题就解决了。DME 的地面发射台和 VOR 台建在同一地点或建在机场附近。它所使用的频率是超高频，频率在 1000MHz 左右。这套系统由飞机上的询问机和地面台站上的应答机构成。飞机上的询问机向地面发出一对脉冲信号，脉冲之间的间隔是随机的，因此不同飞机发出的信号都是不同的。地面应答机接收到这对脉冲信号后发回同样的一对脉冲信号。把发出信号和收到返回信号所消耗的时间与无线电波传播的速度相乘，就可以算出飞机与地面站之间的距离。

测距仪可以测量出的距离最远可达 500km，误差仅为 200m 左右。在天空中飞行的各架飞机在询问时所发出的脉冲对的间隔不同，在接收时只接收自己所发出的脉冲信号。同时有几架飞机向地面站询问时，它们的信号彼此不会混淆。VOR – DME 系统的无线电波在天空中划出一条明确的通道，这条空中通道就叫航路。飞机在航路上飞行，随时可以从仪表上得知自己的航向和位置，根据地面管制员的调度，一个接一个地按航路点飞行，一直飞完全程。VOR – DME 导航系统保证了飞机能安全有秩序地飞行，极大地提高了空中的交通流量和飞行安全。现在这个系统成为世界上大部分地区主要的导航手段。

建设 VOR – DME 的航路，费用很高。不可能把地面上所有台站之间都建立起航路。一般只能在中心城市之间或中心城市到一般城市之间设立航路。如果飞机在两个没有航路的一般城市之间飞行，为了保证飞行安全，这时飞机不得不采取从一个城市沿着已有的航路飞到中心城市，再沿另一条航路飞往所要去的一般城市。这样飞行不但浪费了燃油和时间，又使航路变得拥挤。在飞机上应用了电子计算机以后，才解决了这个问题。从两个以上的 VOR 地面台站收到的信号经过飞机上的电子计算机处理后得出一条实际上没有地面台站的航线，在这条航线上设置出假想的航路点，飞机按照这条航线飞行，同样也可顺利抵达目的地。这种专门设计的计算机被称为航线计算机。飞机上配备了这种计算机后，就可以在能收到两个以上 VOR 地面台站所发出的信号的地方，按照计算机计算出来的航线飞行，这种方法叫区域导航。它把 VOR 的导航范围由几条航路扩展为一个平面，这个平面就是各个 VOR 导航台站无线电信号所能覆盖的整个平面。

VOR – DME 系统使用的甚高频和超高频电波是直线传播的，作用距离在 200km 之内。在浩瀚的大洋或大面积的无人区中，是无法建造出联接一条航路的诸多 VOR 站的。为了满足远距离导航的需要，又开发出罗兰系统和欧米伽系统。这两种系统使用了低频和甚低频的无线电波，作用距离都在 2500km 以上。在地球表面只要建立起不多的这类台站，就可以为飞机飞越大洋或辽阔的无人区导航。这种导航的缺点是精确度不够高，而且需要功率非常强大的发射台。20 世纪 60 年代以后，有关专业人士又开始寻找更好的方式以取代无线电导航系统。

1.3.3 卫星导航

卫星导航是指利用卫星导航定位系统提供的位置、速度、时间等信息来完成对地球各种目标的定位、导航、监测和管理。在卫星导航系统中卫星的位置是已知的，用户利用其导航装置接收卫星发出的无线电导航信号，经过处理以后，可以计算出用户相对于导航卫星的几何关系,最后确定出用户的绝对位置(有时还可以确定出运动速度)。

卫星导航综合了传统导航系统的优点,真正实现了各种天气条件下全球高精度被动式导航定位,特别是时间测距卫星导航系统,不但能提供全球和近地空间连续立体覆盖、高精度三维定位和测速,而且抗干扰能力强。

卫星导航系统由导航卫星、地面台站和用户导航设备三大部分组成。由多颗卫星组成的导航卫星网构成一组流动的导航台,地面台站负责对卫星跟踪测量和控制管理,地面控制中心根据跟踪测量数据计算出轨道,并将随后一段时间的卫星预测数据注入到卫星上,以供卫星向用户发送。用户导航设备通常由接收机、定时器、数据预处理器、计算机和显示器等组成。

1. 卫星导航的种类

目前,世界上正在运行的全球卫星导航定位系统主要有两大系统:一是美国的 GPS 系统,二是俄罗斯的"GLONASS 格鲁纳斯"系统。近年来,欧洲也提出了有自己特色的"伽利略"全球卫星定位计划。因而,未来密布在太空的全球卫星定位系统将形成美、俄、欧操纵的 GPS、"GLONASS 格鲁纳斯"、"伽利略"三大系统"竞风流"的局面。近几年,我国也已经自行研制开发出了北斗卫星导航系统,并且成为世界上第三个拥有卫星导航系统的国家。

1)美国全球卫星定位系统(GPS)

美国于 1964 年建成世界上第一个卫星导航系统子午仪,1973 年起又研制更先进的全球定位系统 GPS,并于 90 年代中期正式组网运营。

GPS 的空间部分是由 24 颗卫星组成的,可提供用户进行三维的位置和速度确定,定位精度为军用 1cm,民用 10m。每颗卫星都不断发出测距信号和导航电文,地面上的接收机接收到卫星发出的信号,可以测定接收机天线到导航卫星间的距离,并解算导航电文,以得到卫星空间坐标。一般来说需要同时接收 4 颗卫星的信号,经过解算便能确定接收者所处的位置、行进速度等。定位卫星发出的信号覆盖全球,而且不易受天气影响,因此能全天候、全天时对地球上任何地方、无论是移动的还是固定的目标进行导航定位。

2)俄罗斯的 GLONASS

俄罗斯 GLONASS 卫星定位系统拥有工作卫星 21 颗,分布在 3 个轨道平面上,同时有 3 颗备份星。每颗卫星都在 1.91 万千米高的轨道上运行,周期为 11 小时 15 分。因 GLONASS 卫星星座一直处于降效运行状态,现只有 8 颗卫星能够正常工作。GLONASS 的精度要比 GPS 系统的精度低。为此,俄罗斯正在着手对 GLONASS 进行现代化改造,2006 年 12 月就发射了 3 颗新型"旋风"卫星。该卫星的设计寿命为 7 年~8 年(现行卫星寿命为 3 年),具有更好的信号特性。

3)欧洲"伽利略"系统

"伽利略"系统是欧洲计划建设的新一代民用全球卫星导航系统,计划将于 2017 年—2018 年建成,最先发射的两个卫星计划于 2012 年进行。按照规划,"伽利略"计划将耗资约 27 亿美元,星座由 30 颗卫星组成。卫星采用中等地球轨道,均匀地分布在高度约为 2.3 万千米的 3 个轨道面上,星座包括 27 颗工作星,另加 3 颗备份卫星。系统的典型功能是信号中继,即向用户接收机的数据传输可以通过一种特殊的联系方式或其他系统的中继来实现,如通过移动通信网来实现。"伽利略"接收机不仅可以接受本系统信号,而且可以接收GPS、"格鲁纳斯"这两大系统的信号,并且具有导航功能与移动电话功能相结合、与其他导航系统相结合的优越性能。

但由于伽利略(Galileo)系统要面对严峻的挑战,使得这一卫星导航系统无法顺利地依照计划前进。

4) 中国的北斗卫星导航定位系统

我国是世界上第三个拥有卫星导航系统的国家,我国的卫星导航系统叫北斗卫星导航定位系统,是中国自行研制开发的区域性有源三维卫星定位与通信系统(CNSS),是继美国的GPS和俄罗斯的GLONASS之后第三个成熟的卫星导航系统。

它是利用地球同步卫星为用户提供快速定位、简短数字报文通信和授时服务的一种全天候、区域性的卫星定位系统。该系统由3颗(2颗工作卫星、1颗备用卫星)北斗定位卫星(北斗一号)、地面控制中心为主的地面部分、北斗用户终端三部分组成。北斗卫星导航定位系统可向用户提供全天候、24h的即时定位服务,定位精度可达几十纳秒的同步精度,其精度与GPS相当。北斗导航定位系统的定位原理与全球卫星定位系统有所不同。北斗系统能覆盖整个中国及周边地区,不仅投资少,而且拥有通信功能,全球卫星定位系统则没有,更重要的是北斗系统是我国自主的卫星导航系统。

2. 北斗星导航系统与GPS系统比较

(1) 覆盖范围:北斗导航系统是覆盖中国本土的区域导航系统。覆盖范围东经约70°~140°,北纬5°~55°。GPS是覆盖全球的全天候导航系统,能够确保地球上任何地点、任何时间能同时观测到6颗~9颗卫星(实际上最多能观测到11颗)。

(2) 卫星数量和轨道特性:北斗导航系统是在地球赤道平面上设置2颗地球同步卫星,卫星的赤道角距约60°。GPS是在6个轨道平面上设置24颗卫星,轨道赤道倾角55°,轨道面赤道角距60°。GPS导航卫星轨道为准同步轨道,绕地球一周11小时58分。

(3) 定位原理:北斗导航系统是主动式双向测距二维导航,地面中心控制系统解算,供用户三维定位数据。GPS是被动式伪码单向测距三维导航,由用户设备独立解算自己三维定位数据。"北斗一号"的这种工作原理带来两个方面的问题,一是用户定位的同时失去了无线电隐蔽性,这在军事上相当不利;另一方面由于设备必须包含发射机,因此在体积、质量上、价格和功耗方面处于不利的地位。

(4) 定位精度:北斗导航系统三维定位精度约几十米,授时精度约100ns。GPS三维定位精度P码目前已由16m提高到6m,C/A码目前已由25m~100m提高到12m,授时精度目前约20ns。

(5) 用户容量:北斗导航系统由于是主动双向测距的询问—应答系统,用户设备与地球同步卫星之间不仅要接收地面中心控制系统的询问信号,还要求用户设备向同步卫星发射应答信号,这样,系统的用户容量取决于用户允许的信道阻塞率、询问信号速率和用户的响应频率。因此,北斗导航系统的用户设备容量是有限的。GPS是单向测距系统,用户设备只要接收导航卫星发出的导航电文即可进行测距定位,因此GPS的用户设备容量是无限的。

(6) 生存能力:和所有导航定位卫星系统一样,"北斗一号"基于中心控制系统和卫星的工作,但是"北斗一号"对中心控制系统的依赖性明显要大很多,因为定位解算在那里,而不是由用户设备完成的。为了弥补这种系统易损性,GPS正在发展星际横向数据链技术,以便万一主控站被毁后GPS卫星可以独立运行。而"北斗一号"系统从原理上排除了这种可能性,一旦中心控制系统受损,系统就不能继续工作了。

(7)实时性:"北斗一号"用户的定位申请要送回中心控制系统,中心控制系统解算出用户的三维位置数据之后再发回用户,其间要经过地球静止卫星走一个来回,再加上卫星转发,中心控制系统的处理,时间延迟就更长了,因此对于高速运动体,就加大了定位的误差。此外,"北斗一号"卫星导航系统也有一些自身的特点,其具备的短信通信功能就是 GPS 所不具备的。

本 章 小 结

地球是一个近似于椭球的天体,是太阳系的九大行星之一,它的表面凹凸不平,东西稍膨大,南北稍偏平。地理坐标是用经度、纬度表示地面点位置的球面坐标,是用来确定在地面和空中运动物体位置的一种最基本、使用最广泛的坐标。地球磁场有两个磁极——磁北极和磁南极。磁差、磁倾和地磁力称为地球磁场三要素。

飞机从地球表面一点(起点)到另一点(终点)的预定航行路线叫航线。确定航线的元素是方向和距离。航线的方向用航线角表示。航线距离(Distance,D)是航线起点到终点间的地面长度,它等于各航段长度之和。

地球上的两点可以有许多种连线,但作为航线,除特殊情况外,一般只使用两种航线:一种是大圆航线,一种是等角航线。

地球运动的基本形式有两种:自转和公转。

导航的方法有三种:天文导航、无线电导航和卫星导航。无线电导航是目前最主要的导航方式,是指利用无线电保障运载工具,安全、准时地从一地航行到另一地的技术和方法。借助于载体上的电子设备接收和处理无线电电波获得导航参量,保障载体安全、准确、及时到达目的地的一种导航手段。

复 习 与 思 考

1. 什么是地球子午面?
2. 地球磁场的三要素是什么?其各自的含义是什么?
3. 什么叫航线角?航线角的换算是什么?
4. 什么是大圆航线和等角航线?其各自特点是什么?在飞行中如何应用?
5. 什么是地球自转和地球公转?自转周期和公转周期如何确定?
6. 如何区别恒星日和太阳日,恒星年与回归年?
7. 什么是角速度和线速度?
8. 地球自转和公转的基本特征是什么?
9. 地球自转和公转的规律是什么?
10. 什么是导航?什么是天文导航?其主要应用于哪个领域?
11. 什么是无线电导航?
12. 什么是卫星导航?目前已经使用的卫星导航有哪些?
13. 北斗卫星导航系统与美国的 GPS 有什么区别?

第2章 航空地图

本章关键字

地图　map　　　　　　　　　　　　特种航图　special aero－map
航空地图　aeromap

> 尽管空中摄影和人造地球卫星电子遥感技术使测量方法得到了改进,但是绘制地图一直是地理学家的独特手段。
> 　　地图学是研究编制和应用地图的理论、方法和技术的学科,是一门以地图的形式来综合表达某一地区的自然地理和人文地理知识的学科。它是地理学中的技术性学科,同地理学各分支学科都有密切的联系,在促进地理学的发展和实际应用中历来起着重要的作用。

2.1　地图三要素

地图历来是航空运输的必备工具。随着现代管理技术的应用,空运用图的种类及数量逐渐增多。航线分布图、机场分布图、飞行图、地形图、客货流分布图等被广泛应用于客货运输、空中管制、机场建设与净空管理、区域规划等方面。

将地球表面的全部或者一部分地形、地物按一定的比例缩小,用一定的方法和符号描绘在平面上的图形,就叫地图。它是地面上各种景物的简略记录。

在绘制地图时,需要将地球表面上的各种景物画到面积有限的平面上。因此,必须将地球缩小一定的倍数,并采用一定的符号和投影方法进行,即地图比例尺、地图符号和地图投影方法,称为地图三要素。

2.1.1　地图比例尺

地图比例尺就是地图上线段的长度($D_图$)与地面上相对应的实际长度($D_地$)之比,即

地图比例尺 = 图上长度($D_图$)/实地长度($D_地$)

［例1］ 南京长江大桥实际长度 6.7km(670000cm),画在某一张地图上长度为 6.7cm,则这张地图的比例尺是 6.7/670000 或 6.7:670:000.

为了使用方便,比例尺的分子通常都化为1,那么,分母的大小就表示地面某一线段长度画在地图上时缩小的倍数。如上例,地图的比例尺为 1:100000 表示缩小了10万分之一。地图比例尺通常会注在每幅地图的图廓下方,常用的有三种表示形式。

1. 数字比例尺

用分式或比例式表示。如 1:1000000 或 1/1000000。使用时将数字比例尺的分母消

去 5 个"0",剩下的数值就是图上长 1cm 所代表的地面距离千米数,利用这一关系正确的量取两点间的实地距离。

2. 文字说明比例尺

用文字在地图上注明图上长度同地面实际长度的关系。例如,1cm 相当于 10km。

3. 图解比例尺

用线段图形标明图上长度与实地长度的关系,也成为线段比例尺。用线段比例尺量距离时,应从尺身读取整数,从尺头读取不足 10km 的距离数。

为了适应航空运输的不同用途,需要各种不同大小比例尺的航图,但地图比例尺的大小是相对而言的。不同比例尺的地图互相比较,比例尺分母较小,比值就越大,因而比例尺也较大。领航上习惯于把比例尺大于 1:500000 的地图称为大比例尺地图,如 1:200000 和 1:100000 地图。把比例尺小于 1:100000 的题图称为小比例尺地图,如 1:1500000 和 1:2000000 地图。图幅同样大小的地图,比例尺大的所变现的地面范围要小些,但比较详细;比例尺小的地图所表现的地面范围要大些,但比较简略。飞行人员应根据飞行任务的需要,选择适当比例尺的航图。

2.1.2 地图符号

地图符号不仅具有确定客观事物的空间位置、分布特点以及数量、质量特征的基本功能,还具有相互联系和共同表达地理环境诸要素总体特征的特殊功能。

绘制地图时,需将地面上的各种景物、高低起伏的形态表示出来,因而必须采用不同的表示符号,这些符号就称为地图符号。

航空地图上,地形、地物和各种航行资料,主要通过各种符号来表示。

1. 地物在地图上的表示

地面上的河流、湖泊、森林、沙漠等自然景物,以及居民点、铁路、公路、桥梁、机场等人工建造物,统称地物。各种地物,依据它们的面积、长短,有三种表示形式。

真形:森林、湖泊、岛屿、大居民点、城市等,按比例尺缩小后仍能在地图上表示出真实轮廓即真实形状的,地图上用实线或虚线画出其真实轮廓,其间填充不同的符号和颜色。

半真形:铁路、公路、河流以及其他较狭窄的线状地物,其长度和弯曲情况可按比例尺缩小,但宽度按比例尺缩小后无法表示出来,因而采用半真形的符号表示。

代表符号:村镇、桥梁、灯塔、寺庙等较小的地物,按比例尺缩小后,根本无法在地图上表现其形状和大小,因而只能用一些规定的符号来表示,这些符号只表明地物的位置,而不表明其形状和大小。在每幅地图的边缘或背面有代表符号的图例,使用时可参照图例来了解地面的各种景物。同一地物在不同比例尺地图上其表示符号不完全相同,使用时需注意。

当需要对地物作补充说明时,在它旁边注有说明符号,说明符号总是配合上述三种表示形式使用。如河流旁边注上箭头以表示水流方向。

2. 地形在地图上的表示

地面高低起伏的形态叫地形,也叫地貌。为了计算和比较地面各点的高度,我国规定以黄海平均海平面作为基准面,从这一基准面算起的某地点的高度,叫该地的海拔,也叫标高(Elevation,ELEV)。两地点标高之差叫标高差,高于平均海平面,标高为正;低于平均海平面,标高为负。如图 2.1 所示。

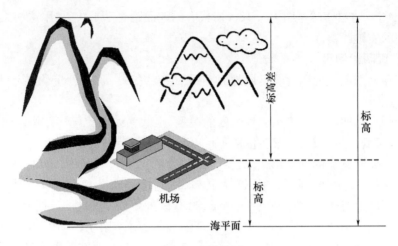

图 2.1 机场标高

在各种航图上,将地形情况清楚地在地图上表现出来,常采用标高点、等高线和分层着色三种表示方法。

(1) 标高点:标高点是一些选定的特殊地点,如山峰、山脊的顶点,其位置用一小黑点或黑三角表示,旁边注明该地点的标高数值,如"·1046"或"▲1705";标高前附加有"±"的(如 ±2700),表示标高不精确;标高数值为红色表示该地点是所在 1°经、纬网格的最大标高;标高数值为红色并加一个长方形红框则表示该位置点标高为本幅地图范围的最大标高。标高点只能查出个别地点的标高,但看不出整个地形的起伏情况。

(2) 等高线:等高线指的是地球表面标高相等的各个地点的连线在地图上的投影。在现代地图上,地形主要是用等高线来表示的。在每幅地图上,每隔一定高度画有一条等高线,旁边注明其标高,如图 2.2 所示,为不同地形等高线示意图。用等高线表示地形虽然详细准确,但看起来不够明显。

(3) 分层着色:在两条等高线之间,从低到高,由浅到深分别涂有不同的颜色,以表示不同的高度。这样,航图的地形看起来更为明显,一目了然。不同颜色所表示的高度,在地图边缘的颜色高度尺上都有注明。

目前使用的航空地图为了把地形表现得更加明显、准确,都是采用综合三种方法来表示地形的起伏。在地图上查某地点标高的方法是:根据该点所在的等高线或所在区域的颜色从颜色高度尺上查出;若该地点正好在等高线上,则等高线的标高就是该地点的标高,若在两条等高线之间,一般以邻近较高的等高线的高作为该地点的标高。

2.1.3 地图投影

1. 地图投影原理

地图投影就是指建立地球表面(或其他星球表面或天球面)上的点与投影平面(即地图平面)上点之间的一一对应关系的方法,是将地球的经纬线描绘到平面上的方法,即建立它们之间的数学转换公式。即将一个不可展平的曲面,即地球表面,投影到一个平面的基本方法,保证了空间信息在区域上的联系与完整。这个投影过程将产生投影变形,而且不同的投影方法具有不同性质和大小的投影变形。

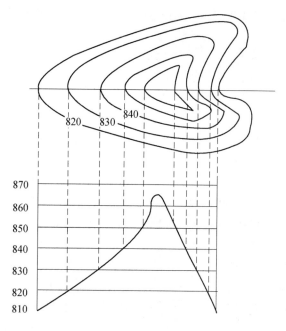

图 2.2 地形与等高线

由于投影的变形,地图上所表示的地物,如大陆、岛屿、海洋等的几何特性(长度、面积、角度、形状)也随之发生变形。每一幅地图都有不同程度的变形;在同一幅图上,不同地区的变形情况也不相同。地图上表示的范围越大,离投影标准经纬线或投影中心的距离越长,地图反映的变形也越大。因此,大范围的小比例尺地图只能供了解地表现象的分布概况使用,而不能用于精确的测量和计算。

地图投影的实质就是将地球椭球面上的地理坐标转化为平面直角坐标。用某种投影条件将投影球面上的地理坐标点一一投影到平面坐标系内,以构成某种地图投影。

2. 地图投影分类

由于地球是一个赤道略宽两极略扁的不规则的梨形球体,故其表面是一个不可展平的曲面,所以运用任何数学方法进行这种转换都会产生误差和变形,为按照不同的需求缩小误差,就产生了各种投影方法。

(1) 按变形方式可分等角投影、等(面)积投影和任意投影三类。

① 等角投影——保持地图上任何一点沿纬线和经线方向的局部比例尺相等,即没有角度失真的投影。在等角投影图上量出任一直线的方向,与该直线在地面的指向完全一致。

② 等积投影——保持地图区域面积不变的投影。等积投影图存在长度和角度失真,并且一个地区的形状会发生很大变化,完全失去了它的"庐山真面目"。

③ 任意投影——角度变形、面积变形和长度变形同时存在的一种投影,是既不等角又不等积的投影。这种投影图虽然各方面都有变形,但是它的面积,角度等误差都较小。特别是在应用部分变形不大,适合于绘制各种无特殊要求的地图,如教学地图。

在任意投影中,有一种较为特殊,即等距离投影,是指保持地图上沿某一方向(例如经线方向)没有长度失真的投影。该图除存在角度和面积失真外,在保持等距的方向以外的其他方向上,仍然存在长度失真。字面上看该投影无长度变形,事实上只是在标准线上距离不变。

三种投影的区别表现在:等角投影无形状变形(也只是在小范围内没有),但面积变形较大;等积投影反之;任意投影的两种变形都较小。

(2) 按转换法则,分几何投影和条件投影。

① 几何投影——和条件投影相对。指把地球面上的经纬网投影到几何面上,然后将几何面展为平面的投影方法。几何投影又分方位投影、圆柱投影、圆锥投影和多圆锥投影。

方位投影——使一个平面与地球仪相切或相割,以这个平面做投影面,将地球仪上的经纬线投影到平面上,形成投影网。即以平面为投影面的一类投影。投影平面与地球仪相切或相割的切点在赤道的称横方位,切点在极点的称正方位,切点在任意点的称斜方位。

圆柱投影——以圆柱面为投影面的一类投影。假想用圆柱包裹着地球且与地球面相切(割),将经纬网投影到圆柱面上,再将圆柱面展开为平面而成。

圆锥投影——以圆锥面为投影面的一类投影。假想用圆锥包裹着地球且与地球面相切(割),将经纬网投影到圆锥面上,再将圆锥面展开为平面而成。一般用的是正轴圆锥投影。

② 条件投影——和几何投影相对。指经纬网不是借助于几何面,而是根据某种条件构成的投影方式。包括伪方位投影、伪圆柱投影和伪圆锥投影。

伪方位投影:在方位投影的基础上,根据某些条件加以改变而成的。

伪圆柱投影:在圆柱投影的基础上,根据某些条件加以改变而成的。

伪圆锥投影:在圆锥投影的基础上,根据某些条件加以改变而成的。

(3) 按投影轴与地轴的关系,分正轴(重合)、斜轴(斜交)和横轴(垂直)三种。

正轴投影——投影面的轴线与地轴重合一致。

斜轴投影——投影面的轴线与地轴相交成某一角度。

横轴投影——投影面的轴线与地轴垂直。

(4) 几何投影中根据投影面与地球表面的关系分切投影和割投影。

① 切投影——以平面、圆柱面或圆锥面作为投影面,使投影面与球面相切,将球面上的经纬线投影到平面上、圆柱面上或圆锥面上,然后将该投影面展为平面而成。

② 割投影——以平面、圆柱面或圆锥面作为投影面,使投影面与球面相割,将球面上的经纬线投影到平面上、圆柱面上或圆锥面上,然后将该投影面展为平面而成。

2.2 常用的航空地图

航图提供的资料数据,必须准确清晰,易于判读。航图的尺寸、规格和色调,应当适应空中飞行的需要。在每幅航图上,都应当标注图的种类名称、图名(地名/机场名)、代号、出版单位、印发日期、磁北、真北,通常还应当标注比例尺。

航图分为航空地图和特种航图两大类。航空地图包括 1∶1000000 世界航图、1∶500000 航空地图和小比例尺(1∶2000000 至 1∶5000000)航空领航图。特种航图包括航路图、区域图、标准仪表进场图、标准仪表离场图、仪表进近图、目视进近图、精密进近地形图、机场图、机场地面活动图、停机位置图、机场障碍物A型图、机场障碍物B型图、机场障碍物C型图等十三种。

飞行上使用的基本航图为航空地图、航路图、仪表进近图、机场图、机场障碍物A型图等五种。

2.2.1 航空地图

航空地图主要用于各种飞行的目视空中领航,为专用航图补充目视资料,进行各种训练以及制定飞行计划。1:1000000世界航图,是世界性统一规范航图。航空地图应当清楚地表示地球表面主要人文和自然地理特征,标绘有机场、导航设施、空中交通服务系统、禁区、危险区、限制区、重要障碍物和其他航空资料。

1. 1:1000000世界航空地图

采用1:1000000的比例,它主要用于高速飞机作远距离飞行使用,每年修订出版一次。

2. 1:500000区域航空地图

一般以一个特定区域为范围的区域航空地图,它的比例是1:500000,它要比世界航空地图详尽,标出了地形、目视标志点、无线电导航台点、机场、空域、障碍物、航路、距离等,图上的各种标志都用颜色来区分,如水面用蓝色,导航台用粉色等。

3. 航空领航图

是为了在采用VFR和IFR飞行前作为飞行计划而用,它的比例尺在1:2000000到1:5000000之间。目前大部分这类地图采用1:2333232的比例,使图上的1英寸等于32海里。它一般印成两部分,一部分为VFR使用,是航空地图,上面标明各种地面情况;另一部分为IFR使用,上面只标出无线电导航台的位置和标志。

2.2.2 特种航图

1. 航路图

所有建立飞行情报区的地区,都必须绘制航路图。航路图主要用于机组仪表飞行时,沿规定的空中交通服务航路和程序实施领航。

航路图中,应当包括航路和航线走向、距离、高度层、最低安全高度、导航设备资料、等磁差线、高度配备的规定,有关的机场、禁区、危险区、限制区、空中交通服务系统、通信导航和其他航空资料,以及经纬网格、主要河流、湖泊和海岸线等地理资料。

航路图的比例尺,应当依据表示资料清晰、方便机组使用确定。它主要包括基本地形轮廓、飞行航路信息、航路代码、航路空域划分、航路飞行通讯频率、导航台信息、经纬度坐标、限制性空域信息等与航路飞行有关的数据信息。航路图一般分为高空航路图、中低空航路图、区域图。

高空航路图主要描绘喷气机航路。由于各个国家所规定的高空空域的高度范围不同,高空航路图的高度覆盖范围是变化的。例如,在美国和加拿大的航图上,高空空域的高度范围是从平均海平面18000英尺开始延伸到45000英尺,而我国规定的高空空域的范围为高度6000m以上的空间。如图2.3所示(见书末折页)。

低空航路图主要描述从最低可用仪表飞行高度到由管制部门指定的高度上限之间的

空域。例如,美国规定低空航路在最低可用 IFR 高度与 17999 feet MSL 之间使用。如图 2.4 所示。

当航路图上的重要终端区的导航设施和航线数据比较拥挤时,航路图上无法描述所有的详细资料,则以较大的比例尺绘制区域图作为航路图的补充,主要用于进出终端区内机场的所有飞行。如图 2.5 所示(见书末折页)。

2. 仪表进近图

所有民用航空器使用的机场仪表跑道,都必须绘制仪表进近图,要求机组按照仪表进近图所规定的程序,向预定跑道进近着陆、复飞和等待。

仪表进近图中,应当包括有关的机场、进近跑道、标高、禁区、危险区、限制区、进近航迹、无线电导航设施、最低扇区高度、机场飞行最低标准和其他航空资料。仪表进近图还应当包括经纬网格、重要障碍物以及其他与仪表飞行安全、目视参考有关的自然和人文地理资料。仪表进近图的比例尺一般为 1:200000 至 1:300000。如图 2.6 和图 2.7 所示。

所有民用航空器使用的、不能满足仪表进近条件的机场跑道,都应当绘制目视进近图。目视进近图主要用于使机组按照图中规定从航路阶段向预定跑道目视进近着陆。

目视进近图中,应当包括有关的城镇、铁路、公路、独立灯塔、河流、湖泊、海岸线、悬崖、沙丘、地形和标高点等自然和人文地理资料,以及有关的跑道、标高、禁区、危险区、限制区、空域、障碍物等目视进近参考资料和其他航空资料。目视进近图的比例尺一般为 1:200000 至 1:300000。

3. 机场图

所有民用航空器使用的机场,都必须绘制机场图。机场图主要用于提供飞机在跑道与停机位置之间地面活动所需的资料。机场图中,应当包括跑道、滑行道、停机坪以及滑行路线、停机位置、灯光等资料。机场图的比例尺,一般为 1:10000,大型机场可用较小的比例尺。图 2.8 为上海虹桥国际机场图,图 2.9 为北京首都国际机场图。

4. 机场障碍物 A 型图

所有民用航空器使用的机场,都必须绘制机场障碍物 A 型(运航限制)图。起飞航径区内无重要障碍物的机场,可以不绘制,但必须在《中国民用航空航行手册》或者《中华人民共和国航行资料汇编》中予以说明。机场障碍物 A 型(运航限制)图,主要用于根据飞机起飞过程中,一发失效后,能够按照规定的高度超越起飞航径区内所有障碍物的最低起飞性能,来确定每次飞行的飞机最大起飞全重。机场障碍物 A 型(运航限制)图中,应当包括跑道、停止道、净空道、起飞航径区、重要障碍物的平面图和剖面图,以及公布的跑道可用距离。

机场障碍物 A 型(运航限制)图的水平比例尺为 1:10000 或 1:20000,垂直比例尺为水平比例尺的 10 倍。图 2.10 为 ICAO 制作的上海虹桥国际机场障碍物 A 型图。

机场周围净空条件复杂,应当绘制机场障碍物 B 型图。机场障碍物 B 型图主要用于确定最低安全高度(包括盘旋程序的最低安全高度),确定起飞、着陆过程中的紧急程序,确定清除障碍物和设置障碍物标志的标准。机场障碍物 B 型图中,应当包括机场基准点、跑道、停止道、净空道、起飞爬升面、进近面、障碍物限制面等航空资料,以及重要障碍物和地标等地理资料。机场障碍物 B 型图,可以和机场障碍物 A 型(运航限制)图合并为一张图,称为机场障碍物综合图。机场障碍物 B 型图的比例尺为 1:10000 至 1:20000。

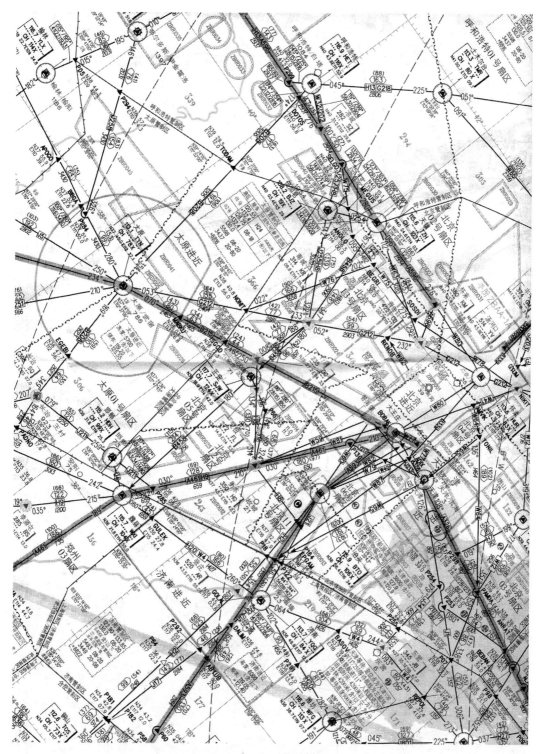

图 2.4 中低空航路图

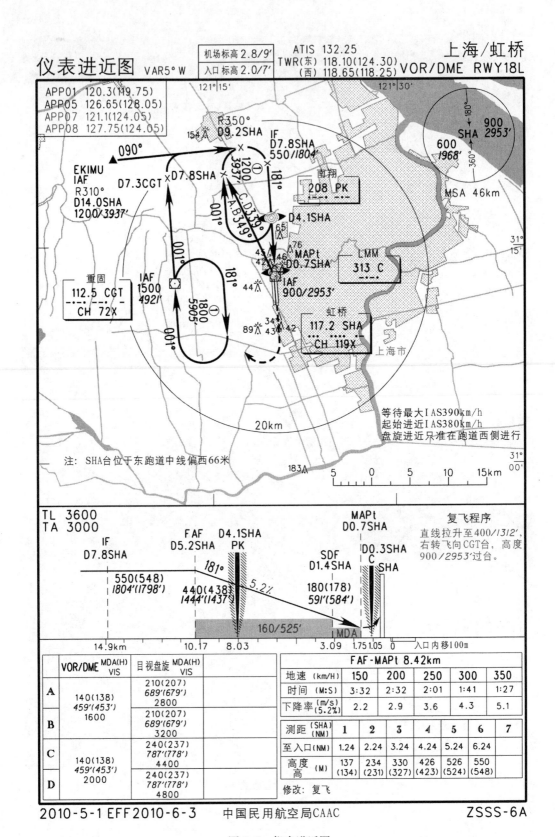

图 2.6 仪表进近图

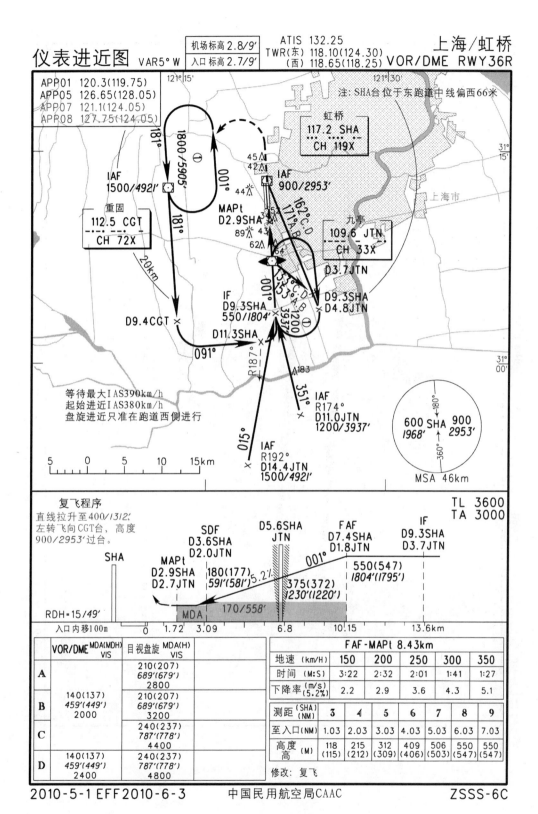

图 2.7 仪表进近图

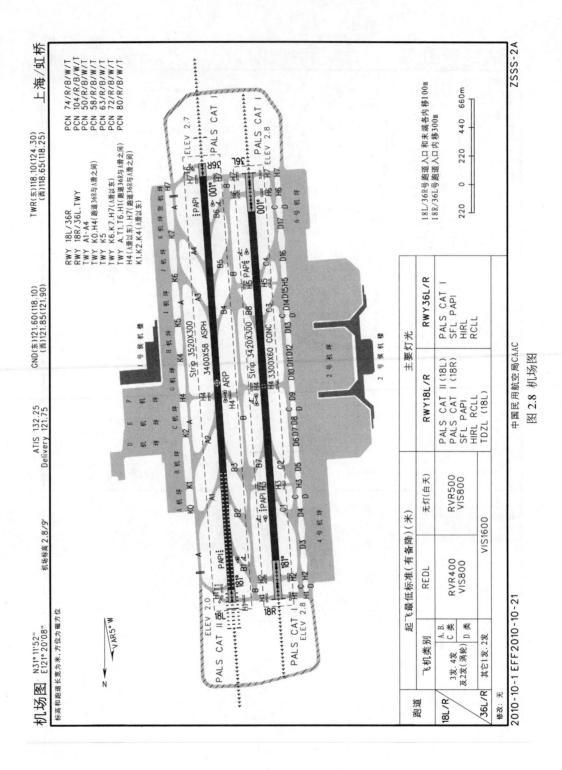

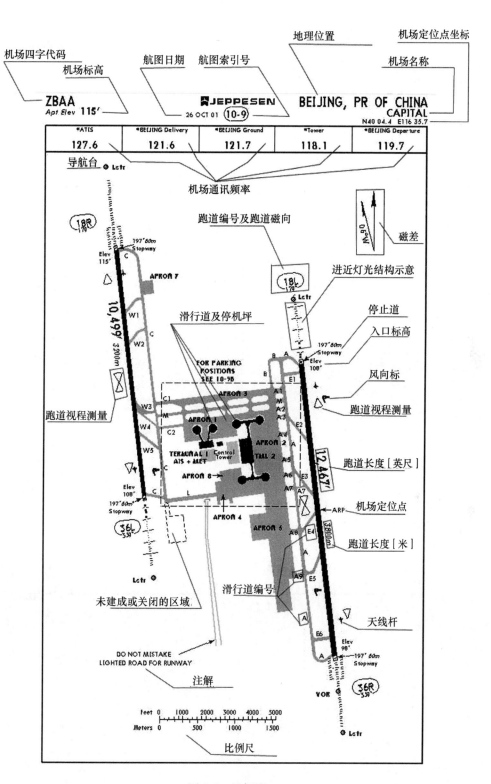

图 2.9 机场图

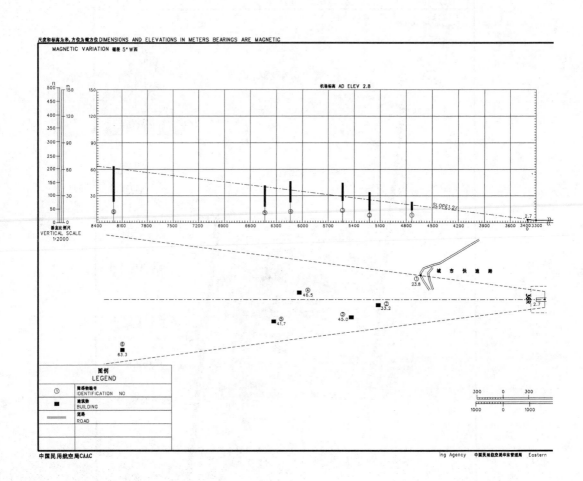

图 2.10 虹桥机场障

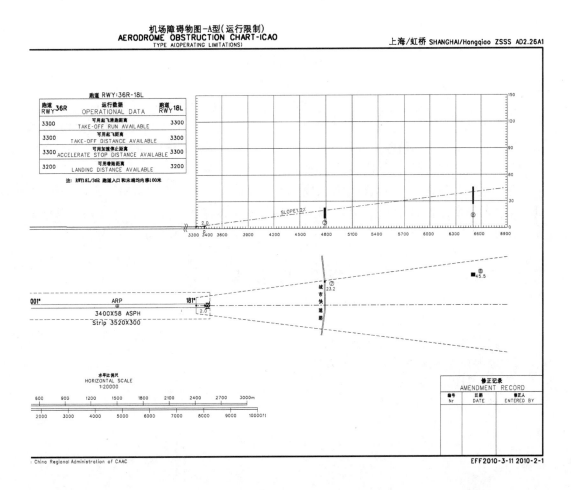

碍物 A 型图（ICAO）

机场周围的重要障碍物,没有文字资料公布时,应当绘制机场障碍物C型图。机场障碍物C型图主要用于飞机起飞过程中一发失效时,制订紧急程序和参照障碍物资料限制飞机最大起飞全重。此外,还用于确定最低安全高度(包括盘旋程序的最低安全高度),确定起飞或者着陆过程中的紧急程序。机场障碍物C型图应当包括机场基准点、跑道、导航设施、起飞航径区、重要障碍物和45km半径内,场压高度超过120m的所有障碍物和详细地形资料。机场障碍物C型图的比例尺为1∶20000至1∶100000,最好是1∶50000。

本 章 小 结

(1)地图三要素是:地图比例尺、地图符号和地图投影。

(2)航图分为航空地图和特种航图,航空地图有三种,其中1∶1000000比例的世界航空地图是世界上统一的航空地图。特种航图有十三种。飞行上使用的基本航图有航空地图、航路图、仪表进近图、机场图、机场障碍物A型图等五种。

各种航图是每次飞行时进行领航准备和空中实施的必不可少的重要工具,在飞行中充分运用航图所提供的资料,正确、熟练地使用各种航图,对于保证飞行安全具有重要意义。因此,应当掌握航图的基本知识,学会使用航图,能够熟练地进行图上作业。

复 习 与 思 考

1. 地图三要素是什么?
2. 地图比例尺有几种表现形式?
3. 地形在地图上的表示有几种方法?
4. 地图投影分为几类?
5. 航空地图分为哪三种?特种航图有哪些种?
6. 飞行中常用的航图有哪些?

第3章 时差与飞行

本章关键字

时差　time difference	格林威治时间　greenwich Mean Time
地方时　local time	世界协调时　Universal Time Coordinated
区时　zonetime	飞行时间　flight time

> 1522年,麦哲伦率领的舰队致力于完成环球航行的壮举。当船队返航至佛得角群岛时,发现船上的日期是7月8日星期三,而岸上的日期却是7月9日星期四。水手回国后向国王和教皇汇报了这个现象,引起了广泛的关注和探讨,时差之谜逐渐被揭示出来。

3.1 时差与时间

3.1.1 时差

在没有钟表的古代,人们只能通过观察太阳在天空中的位置来确定本地时间,这个时间叫做"地方时"。地球是自西向东自转的,东边总比西边的早。比如,在北京太阳已经升起了一个时辰,而乌鲁木齐还处于黎明时分。这个时间差便是不同地区的"时差"。

各国的时间使用地方时,没有统一换算方法,给交通和通信带来不便。为了统一,世界采取了时差制度并且遵循此制度,各国时间历法都以此制度为基础。

在中国早在15世纪就有人注意到了时差现象。此人便是成吉思汗的谋士耶律楚材。耶律楚材在跟随蒙古大军西征的过程中发现,用金代《大明历》推算应该在某时刻出现的月食,在中亚的撒马尔罕竟然要推迟出现。他隐约意识到,把万里之外的中原地带制定的《大明历》直接用在遥远的西域恐怕不合适。于是,他在《西征庚午元历》中提出了一个全新的概念"里差",弥补了由于东西距离差造成的天象所发生的时间差。这实际上是对不同地理经度引起的地方时差作出了数值上的修正。虽然耶律楚材没有提出"时区"的概念,但他事实上已经解决了时差的问题。

地球自转造成了经度不同,地区的时刻不同。当飞机跨越经度时,就产生了时刻上的不统一。目前,世界主要航线的分布多呈东西向,沿这些航线飞行时,必然跨越经度,因此,也就必须进行时差的换算。时差换算对安排航班、制定飞行计划和提高服务质量具有实际意义。此外,时差与飞行中昼夜长短的变化对机组人员产生的生物钟产生较大影响。

3.1.2 时间的种类

平常,我们在钟表上所看到的"几点几分",习惯上就称为"时间",但严格说来应当称为"时刻"。某一地区具体时刻的规定,与该地区的地理经度存在一定关系。例如,世界各地的人都习惯于把太阳处于正南方(即太阳上中天)的时刻定为中午 12 点,但此时正好背对着太阳的另一地点(在地球的另一侧),其时刻必然应当是午夜 12 点。如果整个世界统一使用一个时刻,则只能满足在同一条经线上的某几个地点的生活习惯。所以,整个世界的时刻不可能完全统一。

1. 地方时

在地球上某个特定地点,根据太阳的具体位置所确定的时刻,称为"地方时",人们把太阳正对头顶,即当地经线正对太阳的时刻,作为正午 12 时,正背太阳的时刻作为 0 时。由于地球自西向东自转,在同纬度的地区,相对位置偏东的地点,要比位置偏西的地点先看到日出,时刻就要早。因此,就会产生因经度不同而出现不同的时刻,即为地方时,即每一条经线上的地方都有相对应的地方时。

地方时与地球自转的关系:

(1) 经度同,时刻同,否则异。即同一条经线上的各地,地方时相同。

(2) 地球自西向东旋转,东边时刻总比西边早。

(3) 经度每隔 15°,地方时相差 1h;经度相差 1°,地方时相差 4min。

地方时有无穷多个,它在当地的测量和使用是方便的,但对一个国家来说,如果各地用各地的地方时间那将使得整个国家的工作秩序变得混乱,无法统一安排各项工作。由此也就出现了"区时"这个概念。

2. 理论区时

1879 年,加拿大铁路工程师伏列明提出了"区时"的概念,这个建议在 1884 年的一次国际会议上得到认同,由此正式建立了统一世界计量时刻的"区时系统"。"区时系统"规定,地球上每 15°经度范围作为一个时区(即太阳 1 个小时内走过的经度)。这样,整个地球的表面就被划分为 24 个时区。世界时区的划分以本初子午线(0°经线)为标准,从西经 7.5°到东经 7.5°(经度间隔为 15°)为零时区,由零时区的两个边界分别向东和向西,每隔经度 15°划一个时区,划分成东西经 15°、东西经 30°、东西经 45°、……、直到 180°经线。0 时区以东的时区为东时区,分为东 1 区~东 11 区;0 时区以西的时区,分为西 1 区~西 11 区;东 12 区和西 12 区各占 7.5 个经度,即各为半个时区,故将两者合为一个完整的时区,称为东西 12 区。

每个时区都有其"中央经线",在每条中央经线东西两侧各 7.5°范围内的所有地点,一律使用该中央经线的地方时作为标准时刻。

"区时系统"在很大程度上解决了各地时刻的混乱现象,使得世界上只有 24 种不同时刻存在,而且由于相邻时区间的时差恰好为 1h,这样各不同时区间的时刻换算变得极为简单。因此,一百年来,世界各地仍沿用这种区时系统。

规定了区时系统,还存在一个问题:人们早晨起来,常撕一张日历,表示新的一天开始了。对于居住在一定地区的人们来说,这是没有问题的。但对用飞机、轮船作洲际航行的旅行者,就有点不方便了。例如,当你在从东向西的航行中,因为你是在追赶太阳,每跨越一个时区,就会把你的表向前拨 1h,所以就感到白天"加长"了,这样当你跨越 24 个时区回到原地后,你的表也刚好向前拨了 24h,也就是第二天的同一钟点了;相反,当你从西向东航行时、由于是背离太阳、所以就好像有点白天"短"了的感觉,由东向西周游世界一圈后,你的表指示的就是前一天的同一钟点。这样,你就往往会记错日子,把日历翻错。为了避免这种不方便,1884 年起人们决定在太平洋中,也即在东经 180°经线附近划一条线,规定当各种交通工具自东向西越过此线后,日期增加 1 天(例如,由 7 月 31 日改为 8 月 1 日),而由西向东越过此线后,日期减少 1 天(例如,由 8 月 1 日改为 7 月 31 日)。这条线就称为"日界线"或"国际日期变更线"。

同时为了考虑到行政管理上的便利,日界线并不严格地指东经 180°经线。而是由北极沿东经 180°经线,折向白令海峡,绕过阿留申群岛西边,经萨摩亚、斐济、汤加等群岛之间,由新西兰东边再沿 180°经线直到南极,在一般的世界地图上,也都将此线标出来,以便识别。

由于规定了国际日期变更线,所以当由西向东跨越国际日期变更线时,必须在计时系统中减去 1 天;反之,由东向西跨越国际日期变更线,就必须加上 1 天。也就是东、西 12 时区内钟点相同;东 12 区总比西 12 区早 1 天;东 12 区为最东、西 12 区为最西。

因地球自西向东自转,从零时向东,每增加 1 个时区,时间增加 1h,向西每增加 1 个时区,时间减少 1h。西 12 区比东 12 区在时间上少 24h。

时区和区时的计算:

1) 求时区

$$n = \lambda/15°$$

式中:λ 为某地的经度。

小数点后一位数在 5 以下,说明离中央经线不超过 7.5°,故舍去。小数点后一位数在 5 以上,说明离中央经线已超过 7.5°,实际上已经进入下一个时区,因此要入,时区数应加 1。

2) 求时区差 Δn

$$\Delta n = n_0 \pm n$$

式中:Δn 为同差异和。

若两地都在同一侧时区,即同为东时区或西时区,则时区序号相减,所得的差即为时区差;若两地不在同一侧时区,即一地为东时区,另一地为西时区,则时区序号相加,所得的和即为时区差。简言之:同侧时相减、异侧时相加。

3) 求区时

$$E = E_0 \pm \Delta n$$

式中:E 为所求地区时;E_0 为已知地区时;Δn 为时区差;$\pm$ 号的选择为东加西减。

在时差上,两地相差几个时区,区时就相差几个小时。若已知区时的地点在东,所求地点在西,则用已知区时减去两地的时区差;若已知区时节的地点在西,所求地点在东,则用已知区时加上两地是时区差,即东加西减。所以在时刻上,较东的时区比较西的时区区时要早。简言之:时刻上是东早西晚。

3. 标准时间

在一定程度上,标准时间与区时是一个概念。但是一些国家的时区并不是按照理论上的 24 个时区来划分的,而是按照本国的行政区划根据需要确定的,因此与理论时区略有差异,这样划分得到的时刻系统叫各国标准时,它是各国实际采用的时刻系统。在世界各国实际划分的时区图上,时区之间的界限不完全是经线,多呈曲线与折线。其主要原因是考虑了行政区划。

以我国为例。我国的北京处于东 8 区,而新疆处于东 6 区,但新疆和北京一样,都采用北京的理论区时,只是在作息制度上比北京推迟了 2h。这表明,实际上,新疆采用了东 6 区的区时。

俄罗斯从东 1 区到西 11 区跨 12 个时区,如果统一使用一个区时,那么将会出现一个极不合理的现象,就是明明是午夜时分,钟表上所指的却是正午 12 点。因此,俄罗斯共划分出了 11 个时区,最西的一个时区实际跨了两个理论时区。

还有一些国家根据本国所跨的经度范围采用半时区。就是说时区数出现了小数。例如伊朗,按理论时区,它的一半在东 3 区,另一半在东 4 区,因此,它采用东 3.5 区时,就是把东 3 区的一半和东 4 区的一半合为一个时区,这样,中央经线就是东 3 区与东 4 区的交界线了。实际上它的中央经线是 52.5°E,它不是 15 的倍数。这样使用起来,伊朗本国十分方便,但其他国家与它的换算却增加了麻烦。

当地标准时可以通过国际时差换算表换算获得。附录 1 为国际时差换算表。

4. 当地时间

各国在国内统一起见,以首都的标准时作为本国的统一时间,如我国使用的时间即为北京时间,对外而言,则为该国的当地时间。每个航空公司班期时刻表上标定的即为当地时间。

5. 格林威治时间(世界时)

由于航空航天通信和其他科学的进步,使用区时也满足不了对时间的同步和准确的要求,因此需要一个统一的世界时间系统,首先建立的是世界标准时,也叫格林威治时间(GMT),国际上统一规定以 0 区的区时作为标准时,称为世界时。全世界在需要时间同步或统一时,共同使用世界时。

6. 世界协调时

世界协调时(Universal Time Coordinated,UTC),是由国际无线电咨询委员会规定和推荐,并由国际时间局(BIH)负责保持的以秒为基础的时间标度。UTC 相当于本初子午线(即经度 0 度)上的平均太阳时,过去曾用格林威治平均时(GMT)来表示。北京时间比 UTC 时间早 8h,以 1999 年 1 月 1 日 0000UTC 为例,UTC 时间是零点,北京时间为 1999 年 1 月 1 日早上 8 点整。

为了确保协调世界时与世界时(UT1)相差不会超过 0.9s,有需要时便会在协调世界时内加上正或负闰秒。因此协调世界时与国际原子时(TAI)之间会出现若干整数秒的差别。位于巴黎的国际地球自转事务中央局(IERS)负责决定何时加入闰秒。

那么 UTC 与世界各地的时间应如何换算呢?它是将全世界分为 24 个时区,地球的东、西经各 180°(共 360°)被 24 个时区平分,每个时区各占 15°。以经度 0°(即本初子午线)为基准,东经 7°30′ 与西经 7°30′ 之间的区域为 0 时区;东经和西经的 7°30′ 与 22°30′ 之间的区域分别为东 1 区和西 1 区;以此类推。从零时区起,向东每增加一个时区时间加 1h,向西每增加一个时区减 1h。UTC 与零时区时间相同,以 2004 年 7 月 15 日 0000UTC(即本初子午线上 2004 年 7 月 15 日零点整)为例,美国旧金山位于西 8 区,比零时区晚 8h,故此时旧金山时间为 2004 年 7 月 14 日 16 点整;而北京位于东 8 区,比零时区早 8h,

此时北京时间为 2004 年 7 月 15 日 8 点整。

根据国际电信联盟(ITU)规定,在国际无线电通信中除另有指明外,均应使用 UTC,并用 4 位数字表示。业余电台之间的联络是在世界范围内进行的,所以亦应使用 UTC。

根据国际民航组织的决定,自 1985 年 11 月 21 日北京时间 8 时 1 分起,国际民用航空停止使用"世界时(亦称国际时)GMT",一律使用"协调世界时"。国际标准组织规定的"协调世界时"的表示方式,其顺序为:年、月、日、时、分、秒,均用数字表示。国际民用航空的国际航空运行和空中交通服务信息计时,亦使用上述的表示方式。空中交通服务电报中仍使用"日、时、分"。凡按我国规定使用"世界时 GMT"的,一律改用"协调世界时"并在时间后注明(UTC)。各种时钟校准,一律用我国中央人民广播电台标准时间。

7. 夏令时(Daylight Saving Time)

夏令时是一种法定的时间。夏天太阳升起得比较早,白天时间很长。为了节约能源和充分利用白天的宝贵时间,世界上不少国家都采用法律规定的形式,每到夏天就将这个国家使用的时间提前 1h,也有提前半小时或几小时的;到了冬季,又将拨快的时间拨回来。这样的时间就是"夏令时",是一种法定时间。我国曾于 1986 年到 1991 年每年从四月的第二个星期天早上 2 点钟,到九月的第二个星期天早上 2 点钟,在这段时期内,全国都将时间拨快 1h,实行夏令时。从九月的第二个星期天早上 2 点钟起,又将拨快的时间重新拨回来,直到第二年四月的第二个星期天早上 2 点钟。

其他的国家如英国、德国和美国等,也都使用过夏令时。北半球夏季时间白天长,将时间提前 1h,比标准时早 1h。例如,在夏令时的实施期间,标准时间的上午 10 点就成了夏令时的上午 11 点。采用夏令时的目的是为了充分利用夏季白天较长的日光时段,以求节省能源。

目前世界上很多国家使用夏令时,因此,在做安排航班时刻表时,要注意到航班通达的地方,哪些正在施行夏令时,哪些没有,以避免影响航班衔接和旅客行程。

3.2 飞行时间计算

飞行时间的计算有多种方法,其计算步骤如下:

(1)从国际时差换算表中找出始发站和目的站所在时区。

(2)将起飞和到达的当地时间换算成世界标准时(GMT)或者根据始发站和目的站所处的时区换算成其中某一个地区的标准时间。

(3)用到达时间减去起飞时间,即是飞行时间。

【例1】AF033 航班 12 月 12 日 12:30 从 PARIS 起飞,13:35 到达 MONTREAL,计算飞行时间。

解:第一步,两个时间点,其中一个化为另外一个城市时间:

$$1335 + 0600 = 1935$$

即 YUL 化为 PAR 当地时间,YUL1335 时,在 PAR 当地时间是 1935。

第二步,和 PAR 当地时间相差,即得出答案:

$$1935 - 1230 = 0705$$

【例2】某人乘飞机从北京去华盛顿。1月28日乘国航班机从北京启程,北京时间是9:44。到达华盛顿时,当地时间为1月28日15:30。求该人在途中经历了多少时间。

第一步,从国际时差换算表中找出始发站和目的站的时区。

　　PEK = GMT + 0800(Standard Time)

　　WAS = GMT − 0500(Standard Time)

第二步,将起飞和到达的当地时间换算成世界标准时(GMT)。

　　PEK(GMT) 09:44 − 0800(GMT) = GMT 1:44

　　WAS(GMT) 15:30 + 0500(GMT) = GMT 20:30

第三步,用到达时间减去起飞时间,即是飞行时间。

　　20:30 − 1:44 = 18:46(18小时46分钟)

【例3】MOW—BJS,CA910,D:2045,A:0920;BJS—MOW,CA909,D:1535,A:1900。试求往返程各自的飞行时间。

解:

查国际时差换算表:

　　MOW = GMT + 3. BJS = GMT + 8

换算成GMT:

　　D = 2045 − 0300 = 1745

　　A = 0920 − 0800 = 0120

　　T1 = 7 小时 35 分钟

　　BJS——MOW

换算成GMT:

　　D = 1535 − 0800 = 0735

　　A = 1900 − 0300 = 1600

　　T2 = 8 小时 25 分钟

需要注意的是,在本例中,同样的航班,同样的机型,同样的航线,但是飞行时间却不同,其原因是航班由西向东飞行经过了西风带,受其影响。

【例4】某航班于北京时间6月3日11时25分从北京起飞,飞往莫斯科,到达时莫斯科时间为当日19时15分,请用两种方法求飞行时间(分别使用GMT时间和北京时间计算)。

解法一,统一采用格林威治时刻系统(GMT)。

到达时GMT:6月3日19时15分 − 4小时 = 6月3日15时15分

起飞时GMT:6月3日11时25分 − 8小时 = 6月3日3时25分

飞行时间:6月3日15时15分 − 6月3日3时25分 = 11小时50分

解法二,统一采用北京时刻系统。

到达时北京时间:6月3日19时15分 + (8 − 4) = 6月3日23时15分

起飞时北京时间:6月3日11时25分

飞行时间:6月3日23时15分 − 6月3日11时25分 = 11小时50分

本 章 小 结

（1）地球自转造成了经度不同的地区时刻不同，当飞机跨越经度时，就产生了时刻上的不统一，两个地方的时间差就是时差。

（2）时间的种类很多，地方时是最基本的时间系统，但由于其在实际使用中存在着很大程度的不方便性，因此，又出现了"理论区时"，把全世界划分为 24 个时区。但是一些国家的时区并不是按照理论上的 24 个时区来划分的，而是按照本国的行政区划，根据需要确定的，因此与理论时区略有差异，这样划分得到的时刻系统叫各国标准时间，它是各国实际采用的时刻系统。

在一些领域，全世界需要时间同步或统一，因此就需要共同使用世界时，世界时即格林威治时间，世界时的使用对于时差的换算起到了很大的方便。

（3）由于各地使用的时间系统不同，使得在航空运输领域就需要不断地进行时间上的换算，以便正确计算航班的起飞时刻、到达时刻和飞行时间，以方便旅客合理的安排行程。

复 习 与 思 考

1. 时差是怎么产生的？
2. 地方时、区时、标准时间、格林威治时间（世界时）协调世界时、夏令时的定义是什么？
3. 如何计算各类时间？
4. 地方时和世界时如何换算？区时和世界时如何换算？
5. 世界时和协调世界时的关系是什么？
6. 为什么是 24 个时区？为什么有 0 点时区？
7. 东 12 区和西 12 区为什么只有其他时区一半大小？
8. 某飞机于 9 月 1 日 8 时 10 分从北京起飞，向东飞行 10 小时 10 分后到达洛杉矶，到达时，洛杉矶的区时是多少？如要求 9 月 1 日 18 时到达洛杉矶，那么，北京的起飞时刻是多少？（洛杉矶采用西 8 区）
9. 圣诞节（12 月 25 日）前夜当地时间为 19:00 时，英格兰足球超级联赛的一场比赛将在伦敦开赛。香港的李先生要去伦敦观看这场比赛。自香港至伦敦，飞机飞行时间约为 17h。李先生在香港——伦敦的航班起飞时间最好选择在何时（分别使用 GMT 时间和北京时间计算）（伦敦 0 时区，香港采用东 8 区）？

第4章 气象与航空安全

本章关键字

航空气象	aviation meteorology	对流	convection
大气	atmosphere	雾	frog
风	wind	雷暴	thunderstorm
云	cloud	能见度	visibility
降水	precipitation	风切变	wind shear

> 航空气象是研究不同气象条件同飞行活动和航空技术之间的关系，研究航空气象保障的方式和方法，以及飞行器在地球大气层中飞行时的气象问题的一门学科。气象条件对飞机的起飞、航行、降落以及其他各种飞行活动有不同的影响，飞机的设计制造和气象条件也有密切关系。在实际工作中，航空气象的主要任务是保障飞行安全，提高航行效率，在不同的气象条件下，有效地运用航空技术。飞机在大气中飞行，大气总是在不停的运动，大气状态的每一变化都会对飞行活动带来影响。特别在对流层的中下部，各种天气频繁出现。它们往往对航行和起降产生不利影响，轻则延误航班，重则造成事故。据国际民航组织的统计，仅由于气象原因造成的严重空中事故，就占民航总事故的10%~15%，与气象直接或间接有关的事故占民航总事故的1/3左右。

随着航空事业的发展，飞机性能的提高，大型飞机的增多，气象对飞行的影响不仅依然存在，而且对航空气象保障提出了更高的要求。目前，飞行活动与气象条件之间的关系正在从气象条件决定能否飞行，变为在复杂气象条件下如何飞行的问题。气象条件是客观存在的，但它对飞行活动影响的好坏，却往往因人们主观处置是否得当而有不同的结果。航空气象保障就是为航空活动提供需要的气象情报及提出安全合理的综合措施，因此飞行人员、空中交通管制人员和民航其他工作人员都要具备相当的航空气象知识，才能做到充分利用有利天气，避开不利天气，预防和减少危险天气的危害，增加效益，顺利完成飞行任务。

4.1 基本气象要素

表示大气状态的物理量和物理现象通称为气象要素。气温、气压、湿度等物理量是气象要素，风、云、降水等天气现象也是气象要素，它们都能在一定程度上反映当时的大气状况。本节讨论三种最基本的气象要素——气温、气压和空气湿度，它们也称为三大气象要素。

4.1.1 气温

1. 气温的概念

气温是表示空气冷热程度的物理量,它实质上是空气分子平均动能大小的宏观表现。一般情况下我们可将空气看作理想气体,这样空气分子的平均动能就是空气内能,因此气温的升高或降低,也就是空气内能的增加或减少。

气温通常用三种温标来量度,即摄氏温标(℃)、华氏温标(℉)和绝对温标(K)。摄氏温标将标准状况下纯水的冰点定为0℃,沸点定为100℃,将其100等分,每一等份为1℃。华氏温标是将纯水的冰点定为32℉,沸点定为212℉,将其180等分,每一等份为1℉,可见1℃与1℉是不相等的。将摄氏度换算为华氏度的关系式为

$$F = (9/5)C + 32$$

在绝对温标下,以冰、水和水汽平衡共存的三相点为此温标的273.16K,水的沸点为373.16K。此温标多用于热力学理论研究。

2. 气温变化的基本方式

实际大气中,气温变化的基本方式有以下两种。

1) 气温的非绝热变化

非绝热变化是指空气块通过与外界的热量交换而产生的温度变化。气块与外界交换热量的方式主要有以下几种。

(1) 辐射。辐射是指物体以电磁波的形式向外放射能量的方式。所有温度绝对零度的物体,都要向周围放出辐射能,同时也吸收周围的辐射能。物体温度越高,辐射能力越强,辐射的波长越短。如物体吸收的辐射能大于其放出的辐射能,温度就要升高,反之则温度降低。

地球—大气系统热量的主要来源是吸收辐射(短波)。当太阳辐射通过大气层时,有24%被大气直接吸收,31%被大气反射和散射到宇宙空间,余下的45%到达地表。地面吸收其大部分后,又以反射和辐射(长波)的形式回到大气中,大部分被大气吸收。同时,大气也在不断地放出长波辐射,有一部分又被地面吸收。这种辐射能的交换情况极为复杂,但对大气层而言,对流层热量主要直接来自地面长波辐射,平流层热量主要来自臭氧对太阳紫外线的吸收。因此这两层大气的气温分布有很大差异。总的来说,大气层白天由于太阳辐射而增温,夜间由于向外放出辐射而降温。

(2) 乱流。乱流是空气无规则的小范围涡旋运动,乱流使空气微团产生混合,气块间热量也随之得到交换。摩擦层下层由于地表的摩擦阻碍而产生扰动,以及地表增热不均而引起空气乱流,是乱流活动最强烈的层次,乱流是这一层中热量交换的重要方式之一。

(3) 水相变化。水相变化是指水的状态变化,水通过相变释放热量或吸收热量,引起气温变化。

(4) 传导。传导是依靠分子的热运动,将热量从高温物体直接传递给低温物体的现象。由于空气分子间隙大,通过传导交换的热量很少,仅在贴地层中较为明显。

2) 气温的绝热变化

绝热变化是指空气气块与外界没有热量交换,仅由于其自身内能增减而引起的温度变化。例如当空气块被压缩时,外界对它做的功能转化成内能,空气块温度会升高;反之

空气块在膨胀时温度会降低。飞机在飞行中,其机翼前缘空气被压缩而增温,后缘涡流区,空气因膨胀而降温,对现代高速飞机来说是非常明显的。实际大气中,当气块做升降运动时,可近似地看作绝热过程气块上升时,因外界气压降低而膨胀,对外做功耗去一部分内能,温度降低,气块下降时则相反,温度升高。

气块在升降过程中温度绝热变化的快慢用绝热直减率来表示。绝热直减率表示在绝热过程中,气块上升单位高度时其温度的降低值(或下降单位高度时其温度的升高值)。

4.1.2 气压

气压即大气压强,是指与大气相接触的面上,空气分子作用在每单位面积上的力。这个力是由空气分子对接触面的碰撞而引起的,也是空气分子运动所产生的压力。常用的量度气压的单位有百帕(hPa)和毫米汞柱(mmHg)。

$$1hPa = 100N/m^2 = 0.75mmHg$$

在大气处于静止状态时,某一高度上的气压值等于其单位水平面积上所承受的上部大气柱的重量。随着高度增加,其上部大气柱越来越短,且气柱中空气密度越来越小,气柱重量也就越来越小。

因此,气压总是随高度而降低的。高度越高,气压随高度降低得越慢。在同一高度上,气温高的地区气压降低得比气温低的地区慢。

1. 航空上常用的几种气压

1)本站气压

本站气压是指气象台气压表直接测得的气压。由于各观测站所处地理位置及海拔高度不同,本站气压常有较大差异。

2)修正海平面气压

修正海平面气压是由本站气压推算到同一地点海平面高度上的气压值。运用修正海平面气压便于分析和研究气压水平分布的情况。海拔高度大于1500m的观测站不推算修正海平面气压,因为推算出的海平面气压误差可能过大,失去意义。

3)场面气压

场面着陆区(跑道入口端)最高点的气压。场面气压也是由本站气压推算出来的。飞机起降时为了准确掌握其相对于跑道的高度,就需要知道场面气压。场面气压也可由机场标高点处的气压代替。

4)标准海平面气压(标准大气压)

大气处于标准状态下的海平面气压称为标准海平面气压,其值为1013.25hPa或760mmHg。海平面气压是经常变化的,而标准海平面气压是一个常数。

2. 气压与高度

飞机飞行时,测量高度多采用无线电高度表和气压式高度表。无线电高度表所测量的是飞机相对于所飞越地区地表的垂直距离。无线电高度表能不断地指示飞机相对于所飞越地表的高度,并对地形的任何变化都很"敏感",这既是很大的优点,又是严重的缺点。如果在地形多变的地区上空飞行,飞行员试图按无线电高度表保持规定飞行高度,飞机航迹将随地形起伏。而且,如果在云上或有限能见度条件下飞行,将无法判定飞行高度的这种变化是由于飞行条件受破坏造成的,还是由于地形影响引起的,这样就使无线电高度表的使用受到限制,因而它主要用于校正仪表和在复杂气象条件下着陆使用。

气压高度表是主要的航行仪表。它是一个高度灵敏的空盒气压表,但刻度盘上标出的是高度,另外有一个辅助刻度盘可显示气压,高度和气压都可通过旋钮调定。高度表刻度盘是在标准大气条件下按气压随高度的变化规律而确定的,即气压式高度表所测量的是气压,根据标准大气中气压与高度的关系,就可以表示高度的高低。

飞行中常用的气压高度有以下几种。

1) 场面气压高度(QFE)

它是飞机相对于起飞或着陆机场跑道的高度。为使气压式高度表指示场面气压高度,飞行员需按场压来拨正气压式高度表,将气压式高度表的气压刻度拨正到场压值上。场压高度的使用范围是只能在进近、起飞和着陆阶段使用。鉴于场压高度存在诸多不安全因素,欧美国家一般不使用它,我国民航机场也已不再使用。

2) 修正海平面气压高度(QNH)

修正海平面气压高度(修正海压高度或海压高度或海高)是指以海平面气压调整高度表数值为零,上升至某一点的垂直距离。换句话说,高度表气压基准拨正在修正海平面气压值时,高度指针所指示的数值就是修正海平面气压高度。

在飞机着陆时,将高度表指示高度减去机场标高就等于飞机距机场跑道面的高度。机场区域内统一使用修正海平面作为气压高度的基本面。修正海平面气压高度与场压高度的如下:

QNH = QFE + 机场标高/8.25(8.25 为气压递减率)

3) 标准大气压高度(QNE)

标准大气压是指在标准大气条件下海平面的气压,其值为 1013.2hPa(或760mmHg)。标准气压高度是指以标准大气压拨正高度表数值为零,上升至某一点的垂直距离。换句话说,高度表气压基准拨正在标准大气压值时,高度指针所指示的数值就是标准气压高度。

飞行高度层是指以 1013.2hPa 气压面为基准的等压面,各等压面之间具有规定的气压差。

飞机在航线(航路)上飞行时,都要按标准气压调整高度表,目的是使所有在航线上飞行的飞机都有相同的"零点"高度,并按此保持规定的航线仪表高度飞行,以避免飞机在空中相撞。

三种气压高度的计算关系如图 4.1 所示。

$$\Delta P = (1013.2 - QHN) \times 8.25$$
$$A = H + ELE(标高)$$
$$FL = A + \Delta P = H + Z_0$$

飞机完整的飞行过程包括离场、航路、进场三大阶段,由于 QNE 和 QNH 两种气压高度分别适用在不同的飞行阶段,那么在完整的飞行过程中,如何让高度表在两种高度之间进行转换(即拨正)呢? 如图 4.2 所示。

1) 离场航空器

离场航空器在爬升过程中,保持本场的 QNH 直至达到过渡高度(过渡高度是指一个特定的修正海平面气压高度,在此高度或以下,航空器的垂直位置按照修正海平面气压高度表示)。在穿越过渡高度或者在过渡高度以下穿越修正海平面气压适用区域的侧向水

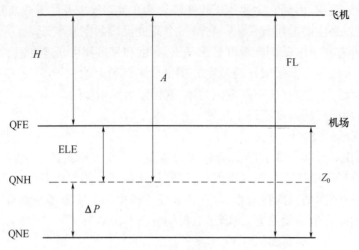

图 4.1 三种气压高度的关系

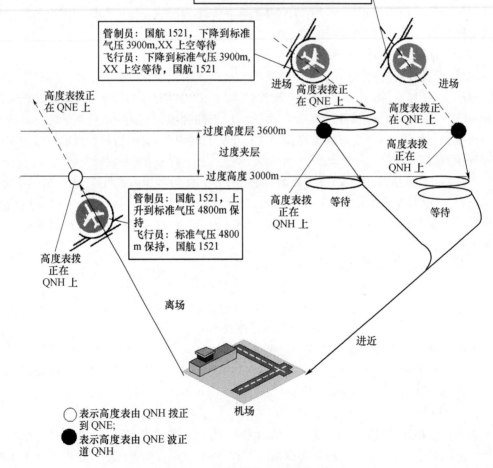

图 4.2 QNH、QNE 高度表的拨正

平边界时,必须立即将高度表气压刻度调到标准大气压1013.2hPa,其后航空器的垂直位置用飞行高度层表示。航空器在修正海平面气压适用区域内,按过渡高度平飞时,应使用机场的修正海平面气压。

2) 航路、航线飞行

在航路、航线及未建立过渡高度和过渡高度层(在过渡高度之上的最低可用飞行高度层)的区域飞行,航空器应使用标准大气压1013.2hPa作为高度表拨正值,并按照规定的飞行高度层飞行。

3) 进场航空器

进场航空器在下降穿过机场的过渡高度层,或者在过渡高度以下进入修正海平面气压适用区域侧向边界时,应立即将高度表气压刻度调到本场QNH值,其后航空器的垂直位置用高度表示。

4.1.3 空气湿度

大气中含有水汽,大气中的水汽含量是随时间、地点、高度、天气条件在不断变化的。空气湿度就是用来度量空气中水汽含量多少或空气干燥潮湿程度的物理量。

1. 常用的湿度表示方法

常用的湿度表示方法有相对湿度、露点(t_d)。

1) 相对湿度

是指空气中的实际水汽与同温度下的饱和水汽压的百分比。水汽压是空气中的水汽所产生的那部分压力,是气压的一部分。在其他条件相同时,水汽含量越多,水汽压越大。在温度一定的情况下,单位体积空气所能容纳的水汽含量有一定的湿度,如果水汽含量达到了这个限度,空气就呈饱和状态,称为饱和空气。饱和空气的水汽压叫饱和水汽压。理论和实践都证明,饱和水汽压的大小仅与气温有关,气温越高,饱和水汽压越大。因此气温升高时,空气的饱和水汽压增大,容纳水汽的能力就增大。

相对湿度的大小直接反映了空气距离饱和状态的程度(空气的潮湿程度)。相对湿度越大,说明空气越接近饱和,饱和空气的相对湿度为100%。相对湿度的大小取决于两个因素:一是空气中的水汽含量。水汽含量越多,水汽压越大,相对湿度越大;另一个因素是温度。在空气水汽含量不变时,温度升高,饱和水汽压增大,相对湿度减小。通常情况下,气温变化大于水汽含量变化,一个地方的空气相对湿度的变化主要受温度的影响,晚上和清晨相对湿度大,中午、下午相对湿度减小。

2) 露点

当空气中水汽含量不变且气压一定时,气温降低到使空气达到饱和时的温度,称为露点温度,简称露点。

气压一定时,露点的高低只与空气中水汽含量的多少有关,水汽含量越多,露点温度越高,露点温度的高低反映了空气中水汽含量的多少。

当空气处于未饱和状态时,其露点温度低于气温,只有在空气达到饱和时,露点才和气温相等。所以可用气温露点差来判断空气的饱和程度,气温露点差越小,空气越湿润。

露点温度的高低还和气压大小有关。在水汽含量不变的情况下,气压降低时,露点温度也会随之降低。一般来说,未饱和空气每上升100m,温度下降约1℃,而露点温度下降约0.2℃,因此气温露点差的减小速度约为0.8℃/100m。

2. 空气湿度的变化

空气湿度的变化从两方面来考虑,一是空气中水汽含量的变化,一是空气饱和程度的变化。

1）空气中水汽含量的变化

空气中的水汽含量与地表有关,地面潮湿的地方空气中的水汽含量较高;在同一地区,水汽含量与气温的关系很大,在温度升高时饱和水汽压增大,空气中的含水量也相应增大。对一定地区来说,水汽含量与气温的变化规律基本相同,即白天大于晚上,最高值出现在午后。但在大陆上当乱流特别强时,由于水汽迅速扩散到高空,近地面空气水汽含量反而有迅速减少的现象。水汽含量的年变化则与气温相当吻合,最高在7月~8月,最低在1月~2月。

2）空气饱和程度的变化

空气的饱和程度与气温高低和空气水汽含量的多少有关。但由于气温变化比露点温度的变化要快,空气饱和程度一般是早晨大午后小,冬季大夏季小。露珠一般出现在夏季的早晨,而冬季的夜间容易形成霜。夜间停放在地面的飞机冬季表面结霜、夏季油箱积水等现象,都和空气饱和程度的变化有关。

此外,由于大气运动及天气变化等因素的影响,空气湿度还有非周期性的变化。

4.1.4 基本气象要素与飞行

气压、气温和空气湿度的变化都会对飞机性能和仪表指示造成一定的影响,这种影响主要是通过它们对空气密度的影响而实现的。

$$\rho = \frac{P}{R_{比} T}$$

式中:P为气压;T为绝对温度;$R_{比}$为气体常数。

空气密度与气压成正比,与气温成反比。对局地空气而言,气温变化幅度比气压变化幅度大得多,因此空气密度变化主要是由气温变化引起的。

实际大气中通常含有水汽,由于水的分子量(18)比空气平均分子量(约为29)要小得多,因此水汽含量不同的空气,密度也不一样,水汽含量越大,空气密度越小。暖湿空气的密度比干冷空气的密度要小得多。

1. 密度高度

飞行中常用到密度高度的概念。密度高度是指飞行高度上的实际空气密度在标准大气中所对应的高度。在标准大气条件下,空气密度与高度的关系是确定的,但在实际大气中,某高度上的空气密度大小还要受到气温、湿度、气压等因素的影响。密度高度可用来描述这种密度随高度变化的差异。

如果在热天,空气受热变得暖而轻,飞机所在高度的密度值较小,相当于标准大气中较高高度的密度值,称飞机所处的密度高度为高密度高度。反之,在冷天,飞机飞行时所处位置的密度高度,一般为低密度高度。低密度高度能增加飞机操纵的效率,而高密度高度则降低飞机操纵的效率,且容易带来危险。

2. 基本气象要素变化对飞行的影响

飞机性能及某些仪表示度是按标准大气制定的。当实际大气状态与标准大气状态有差异时,飞机性能及某些仪表指示就会发生变化。

1) 对高度表指示的影响

实际大气状态与标准大气状态通常存在一定差异,因此实际飞行时高度表指示高度与当时气象条件有关。在飞行中,即使高度表示度相同,实际高度并不都一样,尤其在高空飞行时更是如此。航线飞行通常采用标准海平面气压高度(QNE),在标准大气中"零点"高度上的气压为760mmHg,但实际上"零点"高度处的气压并不总是760mmHg,因而高度表示度会出现误差。当实际"零点"高度的气压低于760mmHg时,高度表示度会大于实际高度;反之,高度表示度就会小于实际高度。

此外,当实际大气的温度与标准大气温度不同时,高度表示度也会出现偏差。由于在较暖的空气中气压随高度降低得较慢,而在较冷的空气中气压随高度降低得较快,因而在比标准大气暖的空气中飞行时,高度表所示高度将低于实际飞行高度,在比标准大气冷的空气中飞行时,高度表示度将高于实际飞行高度。

在山区或强对流区飞行时,由于空气有较大的垂直运动,不满足静力平衡条件,高度表示度会出现较大误差,通常在下降气流区指示偏高,在上升气流区指示偏低,误差可达几百米甚至上千米。因而在这些地区飞行时,要将气压式高度表和无线电高度表配合使用,确保飞行安全。

2) 对空速指示的影响

空速表是根据空气作用于空速表上的动压来指示空速的。空速表示度不仅取决于飞机的空速,也与空气密度有关。如果实际大气密度与标准大气密度不符,表速与真空速也就不相等。实际大气密度大于标准大气密度时,表速会大于真空速,反之则表速小于真空速。

3) 对飞机飞行性能的影响

飞机的飞行性能主要受大气密度的影响。当实际大气密度大于标准大气密度时,一方面空气作用于飞机上的力要加大,另一方面发动机功率增加,推力增大。这两方面作用的结果,就会使飞机飞行性能变好,即最大平飞速度、最大爬升率和起飞载重量会增大,而飞机起飞、着陆滑跑距离会缩短。当实际大气密度小于标准大气密度时,情况相反。

4.2 大气结构

整个大气层具有相当大的厚度,从垂直方向看,不同高度上的空气性质是不同的,但在水平方向上空气的性质却相对一致,即大气表现出一定的层状结构。这一结构可通过大气分层来加以描述。

整个大气层随高度不同表现出不同的特点,分为对流层、平流层、中间层、暖层和散逸层。

对航空运输,特别是民用航空运输活动有影响的大气层主要是对流层和平流层,因此,本节主要讨论这两层的特点。

4.2.1 对流层

对流层因为空气有强烈的对流运动而得名,它的底界为地面,上界高度随纬度、季节、天气等因素而变化。平均而言,低纬度地区(南北纬 30°之间)上界高度为 17km～18km,中纬度地区(纬度 30°～60°)为 10km～12km,高纬度地区(纬度在 60°以上)为 8km～9km。同一地区对流层上界高度是夏季大于冬季,此外,天气变化对对流层的厚度也有一定影响。

相对于整个大气层来说,对流层是很薄的一层,但由于大气是下密上疏的,因此对流层集中了约 75% 的大气质量和 90% 的水汽,云、雾、降水等天气基本上都出现在这一层,飞机也主要在这一层中飞行。

对流层有以下三个主要特征:

1) 气温随高度升高而降低

对流层大气热量的直接来源主要是空气吸收地面发出的长波辐射,而太阳辐射能的绝大部分集中于短波 $0.17\mu m \sim 4\mu m$,大气对于这种短波辐射几乎不能吸收。因此大气的温度主要取决于地表的长波辐射,离地表越近,得到的热能越多,反之,远离地表则得到的热能越少。因此在对流层,气温普遍随高度升高而降低,高山常年积雪就是这个道理。气象学中称之为气温的垂直递减率。根据实际探测,对流层中的平均气温垂直递减率为 $0.65°C/100m$。利用这一数值,如果已知某地地面气温为 T_0,可以大致推算出该地 Z 高度上的气温 T_Z,即

$$T_Z = T_0 - \bar{\gamma} Z$$

在对流层中尽管气温的普遍分布是随高度升高而降低,但有时也会出现 $\gamma = 0$ 或 $\gamma < 0$ 的大气层;在 $\gamma = 0$ 时,气层气温随高度没有变化,我们称之为等温层;在 $\gamma < 0$ 时,气层气温随高度增加而升高,我们称之为逆温层,它们对大气运动或某些天气现象的形成具有特殊的作用。

2) 气温、湿度的水平分布很不均匀

对流层与地面相接,其温、湿特性主要受地表性质的影响,故在水平方向上分布很不均匀。如南北空气之间明显的温差,海陆之间空气的湿度差异等。

3) 空气具有强烈的垂直混合

由于对流层底层的暖空气总是具有上升的趋势,上层冷空气总是具有下沉的趋势,加之温度水平分布不均匀,因此对流层中空气多垂直运动,具有强烈的垂直混合。

对流层中,按气流和天气现象分布的特点,可分为下、中、上三个层次:对流层下层(离地 1500m 高度以下)的空气运动受地形扰动和地表摩擦作用最大,气流混乱;中层(摩

擦层顶到 6000m 高度)空气运动受地表影响较小,气流相对平稳,可代表对流层气流的基本趋势,云和降水大多生成于这一层;上层(从 6000m 高度到对流层顶)受地表影响更小,水汽含量很少,气温通常在 0℃ 以下,各种云多由冰晶或过冷水滴组成。

在离地 1500m 高度的对流层下层又称为摩擦层,在 1500m 高度以上,大气几乎不受地表摩擦作用的影响,故称为自由大气。

4.2.2 平流层

对流层之上是平流层。平流层范围从对流层顶到大约 55km 的高度上,现代大型喷气式运输机的高度可达到平流层底层。平流层中空气热量的主要来源是臭氧吸收太阳紫外辐射,因此平流层中气温随高度增高而增高,整层空气几乎没有垂直运动,气流平稳,故称之为平流层。平流层中空气稀薄,水汽和杂质含量极少,只有极少数垂直发展相当旺盛的云才能伸展到这一层来,故天气晴朗,飞行气象条件良好。平流层大气受地表影响极小,空气运动几乎不受地形阻碍及扰动,因此气流运动,温、湿分布也比对流层有规律得多。

对流层与平流层之间的过渡气层叫对流层顶,它的作用就像一个盖子,阻挡了下层水汽杂质的向上扩散,使得对流层顶上、下的飞行气象条件常有较大差异。

由此可见,平流层中没有危险的天气现象,气流平稳,能见度好,应该是飞机航行的良好层次。

4.2.3 航行层

根据对流层和平流层的特征,对流层上部和平流层内应该是飞行的理想层次。但是,目前平流层还没有被充分利用。首先,飞机本身必须具备高空飞行的能力。随着高度的增加,空气逐渐稀薄,飞行对操纵的反应相对迟缓。这些缺陷只有通过飞机性能的提高才能解决。另一方面,由于行政区划的限制和空中管制的约束,多数中、短程飞行都被限制在较低的层次中。而在远程航线上,航行层次在对流层上部和平流层下部之间。

根据《中华人民共和国飞行基本规则》第八十条:

(1)真航线角在 0°~179°范围内的,飞行高度层按照下列方法划分:

① 高度由 900m~8100m,每隔 600m 为一个高度层;

② 高度由 8900m~12500m,每隔 600m 为一个高度层;

③ 高度在 12500m 以上,每隔 1200m 为一个高度层。

(2)真航线角在 180°~359°范围内的,飞行高度层按照下列方法划分:

① 高度由 600m~8400m,每隔 600m 为一个高度层;

② 高度由 9200m~12200m,每隔 600m 为一个高度层;

③ 高度在 13100m 以上,每隔 1200m 为一个高度层。

详细的高度层配备如图 4.3 和表 4.1 所列。

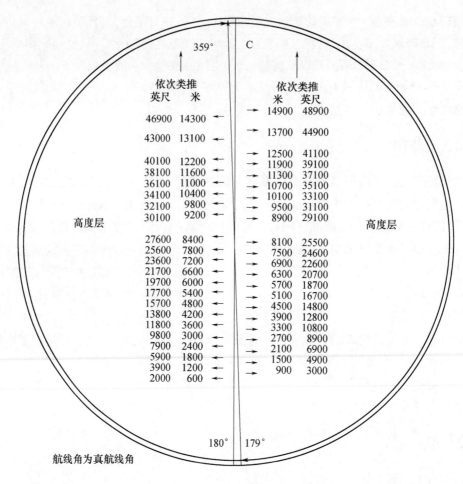

图 4.3 飞行高度层配备标准示意图

表 4.1 飞行高度层配备标准表

航线角			
0°～179°		180°～359°	
飞行高度层		飞行高度层	
米	英尺	米	英尺
依次类推	依次类推	依次类推	依次类推
↑	↑	↑	↑
14900	48900	15500	50900
13700	44900	14300	46900
		13100	43000
12500	41100		
11900	39100	12200	40100
11300	37100	11600	38100
10700	35100	11000	36100

58

(续)

航线角			
10100	33100	10400	34100
9500	31100	9800	32100
8900	29100	9200	30100
8100	25500	8400	27600
7500	24600	7800	25600
6900	22600	7200	23600
6300	20700	6600	21700
5700	18700	6000	19700
5100	16700	5400	17700
4500	14800	4800	15700
3900	12800	4200	13800
3300	10800	3600	11800
2700	8900	3000	9800
2100	6900	2400	7900
1500	4900	1800	5900
900	3000	1200	3900
——	——	600	2000
米	英尺	米	英尺

4.3 云与能见度

云、能见度和风,是影响飞行活动最常见的三个气象要素。在日常的飞行活动中,所谓"机场关闭"、"机场开放",就气象条件而言,一般以云高和能见度为标准。"复杂气象条件"与"简单气象飞行",指的也是云和能见度。

飞机能否安全地起飞着陆和飞行,决定于多种因素,就气象条件来说,主要取决于云的高低、能见度和风的大小。例如在着陆时,如果云比较高,能见度较好,对经过一定训练的飞行员来说,着陆并不困难;但如果云高很低,能见度很差,飞机穿云下降至规定高度仍在云中,看不见跑道,继续下降高度出云厚,即使能看见跑道,往往会因对不准跑道而不能着陆或不能安全着陆,而且有撞到障碍物的危险。如2010年的伊春空难。

4.3.1 云

云(Cloud)是悬浮在空气中的小水滴和(或)冰晶共同组成的可见聚合体,其底不接触地面。不同的云对飞行的影响是不同的,对目前性能较好的大型喷气式运输机来说,一般层状云除了低云对飞机的起飞和着陆有限制外,通常已不构成对飞行安全的威胁。但是由于云还伴随出现其他一些天气现象,仍会对飞行的安定性产生影响,尤其是积状云,常造成飞机积冰、飞机颠簸、强烈风切变、雷击和冰雹,成为飞行障碍,甚至危及飞行安全。

云有各种各样的外貌,它们千姿百态,变幻无穷,各自既有不同的成因,又有不同的特征,对飞行的影响也不尽相同(表4.2)。

表 4.2 云的类型、特征及其对飞行的影响

类别	云名	云高/m	云厚/m	云的组成	云的主要特征	云对飞行的影响
高云	卷云	7000~10000	500~2500	冰晶	白色,可看出纤维状结构,呈丝状片状或钩状	冰晶耀眼,有时有轻微颠簸,个别情况有强烈颠簸
	卷层云	6000~9000	1000~2000	冰晶	乳白色的云幕,透过它看日月,轮廓分明,并经常有晕	冰晶耀眼,气流较平稳
	卷积云	6000~8000	几百	冰晶	由白色鳞片状的小云块组成,像微风吹过水面所引起的小波纹	冰晶耀眼,偶有轻微颠簸
中云	高层云	2000~5000	1000~3500	水滴冰晶共同组成	浅灰色的云幕,透过它看日月,轮廓模糊,厚则完全遮蔽日月,并可降连续性雨雪	有轻微或中度积冰,能见度较坏
	高积云	3000~5000	200~1000	水滴冬季可由冰晶组成	由白色或灰白色的云块组成,像波浪或瓦房顶;厚的可降间断小雨	有积冰和轻微颠簸,能见度较坏
低云	层积云	500~2000	几百~2000	水滴	由灰色或灰白色的云块或云条组成,像波浪,云块比高积云厚大,能下雨雪	有积冰和轻微颠簸,能见度较坏恶劣
	雨层云	500~1200	2000~10000	水滴冰晶共同组成	低而阴暗的云幕,云底模糊不清;能下连续性雨雪	有中度到严重积冰,能见度恶劣
	碎雨云	50~500	几十~300	水滴	云块支离破碎,高度很低,云量变化大,生成在降水性的云层	影响着陆
	层云	50~500	几百	水滴	低而较均匀的灰色云幕,云底模糊;有时可下毛毛雨	影响着陆
	碎层云	50~500	几十~300	水滴	和碎雨云相似,常由层云分裂或雾抬升或海上平移而来	影响着陆
	淡积云	500~1200	几百~2000	水滴	个体不大,底部平坦,顶部呈圆弧形,样子像馒头,孤立分散	有轻微颠簸
	浓积云	500~1200	2000~5000	水滴	个体不大,底部平坦,顶部呈圆弧形重叠,边缘明亮,轮廓清晰,象华彩;向阳面呈白色,背阳面和底部阴暗呈黑色;有时可下阵雨	有强烈的颠簸和积冰,能见度恶劣,不能飞入其中
	积雨云	300~1500	4000~10000以上	水滴冰晶共同组成	云体时分庞大,顶部多呈白色,边缘轮廓模糊,呈砧状,底部阴暗;可下阵雨阵雪,常伴有雷暴和大风,有时能下冰雹	有很强烈的颠簸和积冰,能见度恶劣,不能飞入其中

根据云底高度分类,云被分成三族:低云族;中云族;高云族。

1. 低云的外貌特征及对飞行的影响

低云通常是指云底高度在2000m以下的云。这类云包括的种类最多,对飞行的影响也最大,是飞行人员需要了解的重点。

1) 淡积云(Cu)

淡积云呈孤立分散的小云块,底部较平,顶部呈圆弧形凸起,像小土包,云体的垂直厚度小于水平宽度。从云上观测淡积云,像漂浮在空中的白絮团。远处的云块,圆弧形云顶和较平的云底都很清楚。如果垂直向下看,则只见圆弧形的云顶,看不见较平的云底。

淡积云对飞行的影响较小。云上飞行比较平稳;若云量较多时,在云下火云中飞行有时有轻微颠簸;云中飞行时,连续穿过许多云块,由于光线忽明忽暗,还容易引起疲劳。

2) 浓积云(TCu)

浓积云是在大气中对流运动旺盛时(垂直速度强盛时可达15m/s~20m/s)形成的积云。由于对流所及高度高出凝结高度很多,故云体有较大的空间向上发展,在成熟阶段的浓积云,厚度可达4000m~5000m,显得庞大高耸,其垂直厚度大于水平宽度,像地面上的群山异峰,伸展得很高的云柱,犹如耸立的高塔,所以有人也称这种云为"塔云"。云内每一股强盛的上升气流使云顶形成一个云泡,故浓积云云顶呈重叠的圆拱形隆起,状似花椰菜。由于浓积云比淡积云厚密庞大,不易透过阳光,故凹凸的云表面有明显阴影。被阳光照耀部分很白亮,被遮阴部分则显得阴暗。浓积云在中、低纬度地区有时可降阵雨。如果清晨有浓积云发展,表明大气层结构不稳定,午后常有积雨云发展,甚至有雷阵雨产生。除了南极以外,浓积云可以在世界上任何地区形成。

淡积云和浓积云都属于积云,但浓积云对飞行的影响比淡积云大得多,在云下或云中飞行常有中度到强烈的颠簸,云中飞行还常有积冰。此外,由于云内水滴浓密,能见度十分恶劣,通常不超过20m。因此,禁止在浓积云中飞行。

3) 积雨云(Cb)

积雨云臃肿庞大,云顶有丝缕状冰晶结构,顶部常扩展成砧状或马鬃状,通常高于6000m,最高可达20000m。云底阴暗混乱,起伏明显,有时呈悬球状、滚轴状或弧状,有时还偶尔出现伸向地面的漏斗状的云柱。常伴有雷电、狂风、暴雨等恶劣天气,偶有龙卷产生,有时还会下冰雹。

积雨云对飞行的影响最为严重。云中能见度极为恶劣,飞机积冰强烈;在云中或云区都会遇到强烈的颠簸、雷电的袭击和干扰;暴雨、冰雹、狂风都可能危及飞行安全。因此,禁止在积雨云中或积雨云区飞行。

4) 碎积云(Fc)

碎积云云块破碎,中部稍厚,边缘较薄,随风漂移,形状多变。其云块厚度通常只有几十米。

碎积云对飞行的影响不大,但云量多时,妨碍观测地标和影响着陆。

5) 层积云(Sc)

层积云是由片状、团块或条形云组成的云层或散片,有时呈波状或滚轴状,犹如大海波涛。层积云个体肥大,结构松散,多由小水滴组成,为水云,通常呈灰白色或灰色,厚时呈暗灰色。层积云又可分为透光层积云、蔽光层积云、积云性层积云、堡状层积云、荚状层积云等。

层积云中飞行一般平稳,有时有轻颠,可产生轻度到中度积冰。

6）层云(St)

层云云底呈均匀幕状,模糊不清,像雾,但不与地面相接;云底高度很低,通常仅为50m～500m,常笼罩山顶或高大建筑。

层云中飞行平稳,冬季可有积冰;由于云底高度低,云下能见度也很恶劣,严重影响起飞着陆。

7）碎层云(Fs)

碎层云通常由层云分裂而成,云体呈破碎片状,很薄,形状极不规则,变化明显,云高通常为50m～500m,往往由消散中的层云或雾抬升而成,出现时多预示晴天。碎层云对飞行的影响与层云相同。

8）雨层云(Ns)

雨层云云底高度大约在600m～3000m,云层厚度可达4000m～5000m,多出现在暖锋云系中,由整层潮湿空气系统滑升冷却而成。它往往会造成较长时间的连续降雨,农谚"天上灰布悬,雨丝定连绵"即指雨层云的降水状况。

雨层云底因降水而模糊不清,云层很厚,云底灰暗,完全遮蔽日月,出现时常布满全天,能降连续性雨雪。与积雨云隆起部分的颜色相比似乎更令人感到恐惧,但其灾害性天气较少。

雨层云中飞行平稳,但能见度恶劣,长时间云中飞行可产生中度到强度的积冰。暖积云中可能隐藏着积雨云,会给飞行安全带来严重危险。

9）碎雨云(Fn)

碎雨云常出现在雨层云、积雨云或厚的高层云下,云体低而破碎,通常几十米到300m,形状多变,移动较快,呈暗灰色,主要是由于降水物蒸发,空气湿度增大,在乱流作用下水汽凝结而成。

碎雨云主要影响起飞着陆,特别是有时碎雨云迅速掩盖机场,对安全威胁很大。

2. 中云的外貌特征及对飞行的影响

中云的云底高度在2000m～6000m,中云根据其外貌特征可分为高层云(As)和高积云(Ac)。

高层云是浅灰色的云幕,水平范围很广,常布满全天。在高层云中飞行平稳,有可能产生轻度到中度的积冰。

高积云是由白色或灰白色的薄云片或扁平的云块组成,这些云块或云片有时是孤立分散的,有时又聚合成层。成层的高积云中,云块常沿一个或两个方向有秩序的排列。在高积云中飞行通常天气较好,冬季可有轻度积冰,夏季有轻度到中度颠簸。

3. 高云的外貌特征及对飞行的影响

高云有卷云(Ci)、卷层云(Cs)和卷积云(Cc)三种。

卷云具有纤维状结构的云,常呈丝状或片状,分散的漂浮在空中。卷层云是乳白色的云幕,常布满全天。卷积云是由白色鳞片状的小云块组成的,这些云块常成群的出现在天空,看起来很像微风拂过水面所引起的小波纹。卷积云常由卷云和卷层云蜕变而成,所以出现卷积云时,常伴有卷云或卷层云。

在卷云、卷层云和卷积云的云中或云上飞行时,均呈现冰晶耀眼,有时可产生轻度到中度颠簸的特点。

总的来说,在云区飞行,一般常见的是低能见度和飞机颠簸。云状不同,影响的程度也不同。以上十四种云中,对飞行影响最大的是积雨云和浓积云,无论在航线上或起落过程中都应避开。

对飞机起降和低空飞行影响最大的云主要是低云。在低云和有限能见度条件下,飞机的起飞、着陆及低空、超低空飞行,都会变得相当困难。

4.3.2 能见度

一般所说的能见度有两种含义:一是具有正常视力的人在当时的天气条件下还能够看清楚目标轮廓的最大距离;二是指一定距离内观察目标物的清晰程度。它对飞机的起降有着最直接的关系,所谓的"机场关闭、机场开放,简单气象飞行,复杂气象飞行",指的就是云和能见度的条件。

航空活动中,飞行人员需要观察地标、障碍物、其他飞行物和灯光等目标物,并分辨它们的种类,判断出它们的位置。要分辨出目标物,最基本的条件是要看清目标物的轮廓。因此航空上使用的能见度定义为:视力正常的人在昼间能够看清目标物轮廓的最大距离,在夜间则是能看清灯光发光点的最大距离。

航空上使用的能见度,有地面能见度、空中能见度和跑道视程。由于影响能见度的因素很多,这些因素又在不断变化,即使在同一时间、同一地点观测的不同能见度,也会有较大差异。因此,应充分了解不同种类能见度的特点及其相互关系,正确判断各种能见度的好坏。

1. 能见度的种类

1) 地面能见度(Surface Visibility)

地面能见度又称气象能见度,是指视力正常的人在地面向水平方向能看清最远目标物轮廓的距离,单位为千米或米。地面能见度是确定飞行气象条件和机场开放或关闭的重要依据之一。地面能见度分为三类:

(1) 有效能见度。是指水平视野1/2(180°)以上范围内都能达到的能见距离。判断方法是,将各方向能见度不同的区域划分成相应扇区,然后将各扇区按能见度由大到小逐一相加,直到范围刚好超过一半的那个扇区的能见度即为有效能见度。如图4.4中,有效能见度为3km。

(2) 最小能见度。是指在各方向的能见度中最小的能见度。如图4.4中,最小能见度为2.4km。

(3) 跑道能见度。沿跑道方向观测的地面能见度。

当能见度接近机场最低天气标准时,应观测跑道能见度。

2) 空中能见度

空中能见度是指在空中向地面或在空中水平方向或自地面向空中能看清最远目标物轮廓的距离。由于向下和向上看的背景亮度不同,地面向空中和空中向地面观测的能见度往往不同。因此按观测方向的不同,空中能见度可分为空中水平能见度、空中垂直能

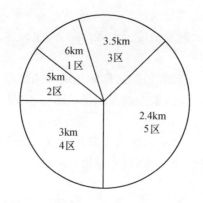

图 4.4 有效能见度、最小能见度的确定

见度和空中倾斜能见度。

由于飞行过程中所观察的目标及其背景是在不断变化的,所经大气的透明度也在随时变化,影响空中能见度的因素多变,观测相对困难。因此对空中能见度一般不作观测,只大致估计其好坏。

3）着陆能见度与跑道视程

着陆能见度是指飞机在下滑着陆过程中,飞行员能看清跑道近端的最远距离。着陆能见度也是一种空中能见度。观测的地段通常是在远距导航台和近距导航台之间。观测着陆能见距离时,目标是跑道,背景是跑道两旁的草地,由于跑道与周围草地之间的亮度对比值通常小于观测地面能见度时选用的灰暗目标与天空的亮度对比,同时着陆能见度还具有空中能见度的其他特性,因而着陆能见度一般比地面能见度要小。

当着陆能见度降低到 1500m 时,就要向飞行员及其他有关人员提供跑道视程的资料。跑道视程（Runway Visual Range,RVR）在国际民航组织公约的附件三中有定义：在跑道中线,航空器上的飞行员能看到跑道面上的标志或跑道边界灯或中线灯的距离。事实上,无法在跑道上直接测量跑道视程,因此跑道视程一般使用部署于跑道边的自动化设备来测量,依据多种要素计算得出。跑道视程的大小只与大气透明度有关,只要测出了大气透明度,就可通过一定的关系式计算出跑道视程。值得注意的是跑道灯光及环境背景光强度会影响到 RVR 计算,因此会出现目视能见度小于 RVR 的情况。

跑道视程与地面能见度的区别是：

（1）跑道视程是在飞机着陆端使用仪器测定的,其方向与跑道平行;地面能见度是在气象站目测的,观测方向为四周所有方向。

（2）跑道视程一般只需测 1500m 以内的视程;地面能见度则是观测者目力所及的所有距离。

（3）跑道视程的目标是跑道及道面上的标志,它们的大小、形状和颜色是固定的;而地面能见度的目标的形状、颜色、大小则不尽相同。夜间,跑道视程的目标灯是跑道灯和边灯,光强可以调节;地面能见度则利用周围已有灯光,其颜色、光强有随意性,且光强不可调节。

（4）跑道视程的探测高度在 2m～10m,视透明度仪的安装高度而定;地面能见度的观测高度一般在 1.6m 左右。

2. 影响能见度的天气现象

影响能见度的天气现象有云、雾、降水和风沙等天气。本节主要介绍雾和其他固体杂质造成的能见度降低。

1）雾

悬浮于近地面气层中的水滴或冰晶，使地面能见度小于1km的现象叫雾。能见度在1km～5km之间时叫轻雾。影响雾中能见度的因子主要是雾滴的浓度和大小。雾滴越小，雾的浓度越大，雾中能见度越差。雾中看灯光时，光源波长越长，能见度越好。

形成雾的机制是近地面空气由于降温或水汽含量增加而达到饱和，水汽凝结或凝华而形成雾。

雾的厚度变化范围较大，一般在几十米到几百米，厚的可到1km以上，厚度不到2m的雾，叫做浅雾。

根据雾的形成过程不同，雾可分为辐射雾、平流雾、上坡雾、蒸发雾；按物态分，有水雾、冰雾和水冰混合雾三类，它们分别由水滴、冰晶和水滴伴冰晶组成；雾的天气学分类法将雾分成气团雾和锋面雾的两类。

本节主要从雾的形成过程角度介绍对飞行影响较大的辐射雾和平流雾。

（1）辐射雾

由地表辐射冷却，使空气中的水汽达到饱和而形成的雾叫辐射雾。辐射雾主要发生在晴朗、微风、近地面、水汽比较充沛的夜间或早晨，因地面辐射降温，形成贴地逆温，此时水汽不易向上空扩散，随着贴地空气进一步冷却，存积的水汽凝结形成雾。辐射雾一般夜间形成，日出前后雾最浓，随着地面气温升高，雾逐渐消散，多出现在秋冬、山谷、洼地，盆地更易产生。

在我国，辐射雾是引起低能见度的一种重要天气现象，常常严重影响飞机起降。

辐射雾的形成一般有四个条件：

① 晴朗的天空（无云或少云）；
② 微风（一般1m/s～3m/s）；
③ 近地面空气湿度大；
④ 大气层结构稳定。

辐射雾形成时，天空无云阻挡，地面热量迅速向外辐射出去，近地面层的空气温度迅速下降。如果空气中水汽较多，就会很快达到过饱和而凝结成雾。

辐射雾的特点主要有三点：

① 季节性和日变化明显。辐射雾多发生在夜最长、气温最低的冬季或比较寒冷的冬半年。辐射雾一般出现在晴朗无云的夜间或早晨，太阳一升高，随着地面温度上升，空气又回复到未饱和状态，雾滴也就立即蒸发消散。因此早晨出现辐射雾，常预示着当天有个好天气。我国谚语中的"早晨地罩雾，尽管晒稻谷"、"十雾九晴"就是指的这种辐射雾。

② 地方性特点显著。辐射雾多产生于大陆上潮湿的谷地、洼地和盆地。如我国四川盆地就是有名的辐射雾区，特别是重庆，年平均雾日达150多天。

③ 范围小、厚度不大、分布不均。辐射雾一般形成于陆地上的潮湿的低洼地区，所以范围较小；其厚度可从几十米到几百米，且越接近地表越浓。

在辐射雾上空飞行,往往可见地面高大目标,甚至可见跑道,但在下滑着陆时,就可能什么也看不见了。

(2) 平流雾

平流雾的产生与辐射雾不同,它是暖湿空气水平流经寒冷地表陆地或海面时,因暖湿空气受冷的地表影响,底层空气迅速降温,上层空气因离地表远降温少,这样就在近地面层形成逆温,这种逆温气象学上称为平流逆温。在逆温层以下,空气冷却而达到饱和,水汽凝结而形成平流雾。

我国沿海地区的平流雾多为海面上的暖湿空气流到冷地表而形成的。南方暖海面上的暖湿空气流到北方冷海面上,也能形成平流雾。通常发生在冬季,持续时间一般较长,范围大,雾较浓,厚度较大,有时可达几百米。

> 随着春季暖气流不断北上,沿海地区雾季就自南向北先后开始了。我国沿海地区的雾季为:南海在2月、3月,台湾海峡在3月、4月,东海在4月、5月,黄海南部在5月、6月,黄海北部和渤海在7月、8月。我国山东半岛尖上的成山头,7月平均有雾达到23.8天。由于这里夏季雾日多,且常常终日不散,只是中午前后稍淡些,可见太阳,因此成山头有"雾窟"之称。

平流雾的形成也要具备以下几个条件:

① 暖湿空气与地表之间有较大的温差;
② 要有适当的风向和风速(2m/s~7m/s);
③ 暖湿空气的相对湿度较大。

当暖湿空气与冷地表之间有较大温差时,近地表气层的温度才能迅速降低,相对湿度不断增大而形成平流雾。同时,在近地表气层中形成平流逆温,就更有利于平流雾的形成。适宜的风向和风速不但使暖湿空气源源不断地流向冷的地面或海面,而且能产生一定强度的湍流,使雾达到一定的厚度。

平流雾的特点主要有:

① 日变化不明显。呈现出春夏多、秋冬少的特点。日变化不明显,只要条件适合,一天之中任何时候都可出现,条件变化后,也会迅速消散。总体而言,以下半夜至日出前出现最多。

② 来去突然、生成迅速。沿海地区,如果风向由暖海面吹向冷陆地,则平流雾即可很快形成,短时间内迅速覆盖整个机场。一旦风向变化,雾就会迅速消散。因此,春夏季节在沿海地区飞行时,要注意海上天气的变化,特别是风向的变化。

③ 范围大,厚度也大。水平范围可以从几百米到几千米;从地面向上厚度可达几百米到上千米。

总体而言,平流雾对飞行的影响比辐射雾大。平流雾来去突然,不好预测,在平流雾上空飞行,很难看见地标,平流雾遮盖机场时,着陆极为困难。

2) 其他影响能见度的固体杂质

其他影响能见度的固体杂质包括烟幕、霾、风沙、浮尘、吹雪等。

许多靠近城市的机场都有这样的情况,早晨在气层稳定的情况下,如果风由城市吹来,则会很快形成烟幕,能见度迅速转坏,给飞行带来影响。因此,了解风向的变化,是判断烟幕能否影响机场的关键。

大量微小的固体杂质(包括尘埃、烟粒、盐粒等)浮游在空中,使水平能见度等于或小于5km的现象,称为霾。在霾层中飞行时,四周常常朦胧一片,远处目标好像蒙上一层浅蓝色的纱罩。在霾层之上飞行,一般气流平稳,水平能见度也较好。在霾层之上迎着太阳飞行时,霾层顶反射阳光十分刺眼,影响对前方目标的观察,有时还可能将远方霾层顶误认为是天地线。

而在风沙区飞行,不仅能见度差,而且沙粒进入发动机会造成机件磨损、油路堵塞等严重后果。沙粒对电磁波的衰减,以及沙粒与机体表面摩擦而产生的静电效应,还会严重影响通信。

浮尘对飞行的影响与霾相似,主要影响空中能见度。由于浮尘质点比霾大,主要散射长波光线,远处景物、日月常呈淡黄色。

吹雪一般只影响飞机起落,雪暴则对所有目视航空活动都有很大影响。

4.4 风与风切变

美国1993年共有180起飞机事故与各种风有关,其中38起飞行事故造成人员死亡或严重受伤,25架飞机毁坏,138架飞机实质性损坏。

为了保证飞行安全,各有关人员必须密切注意风对安全飞行的潜在危害和必须采取的安全措施。危害飞行安全的风主要是侧风、顺风、大风和"恶风",但阵风、风切变、下沉气流、上升气流和湍流也是危害飞行安全不可忽视的因素。

4.4.1 风及其对飞行的影响

空气相对于地面的水平运动,就是我们通常所说的风。风是一种重要的天气现象和气象要素。

1. 风

风是矢量,有大小和方向。气象上的风向是指风的来向。因此,风来自北方叫做北风,风来自南方叫做南风。气象台站预报风时,当风向在某个方位左右摆动不能肯定时,则加以"偏"字,如偏北风。当风力很小时,则采用"风向不定"来说明。

风向的测量单位,我们用方位来表示。如陆地上,一般用16个方位表示,海上多用36个方位表示;在高空则用角度表示。用角度表示风向,是把圆周分成360°,北风(N)是0°(即360°),东风(E)是90°,南风(S)是180°,西风(W)是270°,其余的风向都可以由此计算出来。

为了表示某个方向的风出现的频率,通常用风向频率这个量,它是指一年(月)内某方向风出现的次数和各方向风出现的总次数的百分比,即:风向频率=某风向出现次数/风向的总观测次数×100%。由计算出来的风向频率,可以知道某一地区哪种风向比较多,哪种风向最少。根据观测发现,我国华北、长江流域、华南及沿海地区的冬季多刮偏北风(北风、东北风、西北风),夏季多刮偏南风(南风、东南风、西南风)。

风速是指单位时间内空气微团的水平位移,常用的表示风速的单位是米/秒(m/s),千米/小时(km/h)和海里/小时(n mile/h,也称为节(KT))。它们之间的换算关系为:

$1m/s=3.6km/h$；$1KT=1.852km/h$。此外，风速大小也可用风力等级来表示。

风的测量方法主要有仪器探测和目视估计两大类。常用仪器有风向风速仪、测风气球、风袋、多普勒测风雷达等，风向风速仪是测量近地面风常用的仪器。为了便于飞行员观测跑道区的风向风速，可在跑道旁设置风袋。风袋飘动的方向可指示风向，风袋飘起的角度可指示风速。高空风可用测风气球进行探测，现在一些大型机场装有多普勒测风雷达，用来探测机场区域内一定高度风的分布情况，对飞机起降有很大帮助。

风的目视估计主要是按风力等级表进行的(表4.3)。

> 零级无风炊烟上；一级软风烟稍斜；
> 二级轻风树叶响；三级微风树枝晃；
> 四级和风灰尘起；五级清风水起波；
> 六级强风大树摇；七级疾风步难行；
> 八级大风树枝折；九级烈风烟囱毁；
> 十级狂风树根拔；十一级暴风陆罕见；
> 十二级飓风浪滔天。

表4.3 风力等级表

风力等级	海面浪高/m		海面和渔船征象	陆上地面物征象	相当风速/(m/s)	
	一般	最高			范围	中数*
0	—	—	平静	静烟直上	0.0~0.2	0
1	0.1	0.1	有微波	烟能表示风向,树叶略有摇动	0.3~1.5	1
2	0.2	0.3	有小波纹,渔船摇动	人面感觉有风,树叶有微响,旗子开始飘动,高的草和庄稼开始摇动	1.6~3.3	2
3	0.6	1.0	有小浪,渔船渐觉簸动	树叶及小枝摇动不息,旗子展开,高的草和庄稼摇动不息	3.4~5.4	4
4	1.0	1.5	浪顶有些白色泡沫,渔船满帆时,可使船身倾于一侧	能吹起地面灰尘和纸张,树枝摇动,高的草和庄稼波浪起伏	5.5~7.9	7
5	2.0	2.5	浪顶白色泡沫较多,渔船收去帆之一部分	树叶及小枝摇摆,内陆的水面有小波,高的草和庄稼波浪起伏明显	8.0~10.7	9
6	3.0	4.0	白色泡沫开始被风吹离浪顶,渔船缩帆大部分	大树枝摇动,电线呼呼有声,撑伞困难,高的草和庄稼不时倾伏于地	10.8~13.8	12
7	4.0	5.5	白色泡沫离开浪顶,被吹成条纹状	全树摇动,大树枝弯下来,迎风步行感觉不便	13.9~17.1	16
8	5.5	7.5	白色泡沫被吹成明显的条纹状	折毁小树枝,人迎风前行感觉阻力甚大	17.2~20.7	19
9	7.0	10.0	被风吹起的浪花使水平能见度减小,机帆船航行困难	草房遭受破坏,房瓦被掀起,大树枝可折断	20.8~24.4	23

(续)

风力等级	海面浪高/m 一般	海面浪高/m 最高	海面和渔船征象	陆上地面物征象	相当风速/(m/s) 范围	相当风速/(m/s) 中数*
10	9.0	12.5	被风吹起的浪花使水平能见度明显减小,机帆船航行颇危险	树木可被吹倒,一般建筑物遭破坏	24.5~28.4	26
11	11.5	16.0	被风吹起的浪花使水平能见度明显减小,机帆船遇之极危险	大树可被吹例,一般建筑物遭严重破坏	28.5~32.6	31
12	14.0	—	海浪滔天	陆上少见,其摧毁力极大	>32.6	>31

2. 风对飞行的影响

1）风对飞机起飞着陆的影响

飞机的起飞和着陆,理想的条件通常是在逆风条件下进行的。因为逆风能使离地速度和着陆速度减小,因而,也就能缩短飞机的起飞滑跑距离和着陆滑跑距离。

飞机起降时所能承受的最大风速,取决于机型和风与跑道的夹角(表4.4)。逆风起降时所能承受的风速最大,正侧风起降时所能承受的风速最小。这是因为近地面风由于受地表的影响,变化复杂,具有明显的阵性,风速越大,阵性越强,使飞机受到无规律的影响,难以操纵。特别是在侧风条件下起降的飞机,要保持正常的下滑道或滑跑非常困难,为克服侧风的影响而采取大坡度接地可能使飞机打地转或发生滚转,加上阵风的影响,就会使飞机更加难以操纵。

表4.4　三种机型起降的最大风速允许值

	Y-5	TB-20	Y-7	波音707-747SP
0°	15m/s	20 m/s	30 m/s	25 m/s
45°	8 m/s	17 m/s	17 m/s	18 m/s
90°	6 m/s	12 m/s	12 m/s	12 m/s

2）风对飞机航行的影响

飞机在航线飞行时,也不可避免地要受到风的影响。如顺风飞行会增大地速、缩短飞行时间、减少燃油消耗、增加航程;逆风飞行会减小地速、增加飞行时间、缩短航程;侧风会产生偏流,需进行适当修正以保持正确航向。

4.4.2 低空风切变

2000年6月22日,武汉航空公司Y7/B3479号飞机执行恩施—武汉(汉口)航班任务。13时37分飞机从恩施起飞。因遇雷雨天气,飞机在汉口机场第一次降落不成功,复飞拉升,于14时54分失去联系。16时左右接到报告,该机在武汉市汉阳区永丰乡四台村附近坠毁失事,机组4人,乘客38人全部遇难。综合分析各种气象资料,并参考物象情况,初步认为22日14时至15时30分在飞机空难现场曾出现微下击暴流,产生了强烈的低空风切变。

随着航空事业的发展,大型运输机不断增多,起飞着陆时发生的事故也有所增加。20

世纪70年代以来,对一些大型运输机在起降时发生的严重事故的分析后确认,低空风切变是引起这些飞机失事的主要原因。

1. 低空风切变的含义及分类

风切变是指近距离内空间两点间的平均风矢量的差值,即在同一高度或不同高度段距离内风向和(或)风速的变化。航空气象学中,低空风切变是指在高度600m以下的风切变。

1)按风的切变类型分类

风切变的空间表现形式有:水平风的垂直切变、水平风的水平切变、垂直风的切变。

(1)风的垂直切变:指在垂直方向上,一定距离内两点之间的水平风速和(或)风向的改变(图4.5)。

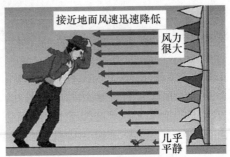

图4.5　风的垂直切变

(2)风的水平切变:指在水平方向上两点之间的水平风速和(或)风向的改变。

(3)垂直风的切变:指上升或下降气流(垂直风)在水平方向上两点之间的改变(图4.6)。

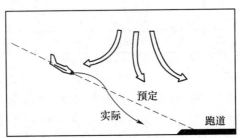

图4.6　垂直风的切变

2)按航迹方向

根据飞机的运动相对于风矢量之间的各种不同情况,把风切变分为顺风切变、逆风切变、侧风切变和垂直风的切变。

(1)顺风切变:沿航迹(顺飞机飞行方向)顺风增大或逆风减小,以及飞机从逆风进入无风或顺风区。如图4.7所示。

(2)逆风切变:沿航迹逆风增大或顺风减小,以及飞机从顺风进入无风或逆风区。如图4.8所示。

(3)侧风切变:飞机从一种侧风或无侧风状态进入另一种明显不同的侧风状态。如图4.9所示。

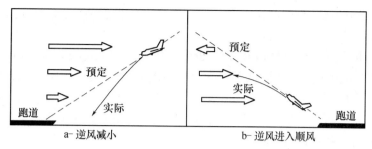

图 4.7 顺风切变

a—逆风减小；b—逆风进入顺风。

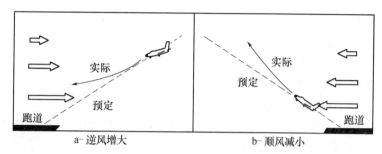

图 4.8 逆风切变

a—逆风增大；b—顺风减小。

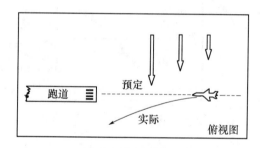

图 4.9 侧风切变

3）按出现的天气背景

对飞机起飞和着陆能够产生较大影响的低空风切变的天气系统是雷暴、锋面和低空急流。此外，低空逆温也可产生较强风切变。因而根据低空风切变出现的天气背景不同分为雷暴型、锋面型、逆温型和低空急流型四种类型。

（1）雷暴型。伴随着雷暴出现的低空风切变，主要指雷暴前沿的冷性外流及雷暴云中的垂直气流所形成的强风切变。雷暴型低空风切变其强度最强，因而对飞行的危害最大。

（2）锋面型。即伴随着锋面天气系统出现的低空风切变。在锋面型低空风切变中，对飞行危害较大的是冷锋型低空风切变。一般说来，当锋两侧的温差≥5℃及移动速度较快（≥55km/h）时，都会产生对飞行有影响的低空风切变。

（3）逆温型。即伴随着逆温出现的低空风切变。晴朗的夜间产生强辐射逆温时，常有较强低空风切变出现。但其强度较其他几种类型要弱。

（4）低空急流型。即伴随着低空急流出现的低空风切变。对飞机起落飞行影响较大的是超低空急流(通常指中心位置在一二百米以下的低空急流)。超低空急流的出现一般都伴有低空逆温。

此外,当机场周围地形地物复杂时,也会产生对飞机起落飞行有影响的低空风切变。在山脉的背风坡由于有下沉气流,在此处飞行飞机会掉高度。山脉下风方向产生的地形波,可延伸到山脉下游100km~200km地区,同样可产生低空风切变。当大风吹过跑道附近的高大建筑物时,会产生局地风切变,这种低空风切变对轻小型飞机影响较大。

2. 低空风切变的事故特征

(1) 风切变事故都发生在飞行高度低于300m的起飞和着陆飞行阶段,其中尤以着陆为最多。

(2) 现代大、中型喷气运输机的风切变飞行事故比重较大。

(3) 风切变事故与雷暴天气条件关系密切。

(4) 风切变飞行事故的出现时间和季节无一定的规律。

3. 低空风切变对着陆的影响

1) 顺风切变对着陆的影响。

飞机着陆进入顺风切变区,使飞机空速迅速减小,升力明显下降,从而使飞机不能保持高度而下沉,危害较大。如图4.10所示。

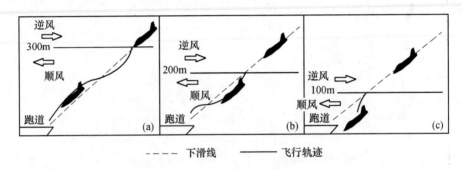

图4.10　不同高度的顺风切变着陆

2) 逆风切变对着陆的影响

飞机着陆进入逆风切变区,使飞机的空速突然增大,升力也明显增大,飞机抬升,脱离正常下滑线,飞行员面临的问题是怎样消耗掉飞机过剩的能量或过大的空速(图4.11)。但如果逆风切变的高度低,强度大或飞行员未及时修正,也会使飞机冲出跑道或过早接地。

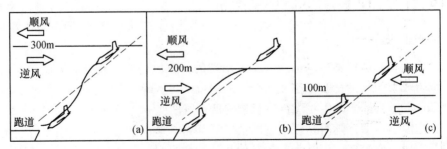

图4.11　不同高度的逆风切变着陆

3）侧风切变对着陆的影响

侧风有左侧风和右侧风之分,飞机在着陆下滑时遇到侧风切变,会产生侧滑、滚转或偏转,使飞机偏离预定下滑着陆方向,飞行员要及时修正。如果侧风切变层的高度较低,飞行员来不及修正时,飞机会带坡度和偏流接地,影响着陆滑跑方向(图4.9)。

4）垂直风切变对着陆的影响

当飞机在飞行过程中遇到强烈的升降气流,飞机的升力会发生变化,从而使飞行高度发生变化。垂直风对飞机着陆的影响主要是对飞机的高度、空速、俯仰姿态和杆力的影响。特别是强烈的下降气流往往有很强的猝发性,强度很大,使飞机突然下沉,对飞机着陆危害极大,飞机在雷暴云下面进近着陆时常常遇到严重下降气流,并可能造成严重飞行事故(图4.12)。

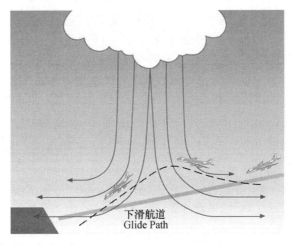

图4.12　垂直风切变对着陆的影响

4.5　降水与积冰

4.5.1　降水

降水是指云中降落至地面的水滴、冰晶、雪等的现象。降水常使能见度恶化,损失飞机的空气动力学性能,改变跑道状态,给飞行、起飞和着陆造成困难和危险。

1. 降水的分类

（1）按降水物形态和特征分类

降水按降水物形态和下降时的特征分类,主要有:

雨(Rain):滴状液态降水,下降时清晰可见,过冷却雨滴降落至温度低于0℃的地表面时,可在地面或地物上形成透明粗糙的冰层,称为雨凇(Glaze)。

毛毛雨(Drizzle):细小粒液体降水(直径小于0.5mm)纷密飘降,落速慢,常不可见,与人脸接触有潮湿感。

雪(Snow):片状、针状、辅枝状或柱状的结晶形固态降水,具有六角晶体结构,由水汽凝华而成,白色不透明。

霰(Graupel):云中冰晶下落时俘获大量过冷却水滴,碰冻成类球状或锥状的白色不透明固态降水物,也称为软雹(Soft Hail),直径2mm～5mm,降雪前或与雪同降,具有阵性,着硬地反跳,易碎,常为冰雹的核心。

冰雹(Hail):坚硬的球状、锥状或形状不规则的固态降水,常由透明、不透明交替分层组成,直径大于5mm,降自积雨云中。

冰粒(Ice Particle):透明的丸状或不规则固态降水,直径2mm～5mm,由雨滴在空中冻结而成,坚硬着地反跳,常降自高层云或雨层云,可作为冰雹的核心,亦称小雹(Small Hail)、冰丸(Ice Pellet)。

米雪(Granular Snow, Snow Grains):白色不透明的比较扁或长的小颗粒固态降水,直径一般小于1mm,着地不反跳,常降自含过冷水滴的层云或雾中。

(2) 按特性分类

降水还可按其特性分为连续性降水、间歇性降水和阵性降水。

连续性降水持续时间长,降水强度变化不大,通常由层状云产生,水平范围较大。卷层云一般不降水,在纬度较高地区有时可降小雪。雨层云、高层云可产生连续性降水。

间歇性降水强度变化也不大,但时降时停,多由波状云产生。其中层云可降毛毛雨或米雪,层积云、高积云可降不大的雨或雪。

阵性降水强度变化很大,持续时间短,影响范围小,多由积状云产生。其中淡积云一般不产生降水;浓积云有时产生降水,低纬度地区可降大雨;积雨云可降暴雨,有时会产生冰雹和阵雪。

(3) 按强度分类

降水还可按强度进行划分,见表4.5。

表4.5 降水强度

等级	小雨	中雨	大雨	暴雨	大暴雨	特大暴雨
降水强度/(mm/日)	<10	10～25	25～50	50～100	100～200	>200

2. 降水对飞行的影响

降水对飞行有多方面的影响,其影响程度,主要与降水强度和降水种类有关。

1) 降水使能见度减小

降水对能见度的影响程度,主要与降水强度、种类及飞机的飞行速度有关。降水强度越大,能见度越差;降雪比降雨对能见度的影响更大。由于毛毛雨雨滴小、密度大,其中能见度也很差,一般与降雪时相当。有时小雨密度很大,也可能使能见度变得很差。

飞行员在降水中从空中观测的能见度,还受飞行速度的影响,飞行速度越大,能见度减小越多。原因是降水使座舱玻璃粘附水滴或雪花,折射光线使能见度变坏,以及机场目标与背景亮度对比减小。如小雨或中雨时,地面能见度一般大于4km,在雨中飞行时,如速度不大,空中能见度将减小到降2km～4km;速度很大时,空中能见度会降到1km～2km以下。在大雨中飞行时,空中能见度只有几十米。

2) 含有过冷水滴的降水会造成飞机积冰

在有过冷水滴的降水(如冻雨、雨夹雪)中飞行,雨滴打在飞机上会立即冻结。因为雨滴比云滴大得多,所以积冰强度也比较大。冬季在长江以南地区飞行最容易出现这种情况。

3) 在积雨云区及其附近飞行的飞机可能遭雹击

飞机误入积雨云中或在积雨云附近几十千米范围内飞行时,有被雹击的危险。曾有过飞机远离云体在晴空中遭雹击的事例。

4) 大雨和暴雨能使发动机熄火

在雨中飞行时,喷气式飞机的飞行速度会增大一些。因为在发动机转速不变的情况下,雨滴进入涡轮压缩机后,由于雨滴蒸发吸收热量降低燃烧室温度,使增压比变大,增加了发动机推力,相应使飞机速度有所增大。但如果雨量过大,发动机吸入雨水过多,点火不及时也有可能造成发动机熄火,特别是在飞机处于着陆低速阶段,更要提高警惕。

5) 大雨恶化飞机气动性能

大雨对飞机气动性能的影响主要来自于以下两方面:一是空气动力损失。雨滴打在飞机上使机体表面形成一层水膜,气流流过时,在水膜上引起波纹,同时雨滴打在水膜上,形成小水坑。这两种作用都使机体表面粗糙度增大,改变了机翼和机身周围气流的流型,使飞机阻力增大,升力减小。二是飞机动量消耗。雨滴撞击飞机时,将动量传给飞机引起飞机速度变化。雨滴的垂直分速度施予飞机向下的动量,使飞机下沉;雨滴对飞机的迎面撞击则使之减速。飞机在大雨中着陆时,其放下的起落架、襟翼和飞行姿态使得水平动量损失更为严重,可能使飞机失速。

6) 降水会影响跑道的使用

降水会引起跑道上积雪、结冰和积水,影响跑道的使用。

跑道有积雪时,一般应将积雪清除后再起飞、降落。不同的飞机对跑道积雪时起飞、着陆的限制条件有差异,如图-154飞机手册限定跑道上雪泥厚度不超过12mm,干雪厚度不超过50mm,飞机才可以起降。

跑道积冰有的是由冻雨或冻毛毛雨降落在道面上冻结而形成的,有的是由跑道上的雨水或融化的积雪再冻结而形成的。跑道上有积冰时,飞机轮胎与冰层摩擦力很小,滑跑的飞机不易保持方向,容易冲出跑道。

跑道积水是由于下大雨,雨水来不及排出道面,或由道面排水不良引起的。飞机在积水的跑道上滑行时,可能产生滑水现象,使飞机方向操纵和刹车作用减弱,容易冲出或偏离跑道。各类飞机都可产生滑水现象,但以喷气运输机发生最多。

此外,跑道被雨水淋湿变暗,还可能使着陆时目测偏高,影响飞机正常着陆。

4.5.2 雷暴

雷暴(Thunderstorm)是夏季常见的天气现象,指由对流旺盛的积雨云组成的,伴有闪电、雷鸣、阵雨、大风,有时还出现冰雹、龙卷的中小尺度对流天气系统。它是飞机航行所遇到的最恶劣最危险的天气。

据统计,全球每小时发生雷暴1820次。运输机在暖季,尤其是夏季飞行常会遭遇雷暴天气。因此对飞行员来说,了解雷暴的形成和结构以及可能遇到的危险天气,有助于掌握有关气象信息,采取有效的飞行操纵措施,以便避开或飞越雷暴天气区,确保飞行安全。

根据美国民用航空1962年—1988年气象原因飞行事故统计分析,48起飞行事故中有23起与雷暴有关,占总数47.9%;另据美国空军气象原因事故统计,雷暴原因占总数的55%~60%。这些事实充分说明,雷暴是目前航空活动中严重威胁飞行安全的重要因素。

1. 雷暴的分类

雷暴分为一般雷暴和强雷暴。通常,在天气预报和对外气象服务中,人们习惯把只伴有雷声、闪电或(和)阵雨的雷暴称为"一般雷暴"或"弱雷暴";把伴有暴雨、大风、冰雹、龙卷风等严重的灾害性天气现象的雷暴叫做"强雷暴"。"一般雷暴"强度弱,维持时间较短,多为几分钟到一小时,但出现次数较多;"强雷暴"强度大,维持时间长,一般为几十分钟到几个小时,个别可间歇维持数小时到几天(如冷涡雷暴)。"一般雷暴"和"强雷暴"都是对流旺盛的天气系统,因此把它们所产生的天气现象被人们统称为"对流性天气"。

雷暴有明显的季节变化和日变化,一年中出现最多的是夏季(特别是6月~8月),春秋季次之,冬季除华南少数地区外,全国极少出现雷暴。雷暴受大气层结构变化影响,往往也有明显的日变化。大陆通常是午后到傍晚出现最多,前半夜次之,清晨最少。

2. 雷暴对飞行的影响

雷暴是一种危及航空飞行安全的危险天气,所以在一般情况下,应避免在雷暴区中飞行。但在夏季是不容易做到的,特别是民航运输飞行,每天固定的航班要飞行,还有临时增加的航班、专机任务等都要按时飞行,而飞行中就不免会遇到雷暴云,因此,必须采取预防措施,保证安全完成航空飞行任务。

在雷暴活动区飞行,除了云中飞行的一般困难外,还会遇到强烈的湍流、积冰、电击、阵雨和恶劣能见度,有时还会遇到冰雹、下击暴流、低空风切变和龙卷风。停放在地面的飞机也会遭到大风和冰雹的袭击。低空风切变已经在前面章节详细介绍过其危害性,颠簸和飞机积冰见4.5.3节和4.6节。本部分仅对雷暴对飞行的危害作简要说明。

1)飞机颠簸

雷暴云中强烈湍流引起的飞机颠簸,是危及飞行安全的一个重要危险天气。雷暴云中的升降气流速度很大(根据间接测量资料,可达60m/s),且带有很强的阵性,分布也不均匀,有很强的风切变。因此,湍流特别强烈。飞机进入雷暴云,会使飞机操纵失灵,仪表示度失真,在几秒内飞行高度变化几十米至几百米,甚至出现超过飞机极限容许值的过载,造成飞机损坏。根据国外进行的专门研究表明,雷暴云中强烈的不规则运动,使飞机过载达到±2g,再加上机动过载,就可超过极限容许值。

飞机进入雷暴云上部的强湍流区,由于已接近飞机升限附近,容许过载很小,因此,有强颠簸发生后,飞机会进入超临界迎角,造成发动机可能停车,飞机操纵可能失灵。

2)飞机积冰

在雷暴云发展阶段,由于云体已伸至0℃层高度之上,云中水滴呈过冷状态,含水量和水滴半径又较大,所以在其上部飞行常常发生较强的积冰。在雷暴云的成熟阶段,云中含水量和过冷水滴达到最大,强烈的上升气流把过冷水滴带至高空,甚至在砧状云顶中也有少量过冷水滴存在。所以,在云中0℃等温线以后的区域飞行都会发生积冰,在云的中部常常遇到强积冰,在云顶飞行有弱积冰。在消散阶段,由于经过强烈的降水,云中含水量和过冷水滴都大为减少,积冰强度不大。

如果飞机穿越一个雷暴单体,因为时间很短,即使发生积冰,也不一定是很大的问题。但是,如果在积冰气象条件下穿越一个雷暴群,飞机将产生严重积冰。

3)雹击

飞机遭雹击的机会并不多见,据国外资料介绍,在穿越积雨云的飞行中,遭到雹击的机率不到10%。但一旦遭到雹击,会使飞机受到损害,因而应特别警惕。

冰雹还可能砸坏停放在地面的飞机及设备,造成损失,所以当预报将有冰雹出现时,要做好防护工作。

1972年5月3日22时10分,某机场降了6min冰雹。同时出现了24m/s大风。冰雹直径3cm～4cm,最大达8cm,使机场停放的30多架飞机在无防护下遭到雹击,有的飞机被砸了1000多个洞,最大的洞直径有20cm,损失严重。

4.5.3 飞机积冰

> (1) 1994年10月31日,当地时间约下午4点,西蒙斯航空公司4184航班,从印地安纳波里斯到芝加哥,飞机在有利于积冰的气象条件下等待了30min,突然翻滚并从大约10000英尺的高度坠下,猛冲入ROSELAWN附近的豆子地里,机上68人顷刻死去。
>
> (2) 1986年12月15日,西安管理局An-24-3413号机执行兰州—西安—成都往返航班任务。9时03分从中川机场起飞,9时05分飞机高度2700m,入云,有轻度积冰,9时11分上升到3470m,速度300km/h,9时15分速度减到195km/h,9时29分机组要求返航。飞机保持2600m高度飞回中川机场,当时结冰相当严重。9时53分,飞机仍在云中飞行,据气象台报告,云高600m,10时05分飞机降落时,由于下滑高度不正常而复飞,飞机保持约10m～20m的高度在跑道上平飞。飞出跑道后,发现前面有一排树,左座又拉了一杆,飞机便带着25°～30°的右坡度撞断了15棵树和1根电线杆,之后触地。机上旅客37人,死亡6人。

1. 飞机积冰的含义

积冰是最复杂的飞行气象现象之一。飞机积冰是指飞机机身表面某些部位聚集冰层的现象。它是由于云中过冷水滴或降水中的过冷雨滴碰到机体后冻结而形成的,也可由水汽直接在机体表面凝华而成。冬季,露天停放的飞机有时也能形成积冰。因此,积冰的必要条件有两个:一是在飞行高度上空中有过冷却水滴,二是飞机表面温度在零度以下。

飞机积冰会使飞机空气动力性能、稳定性、操纵性变差,飞行性能下降,发动机工作不正常,同时出现飞行仪表指示误差,风挡玻璃模糊不清等现象,从而给飞行带来一定的困难,危机飞行安全甚至导致飞行事故。例如,2001年1月4日某部两起运八C一等事故就是由于平尾结冰后,放大角度襟翼,导致平尾严重失速造成的。

随着航空技术的发展,飞机的飞行速度及飞行高度的提高,机上的防冰、除冰设备的日趋完善,积冰对飞行的危害在一定程度上减小。但是,高速飞机在低速的起飞着陆阶段,或穿越浓密云层飞行中同样可能产生严重积冰。所以了解产生积冰的气象条件、积冰对飞行的影响、以及飞行中如何防止或减轻积冰,仍然是十分重要的。

2. 飞机积冰的种类

飞机表面上所积的冰是多种多样的:有的光滑透明,有的粗糙不平,有的坚硬牢固,有的松脆易脱。它们的差异主要是由云中过冷水滴的大小及其温度的高低决定的。根据它们的结构、形状以及对飞行的影响程度不同,可以分为明冰、雾凇、毛冰和霜四种。

1) 明冰

明冰是光滑透明、结构坚实的积冰。明冰通常是在温度为0℃～10℃的过冷雨中或由大水滴组成的云中形成的。在这样的云雨区,由于温度较高,水滴较大,冻结较慢,每个过冷水滴碰上机体后并不全在相碰处冻结,而是部分冻结,部分顺气流蔓延到较厚的位置上冻结,在机体上形成了透明光滑的冰层——明冰。在有降水的云中飞行时,明冰的聚积速度往往很快,冻结的又比较牢固,虽用除冰设备也不易使它脱落,因而对飞行危害较大。而在没有降水的云中飞行时,这种冰的成长就慢得多,危害性也小一些。

2)雾凇

与地面上所见的雾凇一样,是由许多粒状冰晶组成的,不透明,表面也比较粗糙。这种冰多形成在温度为零下20℃左右的云中。因为这样的云中过冷水滴通常很小,相应的过冷水滴的数量也较少。碰在飞机上冻结很快,几乎还能保持原来的形状,所以形成的冰层看起来就像"砂纸"一样粗糙。同时由于各小冰粒之间一般都存在着空隙,所以冰层是不透明的。雾凇的积聚速度较慢,多选在飞机的迎风部位,如机翼前沿。

与明冰相比,雾凇是松脆的,很容易除掉,对飞行的危害要小得多。

3)毛冰

这种冰的特征是表面粗糙不平,但冻结得比较坚固,色泽像白瓷一样,所以也有人叫它瓷冰。它多形成在温度为 $-5℃\sim15℃$ 的云中,因为这样的云中往往是大小过冷水滴同时并存,所以形成的积冰也既具有大水滴冻结的特征,又具有小水滴冻结的特征。有时,在过冷水滴与冰晶混合组成的云中飞行,由于过冷水滴夹带着冰晶一起冻结,也能形成粗糙的不透明的毛冰。

4)霜

霜是在晴空中飞行时出现的一种积冰,它是飞机从寒冷的高空迅速下降到温暖潮湿但无云的气层时形成的,或从较冷的机场起飞,穿过明显的逆温层时形成。它不是由过冷水滴冻结而成,而是当未饱和空气与温度低于0℃的飞机接触时,如果机身温度低于露点,由水汽在寒冷的机体表面直接凝华而成,其形状与地面物体上形成的霜相似。霜的维持时间不长,机体增温后消失,只要飞机表面温度保持在0℃以下,霜就一直不会融化。虽然霜很薄,但它对飞行依然有影响,下降高度时在挡风玻璃前结霜,会影响目视飞行。冬季停放在地面上的飞机也可能结霜,一般要求清除机体上的霜层后才能起飞。

3. 飞机积冰对飞行的影响

飞行中,比较容易出现积冰的部位主要有机翼、尾翼、风挡、发动机、桨叶、空速管、天线等,无论什么部位积冰都会影响飞机性能,其影响主要可分为以下三个方面。

1)破坏飞机的空气动力性能

飞机积冰,增加了飞机的重量,改变了重心和气动外形,从而破坏了原有的气动性能,影响飞机的稳定性。机翼和尾翼积冰,使升力系数下降,阻力系数增加,并可引起飞机抖动,使操纵发生困难。如果部分冰层脱落,表面也会变得凹凸不平,不仅造成气流紊乱,而且会使积冰进一步加剧。高速飞行时机翼积冰的机会虽然不多,但一旦积了槽状冰,这种影响就更大,所以一定要注意。

2)降低动力装置效率,甚至产生故障

螺旋桨飞机的桨叶积冰,会减少拉力,使飞机推力减小。同时,脱落的冰块还可打坏发动机和机身。

对长途飞行的喷气式飞机来说,燃油积冰是一个重要的问题。长途高空飞行、机翼油箱里燃油的温度可能降至与外界大气温度一致——约为-30℃。油箱里的水在燃油系统里传输的过程中很可能变成冰粒,这样就会阻塞滤油器、油泵和油路控制部件,引起发动机内燃油系统的故障。

3) 影响仪表和通信,甚至使之失灵

空气压力受感部位积冰,可影响空速表、高度表等的正常工作,若进气口被冰堵塞,可使这些仪表失效。天线积冰,影响无线电的接收与发射、甚至中断通信。另外,风挡积冰可影响目视,特别在进场着陆时,对飞行安全威胁很大。

4.6　飞机颠簸

飞机颠簸是飞机飞经大气中的湍流扰动层而有的现象。

人们从缭绕的炊烟、飞扬的尘土、飘扬的花絮中可以发现,空气在较大范围的运动中还有许多局部升降涡旋等不规则运动。这种不规则的空气运动,气象学上称为扰动气流,或叫乱流。飞机在飞行中遇到扰动气流,就会产生振颤、上下抛掷、左右摇晃,造成操纵困难,仪表不准等现象,这就是飞机颠簸。轻度颠簸会使旅客感到不适甚至受伤,颠簸强烈时,一分钟内飞机上下抛掷十几次,高度变化数十米甚至几百米,空速变化20km/h以上,飞行员虽全力操纵飞机,仍会暂时失去控制。如1971年11月22日,日本一架波音727大型客机在飞往东京途中遇到扰动气流,发生强烈颠簸无法操纵,飞机在10s内从9300m的高度一下掉到8400m,以后又继续掉到7200m,1分10秒后才恢复操纵。当颠簸特别严重时,所产生的较大过载因素(亦称过载)会造成飞机解体,严重危及飞行安全。如1958年10月17日苏联一架图104客机在莫斯科附近9000m高空突然遇到扰动气流造成强烈颠簸,使机翼折断而失事。所以,飞机颠簸对飞行安全有重大影响。

1. 飞机颠簸的形成

1) 飞机乱流

在湍流区存在大小尺度不等的涡旋。过小尺度的涡旋,从各个方向作用到飞机上,作用力互相抵消;过大尺度的涡旋,除了飞机进入涡旋边缘引起抖动外,进入涡旋后各个部位受到相同影响,即随之做有规则的升降运动,不会产生显著颠簸。研究表明,飞机颠簸是由那些与飞机尺度相当的、无一定顺序出现的那部分涡旋(涡旋直径为15m～150m)造成,这种乱流称为"飞机乱流"。进一步研究表明,飞机颠簸除了与涡旋尺度有关外,还与涡旋频率有关。飞机在乱流区会遇到一个又一个涡旋的作用。这种作用力的方向大小和时间都是随机的,飞机的运动随之发生不规则的变化,于是产生颠簸。如果这些涡旋的作用频率与飞机机翼的自然振动频率很接近,就会产生共振,颠簸会显著加剧。

2) 形成原理

乱流涡旋对飞机的作用,在飞机上看来,是一股方向不定、强弱不一的阵风。这种阵风可把它分解为垂直阵风和水平阵风来讨论。

当飞机在平飞中突然遇到速度为 W 的向上的垂直阵风时,相对气流就由原来的 V_0 改变为 V,飞机的迎角由原来的 α 增大为 $\alpha+\Delta\alpha$,于是飞机的升力由原来的 Y_0 立即增大为 $Y_0+\Delta Y_0$,飞机突然跃升;同理,当突然遇到向下的垂直阵风时,飞机将突然下降。因乱流中垂直阵风的大小方向变化不定,所以飞机因升力不断急剧改变而呈现忽升忽降的颠簸状态。如果作用在左右机翼上的垂直阵风的方向和大小不一致,产生的力矩会使飞机产生摇晃;如果作用的时间短促而频繁,则会使飞机产生抖动。

当飞机在平飞中遇到水平阵风时,空速以至升力也随之发生不规则的变化,同样会造成飞机颠簸。如果水平阵风是从正前方或正后方吹来,会引起飞机上下抛掷等现象;如果是从侧方吹来,就会使飞机发生摇晃、摆头等现象。

虽然水平阵风和垂直阵风都会引起飞机颠簸,但作用的大小是不同的。因为水平阵风要比飞机的速度小得多。计算表明,在垂直阵风风速和水平阵风风速大小相等的情况下,当 $\alpha = 10°$ 时,由垂直阵风引起的升力增量约为水平阵风的 3 倍;当 $\alpha = 2°$ 时,则增大为 4 倍。因此,在一般情况下,分析飞机颠簸主要考虑垂直阵风的作用。

2. 颠簸强度的划分

在飞行中,根据飞行员感觉和目测的飞行状态的异常程度,一般把颠簸强度氛围三个等级,为了帮助飞行员正确判断颠簸强度,国际民航组织已经设计出一个定义表(表 4.6)以便使用。

表 4.6 颠簸强度

弱	中度	强
飞机轻微地和有间歇地上下投掷,空速表示度时有改变	飞机抖动、频繁地上下投掷、左右摇晃,颠簸,操纵费力,空速指针跳动达 10km/h	飞机强烈抖动,频繁地和剧烈地上下投掷不止,空速指针跳动达 15km/h~20km/h,操纵有困难

3. 颠簸对飞行的影响

飞机产生颠簸,特别是产生强颠簸时,对于飞机结构、操纵飞机、仪表指示、旅客安全都有很大的影响。

1) 对飞机结构的影响

飞行中产生颠簸,飞机的各部分都经受着忽大忽小的负荷,颠簸越强,载荷变化就越大,如果飞机长时间受到强烈载荷变化的作用,或受到超过飞机所能承受的最大载荷。强颠簸可以使飞机部件受到损害,酿成事故,飞机的某些部分(如机翼)就可能变形甚至折毁。

2) 对飞机操纵的影响

飞机发生颠簸时,飞行高度、速度以及飞行的姿态都会经常不断发生不规则的变化,从而失去稳定性。颠簸强烈时,飞机忽上忽下的高度变化通常可达几十米至几百米,使飞机操纵困难,甚至失去操纵,难以保持正确飞行状态。

由于飞行状态时时变动,飞行员往往不得不费更多的精力来及时保持飞机处于正常状态,因而体力消耗较大,易于疲劳。

3) 对仪表指示的影响

飞机颠簸时,仪表受到不规则震动,指示常会发生一些误差,特别是在颠簸幅度变动较大、飞机忽上忽下变动频繁的时候,升降速度表、高度表、空速表和罗盘等飞行仪表就会产生比较明显的误差,不能十分准确地反映出瞬间的飞行状态;如果完全据之以修正飞行状态,就可能带来一些不良后果。此外,颠簸还使进入发动机的空气量显著减少而自动停车。这种情况在高空飞行时最可能遇到。

颠簸还会使旅客感到不适,增加旅途疲劳甚至呕吐,强颠簸时,甚至可能造成旅客的人体伤害。如 1982 年中国台湾地区一架波音 747 在飞行中遇到强烈颠簸,使未系安全带的旅客 19 名受伤,2 名死亡。

因此,飞机发生颠簸时,应尽快脱离颠簸区,采取的方法是改变高度或暂时偏离航线。

本 章 小 结

基本的三大气象要素分别是气温、气压和空气湿度,它们也称为三大气象要素。这些因素影响飞机起飞和着陆时的滑跑距离,影响飞机的升限和载重以及燃料的消耗。

大气层随高度不同表现出不同的特点,分为对流层、平流层、中间层、暖层和散逸层。对流层上部和平流层内是飞行的理想层次。

在众多天气现象中,云、能见度、风、降水、雷暴和飞机积冰、颠簸都是影响飞行安全的重要天气现象。因此,在飞行过程中,相关部门要密切这些天气现象的发生规律,尽可能避免对飞行安全带来不利影响。

复 习 与 思 考

1. 最基本的气象要素是什么?
2. 航空上常用的几种气压是什么?飞行中常用的气压高度有几种?QNH 和 QNE 两种高度表如何使用?
3. 什么是相对湿度和露点?
4. 基本气象要素变化对飞行的影响有哪些?
5. 对流层的主要特征是什么?为什么平流层利于高空飞行?为什么平流层没有被充分利用?
6. 简述我国飞行高度层的配备?
7. 什么是高云、中云和低云?它们各有几种云?
8. 能见度的定义什么?
9. 什么是辐射雾?辐射雾的形成条件有哪些?辐射雾的特点是什么?
10. 什么是平流雾?平流雾的形成条件和平流雾的特点是什么?
11. 地面能见度分为哪几种?什么是跑道视程?
12. 风如何影响飞行?什么是低空风切变?风切变可以分为几类?
13. 低空风切变中的飞行事故有什么特征?
14. 顺风切变和逆风切变对着陆有什么影响?
15. 简述降水对飞行的影响?
16. 什么叫雷暴?雷暴对飞行有何影响?
17. 什么叫飞机积冰?积冰对飞行有什么影响?
18. 颠簸对飞行有什么影响?
19. 什么是高空急流和晴空乱流?分别对飞行有什么影响?

20.【案例分析1】美国1993年有4架停在地面的飞机被大风吹翻,另有一架飞机在滑行中顺风把飞机尾部抬起,造成飞机实质性损坏。这5起飞机被吹翻事故的平均风速为30海里每小时,而侧风造成的飞行事故,平均风速不足13海里每小时。被大风吹翻的5架飞机中,有4架飞机是上单翼飞机。就这一情况,分析地面大风对飞行的影响。

【案例分析2】2008年8月25日晨6时左右,上海地区突降百年未遇特大雷暴雨,强雷电、强降水预警信号在1.5h之内迅速由黄色升级为橙色,较大面积道路受积水影响严重拥堵,虹桥、浦东两机场出发航班相应受到不同程度的影响。就这一情况,分析降水对飞行的影响。

【案例分析3】某年12月15日,记者从中川机场了解到,12月13日晚,由于冷空气相伴的降温大风天气,使得西宁曹家堡机场上空存在低空风切变,一架班机备降兰州中川机场。据了解,12月13日,西宁机场从下午5时以后出现东南风,风速达到10m/s~11m/s,而西宁上空5000m处风速达到27m/s,地面与高空存在较大风速差异,下午5时12分,从成都起飞的川航8807次航班到达西宁上空,为了飞行安全,该航班于当晚6时52分备降兰州中川机场,直到12月14日上午8时41分从中川机场起飞。就上述案例分析低空风切变对飞机起降的影响。

【案例分析4】韩国韩亚航空公司894次国内航班客机,2006年6月9日下午在1000英尺空中遭遇雷电和冰雹的袭击,驾驶舱前窗被砸破,鼻头被击毁断落,喷气引擎保护盖被砸出一个大洞,幸亏驾驶员老练稳重,从容降落,却让200多名乘客经历九霄惊魂的梦魇。又如12日晚上6时半左右,一场雷雨封住了首都机场的走廊口,飞机无法绕过雷雨区进近,使得几十个航班被迫去就近的机场备降,给航空公司带来巨大的损失,推迟了旅客回家的脚步。就以上情况,分析雷暴对飞行的影响。

阅　　读

【新闻背景】2011年12月6日清晨,中央气象台继续发布大雾黄色预警:华北、黄淮、江淮、江南、华南北部、西南地区东部和南部等地有轻雾,其中,京津地区、河北中部、山东中部、山西南部、河南东部、安徽东南部、浙江西部、福建北部、江西东部、湖南中部、云南东南部等地有能见度不足1000m的雾,部分地区能见度不足200m。

据新华网消息,受大雾影响,北京、天津、河北、山西、辽宁、山东6省市局部路段通行受阻。航空方面,连日的大雾已严重影响航班的正常起降。截至12月5日15时,首都机场延误滞留1h以上航班118架次,进出港合计取消219架次。

大雾带来的低能见度天气,对高速公路行车安全的影响大家想必都很清楚,其实低能见度也是影响飞行安全的主要因素——从飞行事故的统计来看,接近一半的事故就发生在低能见度的天气情况下,而在起飞和降落这两个关键阶段,飞机对能见度的要求也有不同。

以北京为例,飞机起飞所需要的能见度是400m,而飞机落地所需要的能见度为800m或550m跑道视程要求,可见后者对能见度的要求更高,因此,飞机在某个机场可以起飞并不必然意味着这个时候飞机也能在这里落地。

看到这里可能有读者会问,现代化飞机不是都可以盲降了么,盲降不就是"盲着降落"吗?其实不然,这主要是受早期航空英语的翻译所误导。首先,这一术语的英语原文为 Instrument Landing System,简称 ILS,意为"仪表着陆系统",简单解释就是借助系统进行降落,并非闭着眼睛也能降落。

其次,使用仪表着陆系统必须首先具备一定的能见度或跑道视程。根据盲降的精密度,盲降给飞机提出不同的进近着陆标准,分为Ⅰ、Ⅱ、Ⅲ类标准。

Ⅰ类盲降的天气标准是前方目视能见度不低于800m(0.5英里)或跑道视程不低于550m,着陆最低标准的决断高度不低于60m。也就是说,Ⅰ类盲降系统可引导飞机在下滑道上,自动驾驶降落至机轮距跑道标高高度60m的高度。如果飞行员在60m的高度看清跑道就可实施着落,否则就得复飞。

Ⅱ类盲降标准是前方目视能见度不低于400m(1/4英里)或跑道视程不小于350m,着陆最低标准的决断高度不低于30m(100英尺)。

Ⅲ类盲降的天气标准指任何高度都不能有效地看到跑道,只能由飞行员自行作出着陆的决定,无决断高度。Ⅲ类盲降又可细分为ⅢA、ⅢB和ⅢC这三个子类:ⅢA的天气标准是前方能见度200m(700英尺),决断高度低于30m或无决断高度,但应考虑有足够的中止着陆距离,跑道视程不小于200m;ⅢB类的天气标准是前方能见度50m(150英尺),决断高度低于15m或无决断高度,跑道视程为50m~200m,保证接地后有足够的滑行距离;ⅢC类没有决断高度和跑道视程的限制,也就是说,在"伸手不见五指"的情况下,凭借盲降引导自动安全着陆滑行。可见,只有ⅢC类盲降才是真正意义上的盲降。

现代大多数飞机的设备本身就具备Ⅲ类盲降的能力,但出于安全原因,国际民航组织(ICAO)至今没有批准任何一家航空公司的ⅢC类盲降运行。

除了对"盲降"一词的误读,很多读者常常还会有这样的疑问:同样是低能见度天气,为什么国外航空公司的部分飞机可以落地,而国内航空公司的飞机却不能?区别主要在于航空公司有没有做二类盲降运行;与部分国外航空公司运行二类盲降不同,据笔者所知,国内除翡翠货航等极少数公司运行二类盲降外,其他航空公司均按一类盲降运行。

或许有人会说,这是因为国内航空公司的飞行员技术差,真是这样吗?

这问题可以这样分析:二类盲降对于能见度的要求比一类盲降更低,其安全风险也更大,而全力保证安全始终是民航业的重中之重,这就对航空公司和机场等单位提出了更高的要求。

单从技术方面看,申请二类盲降运行,首先考验的是飞机本身。出于安全考虑,需要运行二类盲降的飞机,其自身的维护项目、维护间隔和要求都有相对更严格的标准。其次是机场跑道,目前国内只有北上广等大城市机场的部分跑道具备二类盲降的能力,而要具备二类盲降能力,跑道的盲降信号、净空区、跑道防侵入能力等设施建设和维护的成本也会大大提高。第三项是飞行机组的训练成本,飞行员二类盲降资格的培训,以及每年持续进行的复训,也会增加航空公司的成本。

在全力保证安全的前提下,国内航空公司也要做成本与收益的权衡,结合自身的运行特点(机场、天气等),估算其二类盲降运行所要增加的成本,尤其是可控的安全成本,从而决定是否运行二类盲降。事实上,在国外,也有不少大型航空公司因其运行机场的特点(如机场常年没有大雾)而没有申请二类盲降运行资格。

从这个角度看,以航空公司是否具备二类盲降的能力而去判断一家航空公司的优劣,有失偏颇。

思 考 题

1. 影响能见度的天气有哪些?
2. 根据盲降的精密度,盲降给飞机提出不同的进近着陆标准有几种?

第二部分 专 业 篇

第5章 航空运输布局

本章关键字

航空运输布局 air transportation allocation	城市对 city pair
机场 airport	城市串 city string
航空公司 airlines	运输网络 transportation network
运力 transportation capacity	枢纽 hub-and-Spoke
航线 route	IATA 分区 IATA subarea

> 航空运输系统的主要功能是服务航空需求,其外部环境除资源、环境和科技外,主要是国民经济和社会发展情况以及政府监管、法律约束,其子系统主要包括基础设施、运载工具和运行控制等诸多环节的管理等。其中基础设施主要是机场、空管等航空运输活动必须依赖的实体设施;运载工具主要是承载客货运输、执行飞行活动的飞机等航空器;运控管理主要是驱动航空系统各环节高效运行的人员及航空活动的各种规章、制度、机制等,包括航线优化、航班科学和时刻合理等诸如此类的资源配置。航空运输系统的有效运行,必须依赖基础设施、运载工具和运控管理系统三个方面有效配合,协调发展。

5.1 概 述

2008年,全球国际旅客运输量增长约为5.1%,国际航空货运量增长率约为4.8%,全球国内客运人数增长约为5.3%。航空运输增长较快的市场主要在中东、亚太和非洲地区,欧洲整体增长水平接近世界平均水平,北美市场比较成熟,增长速度相对较小。民用航空运输系统在整个交通运输系统中占据着重要的地位和作用。

新市场的开放和新的路线、服务的提供,会对航空运输需求增长产生促进作用。但是随着未来全球经济增长放缓,会减慢航空运输需求的增长,预计国际客运增长将有所放慢,国内客运增长略有加快。

表5.1 我国五种运输方式线路长度(单位:万千米)

年份	合计	铁路	公路	内河	民航	管道
1978	123.5	5.2	89.0	13.6	14.9	0.8
1980	125.4	5.3	88.8	10.9	19.5	0.9
1985	139.6	5.5	94.2	10.9	27.7	1.2
1990	171.8	5.8	102.8	10.9	50.7	1.6
1995	247.6	6.2	115.7	11.1	112.9	1.7
2000	311.8	6.9	140.3	11.9	150.3	2.5
2005	416.7	7.5	192.5	12.3	199.9	4.4
2006	428.7	7.7	192.5	12.3	211.4	4.8
2007	456.1	7.8				

5.1.1 航空运输的概念

民用航空运输是以飞机作为运输工具,以民用为宗旨,以航空港为基地,通过一定的空中航线运送旅客和货物的运输方式。它是国家和地区交通运输系统的有机组成部分。民用航空运输在国际交往和国内长距离客运中起着非常重要的作用。

航空运输始于1871年。当时普法战争中的法国人用气球把政府官员和物资、邮件等运出被普军围困的巴黎。1918年5月5日,飞机运输首次出现,航线为纽约—华盛顿—芝加哥。同年6月8日,伦敦与巴黎之间开始定期邮政航班飞行。30年代有了民用运输机,各种技术性能不断改进,航空工业的发展促进航空运输的发展。第二次世界大战结束后,在世界范围内逐渐建立了航线网,以各国主要城市为起讫点的世界航线网遍及各大洲。

实现航空运输的物质基础主要包括航路、航空港、飞机和通信导航设施等。航路是根据地面导航设施建立的走廊式保护空域,是飞机航线飞行的领域。其划定是以连接各个地面导航设施的直线为中心线,在航路范围内规定上限高度、下限高度和宽度。对在其范围内飞行的飞机,要实施空中交通管制。航空港是民用飞机场及有关服务设施构成的整体,是飞机安全起降的基地,也是旅客、货物、邮件的集散地。飞机是主要载运工具。机型选用根据所飞航线的具体情况和考虑整体经济技术性能而定。通信导航设施是沟通信息、引导飞机安全飞行并到达目的地安全着陆(见航空领航)的设施。

基于航空运输对发展国民经济和促进国际交往的重要意义,多数国家都很重视发展航空运输事业。政府设立专门机构进行管理,如中国设立中国民用航空局,美国设联邦航空局,苏联设民用航空部等。同时实行多种优惠政策支持航空运输企业的发展,如政府直接投资、贷款、减免捐税、给予财政补贴等。

航空运输企业经营的形式主要有班期运输、包机运输和专机运输。通常以班期运输为主,后两种是按需要临时安排。班期运输是按班期时刻表,以固定的机型沿固定航线、按固定时间执行运输任务。当待运客货量较多时,还可组织沿班期运输航线的加班飞行。航空运输的经营质量主要从安全水平、经济效益和服务质量等三个方面予以评价。

5.1.2 航空运输的特点和地位

1. 航空运输的特点

现代航空运输是社会生活和经济生活的一个重要组成部分,是目前发展最快的一种运输方式。航空运输的快速发展是和它自身的特点相关的。与其他运输方式相比,航空运输的优点表现在以下几个方面:

(1) 速度快。从航空业诞生之日起,航空运输就以快速而著称。航空运输在各种运输方式中运输速度最快,也是航空运输的最大特点和优势,常见的喷气式飞机的经济巡航速度大都在 850km/h~900km/h,且距离越长,所能节省的时间越多,快速的优势也很显著,在短途运输中难以显示。因而航空运输适用于中长距离的旅客运输、易腐烂变质的鲜活商品、时效性和季节性强的报刊、节令性商品、邮件运输和精密、贵重货物的运输。

(2) 不受地形限制。飞机在空中运行,受航线条件限制的程度相对较小,可跨越地理障碍将任何两地连接起来。航空运输的这一优点使其成为执行救援、急救等紧急任务中必不可少的手段。

(3) 舒适、安全。现代民航客机平稳舒适,且客舱宽敞、噪音小,机内有供膳、视听等设施,旅客乘坐的舒适程度较高。随着科技进步和管理的不断改善,航空运输的安全性比以往已大大地提高。

(4) 基本建设周期短、投资少。发展航空运输的设备条件是添置飞机和修建机场。这与修建铁路和公路相比,建设周期短、占地少、投资省、收效快。

航空运输也有自己的局限性,主要表现在:

(1) 运输费用较其他运输方式更高,不适合低价值货物。

(2) 载运能力低,单位运输成本高。飞机的舱容有限,对大件货物或大批量货物的运输有一定的限制。除此之外,机械维护及保养成本价高。

(3) 受气候条件限制。因飞机飞行条件要求高,受气候条件限制,会影响运输的准点性和正常性。

(4) 可达性差。通常情况下,航空运输都难以实现客货的"门到门"的运输,必须借助其他运输工具转运。但总的来讲,随着新兴技术得到更为广泛的应用,产品更趋向薄、轻、短、小、高价值,管理者更重视运输的及时性、可靠性。

2. 航空运输的功能

由于航空运输具备上述特点,使得它主要担负以下功能:

(1) 中长旅客运输。这是航空运输的主要收入来源。

(2) 鲜活易腐等特种货物,以及价值较高或紧急物资的运输。

(3) 邮政运输。

3. 航空运输的作用

(1) 节约旅客在途时间,缩短货物流通过程。

(2) 促进国际旅游和交往。

(3) 有利经济发展承担特殊运输任务。

4. 航空运输布局的要素及其关系

航空运输布局的三大要素是航线、机场和运力。机场的布点往往决定了航线的构成和航路的设置,机场的规模也决定了进出航线上的航班密度以及所采用的机型。

(1)航线是航空公司的宝贵财富和立命之本。航空运输布局能否达到资源的优化配置,其中航线网络采取何种结构形式是一个非常关键的因素。航空线布局的主要依据是:国家、地区和城市间政治、经济、文化等方面联系的需要,以及专业航空(农业、林业、测量等)的需要,由此确定开辟航线的必要性、航线性质(国际、国内、区际、地方)、行经地点、起讫地点。布局一般不受自然条件的影响,但在特殊地区(如高山区)需充分研究自然条件以选择航线。

(2)航空港布局取决于航线需要,城市的客货运量与城市的性质、地位。一般在首都、重要城市、工业中心、旅游中心城市均设有航空港。航空港选址要求严格的地基、风向、水文等自然条件,一定的净空条件(高度和宽度)。航空港址选择必须与城市用地发展方向相协调,并与城市保持适当的距离,防止对城市的干扰,与市区之间须有便捷的交通联系。

(3)运力配置是随基地机场和运营航线的状况而定的。

因此,航空运输布局基本上取决于航空网络的结构形式和机场布局的状况。航线之间互相促进、配合而形成统一的航线网络。航空公司在编制航班计划时,需要在单个航线研究的基础上,对整个航线网络做全盘考虑,寻求总体最优化。

5.2 航线及航线网络

5.2.1 航线

1. 航线定义

航线是指航空器飞行路线。它确定了航空器飞行的具体方向、起讫与经停地点,规定了飞行高度和宽度,以维护空中交通秩序,保证飞行安全。民航从事运输飞行必须按照规定的线路进行。

航线是航空公司满足社会需要的形式,是实现企业自我发展的手段。对于航线的选择,以及在此基础上形成的航线网络,是关系航空公司长远发展的战略决策。

航线不同于航路,航路是民航主管当局批准建立的一条由导航系统划定的空域构成的空中通道,在这个通道上空中交通管理结构提供必要的空中交通管制和航行情报服务。民航的航线都是沿着航路进行飞行的。

2. 航线分类

依不同的标准,航线可作不同的划分,按照航线起讫点及经停点地理位置的不同,可将民航航线分为国际航线、国内航线和地区航线三大类。

(1)国内航线:连接国内航空运输中心的航线。航线的起讫点、经停点均在一国国境之内。可分为干线、支线和地方航线。

① 国内干线:航线的起止点都是重要的交通中心城市;航线航班数量大、密度高、客流量大,如北京—上海航线、北京—广州航线等。

② 国内支线:把各中小城市和干线上的交通中心连接起来的航线。支线的客流密度远小于干线;支线上的起至点中有一方是较小的机场,因而支线上使用的飞机都是150座

以下的中小型飞机。

③ 地方航线：把中小城市连接起来的航线。客流量很小，和支线界限很明确，也可称为省内航线或地方航线。

（2）地区航线：指在一国之内各地区与有特殊地位地区间的航线。如内地与香港、澳门、台湾地区的航线。

（3）国际航线：是指飞行的路线连接两个或两个以上的航线。在国际航线进行的运输是国际运输。一个航班如果在它的始发站、经停站、终点站有一点在外国的领土上都叫做国际运输。

3. 航线网络

航班在怎样结构的航线网上运行是航空公司产品组合策略的重要前提。航线网络是指一定地域内若干条航线按某种方式连接而成的航线构成系统。航线网络由机场、航线和飞机等要素构成，其中机场与航线构成了航空运输的空间分布，决定了航空运输地面和空中保障能力。而飞机则通过航线由一个机场飞到另一个机场以实现旅客、货物、行李和邮件的空中位移。

航线网络布局是对空中交通线的起讫点、必经的导向地点以及线路的性质和等级的总体部署。国际航线布局是根据国家间的友好往来、协商而建立，主要承担国际旅客、邮件和货物的运送，为国家对外政治、经济、文化交流和旅游服务；国内航线布局主要为国家和地区的经济联系、旅游业及人员往来、文化交流和信息传播服务，并与其他运输方式合理分工，承担长途和边远地区的旅客与贵重物品的运输。在选择合理的航线时，应考虑自然条件（如天气等）的影响。地方航线布局一般为省或地区内政治、经济联系服务，主要连接省会与省内中心城市或大型工矿区，以及省会与交通不便的边缘地区。

航线网络布局关键在于机场布局。它在很大程度上决定了航空公司的服务水平和竞争力。合理的网络布局和航线的衔接对提高航空公司的旅客满意度和运行效率具有重要意义。

从目前航线网络的构成分析，大致可分为城市对式、城市串式、中枢辐射式（枢纽式）三种类型。

5.2.2 城市对航线和城市串航线的结构

1. 城市对式航线的概念和特点

城市对式航线是指从各城市之间的客流和货流的需求出发，建立城市与城市之间直接通航的航线结构。其特点是两地间都为直飞航线，旅客不必中转。适用于客货流量较大的机场之间。如图5.1所示。

图5.1 城市对航线结构

1）优点

旅客不必中转，可直接到达目的地；形式简单，便于进行运力调配。因此成为航线网络中最基本的单元结构，也是目前我国航线结构中采用的主要形式。

2）缺点

由于这种航线结构只考虑两点间运输量而不考虑或无法顾及同城市航线间衔接问题，因而也就无法形成区域资源的有效配置。

（1）一个城市不可能直接通航任意多个城市。对于流量较小的机场之间，采用城市对航线会使航班密度降低，从而使地面等待时间过长，航空运输的快速优势无法充分发挥。

（2）城市与城市之间的距离有远近，航线有长短，所用机型有大小。于是机场建设规模要扩大，机场跑道、设施必须满足大型飞机起降的要求，而利用率却不高。

（3）点对点的航线结构中，航空公司倾向于互相进攻对方的市场，容易形成重叠性航班，造成价格的恶性竞争。

2. 城市串式航线的概念和特点

城市串式航线（Linear networks），也称线性模式，是在城市对式的基础上发展而来，主要指飞机从始发地至目的地的途中经一次或多次停留，在中途机场进行客货补充，以弥补起止机场间的客货源不足，形成串珠状的航空网络，这种网络实际上是城市对式进一步衍生的产物，学术界称之为"甩辫子"航线。这种航线成熟后就形成了线性网络。

城市串式航线结构的特点是一条航线由若干航段组成，航班在途中经停获得补充的客货源，以弥补起止航站之间的运量不足。适用于城市间的客货运量和运力不足的情况。目前我国部分国际航线和国内航线采取此种形式。如图 5.2 所示。

图 5.2　城市串结构

1）优点

航班在途中经停获得补充的客货源，提高飞机的利用率、载运率和客座率，节省运力。

2）缺点

容易造成航班延误和影响正常的运力调配。由于经停站较多，一旦延误，会影响整个航程乃至整个网络中的运力调配。

5.2.3　枢纽航线的结构

枢纽航线结构又叫轴辐式、轮辐式航线结构或中转辐射式航线结构。

在整个交通运输中，轮辐式网络的定义可以为：网络中的大部分节点通过和网络中的一个或少量几个枢纽节点相互作用，实现货物、人员及服务的传递的一种网络结构。在航空运输领域，习惯称为枢纽航线结构，是指由一个或者几个枢纽机场和许多支线机场组成，先将各个支线机场的客流汇集到枢纽机场，再通过枢纽间的中转连接而将客流输送到目的地的一种航线结构。如图 5.3 和图 5.4 所示。

枢纽辐射式航线网络主要是通过规模经济性来降低单位客千米成本的，首先航空公司使用满足支线需求的小型飞机将支线机场的旅客输送到枢纽机场，然后航空公司安排单位客千米成本较低的大型飞机将聚集的大量旅客运到旅客的目的地或者下一个枢纽再进行中转。尽管支线机场至枢纽的成本较高，但它可以被枢纽间运输的低成本所弥补，而

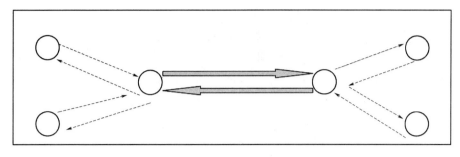

图 5.3 枢纽航线结构

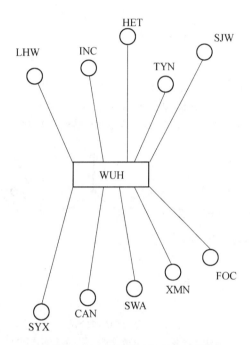

图 5.4 枢纽航线网络结构示例

枢纽间的低成本就是规模经济的表现。

采用枢纽机场进行中转需要旅客在这些机场航班集中,促进多种航班的对接。通常世界各个主要的枢纽机场的客流量都呈波浪状分布,当航班高峰来的时候完成客流的集中运输,实现降低成本的目的。

客流量较小的支线机场间不通航,这可以用有限的航空资源实现较多城市对连接,这是与点对点航线结构的最大区别。

1. 枢纽航线网络的结构性质与分类

1）网络的拓扑结构

网络不依赖于节点的具体位置和边的具体形态表现出来的结构叫做网络的拓扑结构。节点和连接构成网络,顶点之间的不同连接边组成不同拓扑结构的图。典型的网络拓扑结构包括网格结构、星形结构、线性结构和树形结构,如图 5.5 所示。

网络中节点之间的不同连接形成不同的网络结构,根据节点连接的集中度,还可以将网络分成集中式网络、分散式网络和分布式网络三种,如图 5.6 所示。

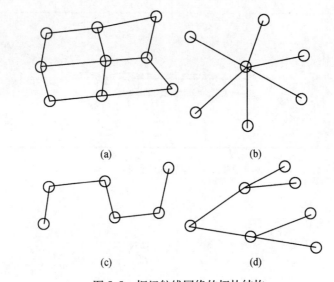

图 5.5 枢纽航线网络的拓扑结构
(a) 网络结构;(b) 星形结构;(c) 线性结构;(d) 树形结构。

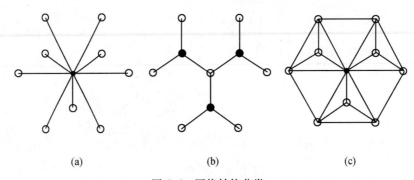

图 5.6 网络结构分类
(a) 集中式网络;(b) 分散式网络;(c) 分布式网络。

枢纽航线网络是一类特殊结构的网络,是建立在星形拓扑结构基础上的集中式网络。它通过将网络服务在时间和空间上的集中来提高网络效率。

2) 枢纽航线网络的分类

根据非枢纽节点和枢纽节点之间的连接分类,枢纽航线网络可以分为纯枢纽航线网络和混合枢纽航线网络。

纯枢纽航线网络中每个非枢纽节点只能和枢纽节点直接连接,非枢纽节点之间不允许直接连接。而混合枢纽航线网络除了允许枢纽节点和非枢纽节点之间的连接以外,允许非枢纽节点之间的直接连接,但是这种连接占全部连接的数量较少,即网络的整体结构还是表现为枢纽航线网络特征。电信网络、银行 ATM 网络是典型的纯枢纽网络,航空服务网络是混合枢纽航线网络。

根据网络中枢纽节点的数量,枢纽航线网络可以分成单枢纽航线网络和多枢纽航线网络。

(1) 单枢纽航空网络。单枢纽航线网络中只有一个枢纽,网络中所有其他节点都通过唯一的枢纽节点发生联系,单枢纽航线网络一般在网络规模不大、服务范围较小情况下采用。

（2）多枢纽航线网络。网络中枢纽节点数量超过一个的枢纽航线网络成为多枢纽航线网络。多枢纽航线网络可以较好的平衡服务集中与枢纽拥挤的矛盾,多见于网络服务范围广,网络节点规模大的服务网络。现实经济生活中的大部分网络都是多枢纽航线网络。目前,许多大型航空公司都采用多枢纽航线网络(表5.2)。

表5.2 多枢纽网络的航空公司及各自的枢纽机场

序号	航空公司	枢纽数量	枢纽机场
1	美国航空公司	3	巴尔的摩 费城 匹兹堡
2	阿拉斯加航空公司	2	波特兰 西雅图
3	大陆航空公司	2	克利夫兰霍普金斯 纽约纽瓦克
4	德尔塔航空公司	2	亚特兰大 辛辛那提
5	法国航空公司	2	巴黎戴高乐 巴黎ORLY
6	德国汉莎航空公司	2	法兰克福 慕尼黑
7	英国航空公司	2	伦敦希斯罗 伦敦盖特威克

2. 枢纽航线结构的优缺点

枢纽航线结构是目前较为成熟的航线网络结构,也是目前空运发达国家的航线网络中所常见的形式。相对于城市对式或城市串式航线网络结构来说,枢纽航线结构具有如下特点。

1）优点

（1）更好地适应市场需求。多数国家的空运需求集中分布于少数大型中枢机场,而大多数中小型机场的空运需求量较少,这是空运市场的显著特点。枢纽航线结构中的中枢机场正是考虑到这一特点而建立的。中枢机场之间的干线飞行一般采用大中型飞机,且可安排较高的航班密度,基本上能够满足空运主要市场的需求。辐射式航线的飞行,一般采用中小型飞机,一方面满足了运量不大的市场需求,另一方面可适当增大航班密度,显示航空方便快捷的优势。

（2）能刺激需求,促进航空运输量的增长。在枢纽航线结构中,干线与辐射式支线连通后,使所有网络内的航站之间均可通航,这就增加了通航点,使大中小城市之间的空中联络更为畅通,这无疑能为旅客提供更大的便利,并促使一些潜在的空运需求转化为现实的需求。进一步,由于在此种结构中,干线与支线功能明了并有机地连接在一起,大小机群与航线匹配,能使航空公司的运营效率提高、运营成本降低,从而可降低票价,进一步刺激市场需求。

(3) 有利于航空公司提高飞机的利用率、客座率、载运率。运量较少的机场之间采用对飞的形式,一方面使自身航线经营难以维持,另一方面又对中枢机场起到不必要的分流作用,降低了中枢机场之间的航班客座率和载运率。枢纽航线结构的建立,可将原来小型机场对飞航线上的空运量转移到干线上来,从而提高了干线上的客座率和载运率。原来吞吐量较少的机场改用小型飞机运营,通过支线与中枢机场连接进而与干线连通。这样就避免了在运量较少的机场之间采用大中型飞机对飞而造成的运力过剩,同时,也提高了小型飞机的客座率和载运率。由于可以在不增加运力的情况下大量增加航线数量和航班频率,又可以提高飞机的利用率。

(4) 有利于机场提高经营效率,降低飞机的使用成本。枢纽航线结构的建立,使得中枢机场能发挥规模经济效应,飞机起降架次和客货吞吐量的大幅度增加,将使航空业务收入和非航空性收入随之增加,单位运营成本降低。同时,中小机场也能通过起降架次和客货吞吐量的增加而改善财政状况,增强自我生存和发展的能力。

2) 缺点

枢纽—辐射式网络也有它的局限性。枢纽辐射式网络结构对枢纽机场的容量和服务提出了更高的要求。如果机场容量过小或者效率不高时,机场和航路容易发生拥挤堵塞从而造成航班的延误,并可能影响整个网络。因此提高机场旅客的中转效率和服务质量、扩大枢纽机场规模能在一定程度上缓解因拥挤造成的航班延误。

3. 枢纽航线结构的产生及发展

随着世界航空运输业的发展,国外发达国家的航线结构也经历了从点对点结构到枢纽辐射式航线结构的发展历程。1978年以前,美国的航空运输业的发展受到政府管制,其航线结构主要是点对点结构。1978年,美国对航空业的放松管制引发了航空业的一系列根本变化,使航空公司有了根据自己的实际情况确定航线结构的自由。在此基础上,航空公司为了在日益激烈的市场竞争中有效地降低成本,增强竞争力,纷纷建立起自己的枢纽辐射式航线网络。

随着枢纽辐射式航线网络在欧美地区以及亚洲部分地区30多年的迅速普及和发展,各大航空公司在各基地机场的垄断地位非常明显。例如,美国合众航空在夏洛特的比例最高,达到88%;美国联航在丹佛占到74%,在旧金山占到58%。在欧洲,英国航空公司在伦敦盖特威克机场达到67%。

目前,越来越多的航空公司都已经开始调整航线结构为复合型,即中枢辐射航线结构与点对点的航线结构并存。这主要根据旅客所需求的时间来分布:当城市间运输的需求量较少时,采用枢纽机场的中转模式;当需求量增大到一定程度,在支线城市开辟直达航班就比较经济。如果两城市间需求时间部分不均匀,则可以在密度高的城市之间进行点对点运输,而在需求密度低的时间内进行枢纽中转运输。图5.7显示的是点对点网络、典型的枢纽—辐射式网络结构和复合式网络结构。

枢纽辐射式网络结构是在20世纪70年代出现在美国的一种新的航线布局模式,其特点是客流量较小的城市之间不直接通航,而是通过一个或者多个枢纽机场中转,最终实现多个城市之间的互连。

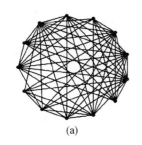 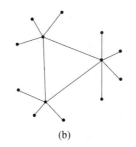 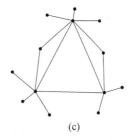

图 5.7　网络结构类型
(a) 点对点网络；(b) 枢纽—辐射式网络；(c) 复合式网络结构。

枢纽航线网络结构引起重视的主要原因是其在美国主要航空公司的广泛成功应用。随着美国 1978 年美国航空管制的放松，美国的主要航空公司均将自己的运营网络结构调整为枢纽航线网络结构，并取得了巨大成功。目前在美国总共有超过 30 个航空枢纽，在中西部就有 8 个，枢纽航线网络结构为乘客提供了更多的出行选择，如从圣弗兰西斯科出发到达佛罗里达坦帕，各航空公司为乘客提供多达 50 种的转机选择。除了竞争的考虑，市场需求是决定枢纽航线网络运营结构的主要因素，因为在可以提供航空服务的 30000 个城市对市场中，只有 5% 的城市有足够的交通需求来支持直达的、非停留的点对点航班。为控制成本，同时为其他 95% 的航空市场提供服务，运营商只能通过枢纽航线网络系统来支持。由于枢纽航线系统具有的收集、合并交通的优势，目前依托枢纽系统，纽约西拉库扎机场每天有 43 个航班到达 11 个枢纽城市，而如果使用点对点的航线系统，假设支持每个航班的最小乘客数为 75 人，那么西拉库扎机场的乘客数每天只能支持 7 个城市的每天一个航班。目前，美国主要航空公司均采用枢纽航线网络。

但是，随着美国经济总体增幅减缓，以及 9·11 事件后美国民众对航空服务安全性的考虑，美国航空需求增长缓慢，采用枢纽网络的美国主要航空运营商遇到一些问题，先后有联合航空、美国航空等大型航空公司提出破产的申请，而采用点对点网络的西南航空公司成为美国盈利能力最好的航空公司，这直接导致人们对枢纽网络结构产生怀疑。事实上，美国航空公司和联合航空公司陷入破产的局面，枢纽网络结构并不是问题的根本，问题出在运营商的运营策略、经营方针上。上述公司在政府放松航空管制，航空业取得巨大发展的过程中，过快提高人工成本及养老金标准，签订的机场、飞机租用合同价格过高，即整体经营成本过高，导致在市场不景气情况下，被迫走向破产。航空公司不必放弃枢纽网络结构，他们要做的只是提高运营效率……，将劳动力成本、设施租赁成本和其他成本控制在一定范围内，枢纽网络系统就又会繁荣起来。另外，过多的枢纽在一定程度上也分散了乘客流，降低了枢纽网络的规模和范围经济效应。

通过关闭或合并枢纽，轴辐式网络航空公司和点对点航空公司之间的成本差距可以缩小 10%~20%。欧洲一些主要航空公司，由于受地域和网络规模限制，传统上均采用点对点直飞网络，但随着各国航空管制的放松，以及欧盟统一市场的推进，法国航空公司、奥地利航空公司等一些主要航空公司也开始转向轴辐式航空网络。近几年来，我国的航空市场在高经济增长率的刺激下，需求迅速增加，各航空公司的运营规模、航线数量也在迅速增加，中国航空公司、南方航空公司、东方航空公司纷纷调整航线结构，增加枢纽机场的航班，建设枢纽运营网络。

5.2.4 主要国际航线

航空运输发展到今天,尽管世界航线网络遍布了几乎各个角落,但依然呈现出明显的特点。

1. 主要国际航线的分布特点

(1)航线最密集的地区为欧洲、北美、东亚等地。航线最繁忙的海域为北大西洋以及北太平洋海域,最繁忙的陆地航线则为欧亚航线。

(2)航线走向的总趋势呈东西向,主要的国际航线集中分布在北半球的中纬地区,大致形成一个环绕纬圈的航空带。

(3)在纬向航空带的基础上,由航线密集区向南辐射,形成一定的经向航线的分布。

2. 主要国际航线介绍

本节在介绍世界主要国际航线时,同时结合了 IATA 制定运价时考虑的因素。

1)西半球航线(WH)

西半球航线是指航程中的所有点都在西半球的航线。西半球航线是连接南北美洲的航线,又称拉丁航线。国际航协客运运价计算中为代号 WH 航线。例如:

RIO——MIA

LAX——MEX——SCL

YMQ——RIO——BUE

拉丁航线北美地区的点主要是美国南部的迈阿密、达拉斯以及西岸和东岸的门户点,墨西哥的墨西哥城、中美的圣何塞、太子港;航线在南美的点主要在哥伦比亚的波哥大,巴西的巴西利亚、里约热内卢、圣保罗,智利的圣地亚哥,阿根廷的布宜诺斯艾利斯等城市。

拉丁航线不长,除自成体系外,还常常与太平洋航线和大西洋航线相连,成为这些航线的续程航段。南美洲的美丽风光正被人们所认同,越来越多的亚洲人取道美国来南美。太平洋航线中转拉丁航线的城市主要是迈阿密、圣何塞、洛杉矶、墨西哥城等地。大西洋航线多取道波哥大、巴西的城市中转。

2)东半球航线(EH)

东半球是世界上航线最多的区域。东半球航线指航程中的点都在东半球,或者航程中的点都在 2 区或 3 区,或航程经欧亚大陆飞行 2 区和 3 区间的航线。国际航协客运运价计算中为代号 EH 航线。例如:

GVA——JNB

SIN——KBL

BJS——BUD——LON

HKG——KUL——KHI——ISB——DXB——BUH

CAN——SIN/KUL——BKK——CAN(典型的新马泰游航线)

CAN——SIN——AKL——CHC——BNE——SYD——MEL——CAN(典型澳洲游路线)

3)北大西洋航线(AT)

北大西洋航线历史悠久,是连接欧洲与北美之间最重要的国际航线。北美和欧洲是世界上航空最发达的地区,欧洲的中枢机场如伦敦、巴黎、法兰克福、马德里、里斯本等和北美的主要城市相连,使北大西洋航线成为世界上最繁忙的国际航线。国际航协客运运价计算中为代号 AT 航线。由于这条航线历史悠久,飞行的航空公司多,竞争非常激烈,因此这条航线虽然经济意义和政治意义都十分重大,但却不是世界上经济效益最好的航线。例如:

LON——NYC
PAR——WAS
ZRH——NYC——RIO
NYC——LON——PAR——DXB

在国际运价计算中,按照国际航协的航线方向定义,北大西洋航线属于 AT 方向代号,具体指航协定义下的 1 区和 2 区之间的航线。以上第 3 个航程中的目的地点虽然是南美的城市,但是也符合 AT 方向的定义。在以上最后一个航程中,巴黎和迪拜之间虽然飞行的是欧亚大陆,但由于迪拜也是 2 区中的城市,所以整个航程仍符合 1 区和 2 区间旅行的航程,它在国际运价计算中,航程方向代号也为 AT。

4)南大西洋航线

相对北大西洋航线而言,南大西洋航线开辟时间较晚,它是指航程经过南部大西洋的航线。在国际航协的定义中它属于 SA 航线。具体指航线在南大西洋地区和东南亚间,经过大西洋和中非、南非、印度洋岛屿、或直飞的航线。例如:

RIO——HKG(航线直飞,但飞越约翰内斯堡)
SIN——MRU——JNB——SAO

随着南美旅游和经济的开发,南美地区的门户城市和目的地城市越来越多,传统经北美到南美的航线已经不能满足需要,南大西洋航线正是应市场需要开辟的航线。值得注意的是,这条航线是经印度洋和大西洋南部的航线,并没有经过欧亚大陆。

5)北太平洋航线(PA)

北太平洋航线是连接北美和亚洲之间的重要航线。它穿越浩瀚的太平洋以及北美大陆,是世界上最长的航空线。国际航协客运运价计算中为代号 PA 航线。

这条中枢航线通常以亚洲的东京、首尔、香港、北京、广州等城市集散亚洲各地的客货,以北美的温哥华、洛杉矶、旧金山、芝加哥、西雅图等城市集散美洲大陆的客货。如国内的旅客选择乘坐南航或国航、东航的航班去北美或南美地区,一般在广州或北京、上海出发直飞洛杉矶、纽约、旧金山、温哥华。如果旅客选择国泰、美西南、美 AA、美 UA 等航空公司的航班,很多中转到亚洲的东京、香港、首尔、新加坡等地再直飞北太平洋航线。外国航空公司在北美地区直飞的目的地点相对更丰富些,如芝加哥、迈阿密、亚特兰大、华盛顿等城市。目前国内航空公司在北美地区只有四个直飞的口岸城市目的地点,但通过共享航班旅客也可以到达美国中部或东部的很多城市。

从东南亚出发的航班经北太平洋航线通常直飞美国西岸门户城市,如果目的地为美国东岸的门户城市,则通常选择安克雷奇、圣何塞以及西岸的一些机场中转。如果目的地在南美,则这些北太平洋航线北美目的地通常选择奥兰多、坦帕、劳德代尔堡、迈阿密和圣胡安等中转。

美国很多城市的中转能力都非常强,能有效地集中和分散其周边航线的客货运输。不少航空公司推出"SPA"或"PASS"联运运价吸引客货源,其运价制订成本上主要覆盖跨北太平洋的成本和利润,其他的联运航线只收取极少甚至忽略其运输成本。由此可见,这条越洋运输的利润是相当可观的。不少美国的航空公司甚至宣称在如此众多的经营航线中,真正营利的只有北太平洋航线。

这条航线航程非常长,航空公司一般选择具有越洋飞行能力的波音公司B747、B777或空中客车公司的A330、A340飞行。在飞行路线上一些航空公司选择直飞,不选择直飞的航空公司一般选择太平洋上的火奴鲁鲁或北部安克雷奇等城市中继飞行。

6)南太平洋航线

按照国际航协的规则,南太平洋航线是连接南美和西南太平洋地区经过北美的航线,但航线不经过北部和中部太平洋。国际航协客运运价计算中为代号PN航线。例如:

SYD—LAX—MEX—SCL

SYD—MIA—BUE

SCL—LAX—AKL

这些航线中的城市大都具有典型的自然风光,是目前推崇的生态旅游的新开辟航线。

7)俄罗斯航线

俄罗斯航线是指俄罗斯欧洲部分和三区之间的旅行,在俄罗斯和日本/韩国间有一段不经停航线。例如:

MOW——TYO

HKG—SEL—MOW—LED

8)西伯利亚航线

指2区和3区之间的航线,在欧洲和日本/韩国之间有一段不经停航线。例如:

STO—TYO

BKK—TYO—FRA

HKG—SEL—MOW—LCA

MOW—PAR—OSA

9)远东航线

指俄罗斯欧洲部分/乌克兰和3区之间的旅行,在俄罗斯欧洲部分/乌克兰与3区之间(不包括日本/韩国)有不经停的航线。以上三种航线也称为欧亚航线。它是连接欧洲和远东的航线。例如:

MOW—SIN

IEV—MOW—BJS—TY0

10)北极航线或南极航线

北极航线或南极航线也称极地航线,是穿越北极上空的重要航线,用于连接北美和欧洲、亚洲的城市。欧洲与北美之间的跨极地飞行早在20世纪20年代就已拉开序幕,商业飞行历史已超过40年。北极航路飞行条件比较复杂,需要考虑多方面因素,如航路备降机场的选定、备降救援计划、防止燃油结冰的措施和燃油温度监控、导航、通信的特点、太阳耀斑影响、机载设备的考虑、航空公司机组签派、机务等人员的培训、区域运行批准对验证飞行的要求等。

2001年2月1日,北极航路正式开通,标志着从北美东海岸到亚洲之间空运市场的发展迈出了重要的一步。

2001年7月15日,南航北极航路验证飞行成功。中国南方航空公司的大型B777型2055号飞机在纽约起飞,往北飞过美国和加拿大领空,经过北极区域,再飞过俄罗斯和蒙古的新航路,经过14h的飞行到达北京。2001年8月16日至19日,中国国际航空公司使用B747—400型飞机跨越北极,圆满完成了北京至纽约极地飞行验证任务。

新极地航线穿越北极地区,将北美洲与亚洲城市连接起来。例如,纽约—香港,传统航线的飞行距离是47900海里(14639km)以上,超出了现役喷气机的正常航程范围。但极地航线使航程缩短了350英里(可能会受风速的影响而变化),使B747-400、B777-200ER(延程型)等现役飞机都可以直飞目的地。

传统东南亚与美国东岸城市的连接,需要中转停留。如原北京至纽约的航线,选择安克雷奇或旧金山转机,全程时间长达17h。国航开通的北极航线,北京至纽约,纽约至北京,单程仅需13h,比过去减少了超过3h的飞行时间。由于北京至纽约航线是直飞,免除了过去中途经停的诸多不便,减轻了旅客旅途的劳顿,给人以一登飞机,就将要到家的感觉。北极上空气流平缓,颠簸较少,也提高了旅客乘机的舒适度。另外,这条航线飞机较少,不存在其他航路空中通道拥挤的状况,同时也为航空公司节省了燃油,降低了飞行成本。

极地航线为执飞国际航班的航空公司提供了比以前更多的直飞航路选择。与传统航线相比,极地航线不仅在缩短航程时间和减少油耗方面更具优势,而且为开通新的直飞航班提供了可能。例如:

TYO—ANC—LON HKG—NYC

TYO—ANC—STO PEK—NYC

11)环球航线(AP)

环球航线是指航线中经过太平洋和大西洋两大水域,以东向或西向绕地球旅行。一些航空公司联盟推出环球旅行优惠价格,让人们在出行方面更加方便。

5.3 机场(航空港)

民用航空运输系统由飞机(运力)、航线和机场三部分组成,其中机场是航空运输系统的一个重要组成部分,而在国家机场系统中的每一个机场本身也是一个复杂的系统。

机场是世界运输网络中的重要环节,在今天迅猛发展的全球经济中扮演越来越重要的角色,对现代社会的进步有着相当大的贡献。机场同航空公司一样,都是航空运输成功与发展的必要组成部分。作为航线基础设施的提供者,机场为所在地区提供了谋求发展的真正通道。

机场行业属于资金密集型交通基建行业,是国家交通体系中的重要组成部分,机场是航空运输系统的一个组成部分,是民航一切活动的中心,是民航系统结构最复杂的子系统。各国家根据自己国家的经济结构、地理位置和相关政策来设计自己的机场系统。各国的运力、运量、航线、增长率不同,地理位置不同,经济政策不同,所构成的机场系统也不同。从当今世界各国机场的布局和建设来看,其数量的多少、规模的大小、功能的设置、布局的方式等,除与一个国家或地区的经济社会发展水平相适应外,还与这个国家或地区的地域面积、地理特征等有很大关系。究其共同特点,是在一定区域内都有一个或两个规模较大、功能较完善、起骨架作用的重点城市机场。

每一个机场作为国家机场系统的一部分,本身也是一个系统。该系统由若干个子系统构成,如跑道和滑行道系统,机坪、航站楼,地面运输系统和辅助设施系统等。每一个子系统的规划布局都会影响着机场的正常功能的发挥,从而也制约了航空运输的发展。

5.3.1 机场(航空港)的概念

与一般机场相比,那些规模较大、设施更为完善的大型机场一般称为航空港。机场是一个内部联系紧密的三维空间系统,是航空运输的重要设施,是飞机起降、停驻、维护的场所。机场内各个子系统之间有着紧密的联系,形成一个不可分割的整体。因此,一般机场的占地面积多在500万平方千米以上,大型航空港在1000万平方千米~4000万平方千米之间。

机场的演变过程反映着民航事业的发展过程。场道使用面积和各种飞行保障设施决定使用飞机的大小、运载重量和飞行速度;净空标准和场道范围影响飞行安全。机场一般根据跑道的长度和机场范围以及相应的技术设施等来划分等级,跑道结构是主要依据。机场的等级不同,可起降的飞机机型不一样,承载能力也就不同。机场根据执行任务性质,可分为运输机场和通用机场。运输机场主要用来营运客货,通用机场多为工农业或其他小型飞机季节性和临时使用,必要时运输机场可替代通用机场。

1. 机场及其分类

国际民航组织将机场定义为:供航空器起飞、降落和地面活动而划定的地域或水域,包括域内的各种建筑物和设备装置。

机场可分为军用机场和民用机场,民用机场主要分为运输机场和通用航空机场,此外,还有供飞行培训、飞机研制试飞、航空俱乐部等使用的机场。运输机场的规模较大,功能较全,使用较频繁,知名度也较大。通用机场主要供专业飞行之用,使用场地较小,因此,一般规模较小,功能单一,对场地的要求不高,设备也相对简陋。

运输机场分为国际机场和国内机场。

国际机场:为国际航班出入境而指定的机场,它须有办理海关、移民、公共健康、动植物检疫和类似程序手续的机构。

国内机场:供国内航班使用的机场。我国的国内机场又分为干线机场和支线机场。其中,干线机场指省会、自治区首府及重要旅游、开发城市的机场;支线机场,又称地方航线机场,指各省、自治区内地面交通不便的地方所建的机场,其规模通常较小。

有一些机场还可根据其作用和地位分为门户机场和地区机场。其中,门户机场指国际航班第一个抵达和最后一个始发地的国际机场;地区机场指经营短程航线的中小城市机场。

根据机场的衔接程度分为枢纽机场和非枢纽机场。

另外,大多数机场除了作为主降机场外,还要承担备降的作用,即备降(用)机场,指由于技术等原因预定降落变得不可能或不可取的情况下,飞机可以前往的另一机场。

2. 枢纽机场及其分类

机场是航空运输的重要基础设施,机场的发展是伴随着飞机与辅助设备的发展以及航空运输企业经营方式(特别是航空公司的航线网络)的转变等而得到不断发展。在航空运输的早期,由于飞机的飞行速度、飞行高度以及飞机载重等原因以及国家对航空运输的严格管制,航空运输企业普遍采用的是城市对的航线结构,因而,不存在枢纽机场和非枢纽机场的概念之分。随着社会经济的发展以及航空工业的发展,飞机的性能得到了极大的提高,各种先进的航空导航系统、空中交通管制系统、自动着陆系统、计算机信息管理系统等相继出现并得到广泛应用,从而显著地提高了航空运输飞行的安全性和经济性以及航空运输企业运营管理的信息化与智能化。航空运输的四大特点,即快捷、经济、舒适和安全得到了充分体现,从而使航空需求迅速增长,航空市场的竞争加剧。而各航空公司出于航空市场竞争的需要以及提高经济效益等因素的考虑,对其所采用的航线结构进行了改造与调整,采用所谓的"中枢辐射式"航线结构来代替传统的"城市对"的航线结构,从而形成了枢纽机场的概念。

所谓枢纽机场,从功能上来看,是指那些能够在较短时间内将来自世界各地不同地方的客货源通过机场内航班调配分拨后运输至其最终目的地的机场。这些机场在作为起始地或目的地机场的同时,也成为了来自其他不同起始地和飞向其他不同目的地航班的中转中心。相对其他一般机场而言,枢纽机场具有空运区位优越、空运业务繁忙、容量大和中转功能强等特点。

国际民间航空组织(ICAO)、国际航空运输协会(IATA)、国际机场协会(ACI)等并没有关于机场分类的标准和权威性解释,因此根据不同分析方式会有不同分类。

1) 按机场规模划分

举例来说,美国联邦航空管理局(Federal Aviation Administration)主要按照机场客运量大小来衡量枢纽机场的规模,并据此将其机场分为四类,即大型枢纽机场、中型枢纽机场、小型枢纽机场以及非枢纽机场。见表5.3。

表5.3 美国机场分类

机场类型		客运量/万人次	在美国的数量	2000年占全美客运量的比重
枢纽机场	大型枢纽机场	>700	32	70%
	中型枢纽机场	175~700	37	19%
	小型枢纽机场	35~175	74	8%
非枢纽机场		<35	280	3%

2) 按枢纽机场的航线网络结构特征划分

世界众多枢纽机场主要存在两种类型的枢纽—辐轮式的航线网络结构:"沙漏型/方向型"和"腹地型(内陆型)"。

"沙漏型/方向型"航线网络结构是指机场集中了经过其所在地区的所有航线,成为连接两个地区之间航线的集中点,这种航线网络整合了原先由各城市对组成的航线使其能够在枢纽机场进行统一的分拨,从而在一定程度上可以避免迂回飞行并有利于地区之间航线结构的优化。新加坡的樟宜机场(连接澳洲和欧洲)就是具有"沙漏型"航线网络的世界枢纽机场。

"腹地型"航线网络结构是指通过航空或者其他运输方式把一些短距离的支线和长距离的干线连接起来,其中短距离的支线是指机场周边腹地区域内的客运或货运路线,这种线路结构也是较为普遍的一种航线布局。香港新机场就是具有"腹地型"航线网络的世界枢纽机场。

3) 根据枢纽机场各自经济地理位置划分

在经济地理位置方面,一般会有这样两种情况:一种是机场所在地区享有较强的腹地航空需求,机场腹地区域内的人口密度及人均 GDP 较高,辐射区域内的进出口贸易和相关制造业较为发达,其客货运量中相当一部分是来自机场腹地内的运输需求;另一种是机场地理位置较特殊但其本地需求并不强,机场当地源头性运输需求不多(如客货运量相对较少,进出口贸易也不发达),但是由于机场所处地理位置特殊,例如机场处于长距离航线的中间停靠点或者接近一些经济发达地区,因此机场的货运量主要是经由机场中转前往其他地方的中转货物组成。

4) 根据机场内航空公司格局划分

主要可以有这样两种情况:一种是机场拥有大型基地航空公司,其占机场航空客货运量的比重较大。基地航空公司把机场作为其枢纽—轮辐网络的中心点,同时通过机场周边公路网络的衔接来提供多式联运服务,形成强大的航线运输网络。另一种情况是机场内并没有一家主宰性的大型航空公司,机场作为多家航空公司的共同枢纽基地,形成一种多家竞争的格局。

经过对世界一些大型枢纽机场的分析,我们把枢纽机场相对应地分为这样四类:

第一类枢纽机场,其腹地航空需求较强并且拥有 1 家~2 家大型基地航空公司。

第二类枢纽机场,其腹地航空需求较强,但机场内形成多家航空公司竞争的局面,例如香港机场。

第三类枢纽机场所处,地理位置特殊但其本地需求不强,此外其拥有大型基地航空公司,例如联邦快递(FedEx)的孟菲斯机场,本地航空需求并不十分旺盛,主要依赖其各自的基地航空公司 FedEx 和联合包裹(UPS)所带来的中转货运量。

第四类枢纽机场所处地理位置特殊,本地需求不强,其机场内航空公司格局也是多家竞争的局面,例如安克雷奇机场作为许多航空公司北美—亚洲航线的中转机场。后两类亚洲比较少见。

5.3.2 机场的功能

1. 机场组成

机场是供飞机起飞、着陆、停驻、维护、补充营养及组织飞行保障活动所用的场所。为实现地面交通和空中交通的转接,可将机场分为空侧(airside)和陆侧(landside)两部分。空侧(又称对空面或向空面)是受机场当局控制的区域,包括飞行区、站坪及相邻地区和建筑物,进入该区域是受控制的。陆侧是为航空运输提供各种服务的区域,是公众能自由进出的场所和建筑物。

机场作为一个系统,也可以分为空域和地域两部分。其中,空域为航站区空域,供进出机场的飞机起飞和降落。而地域由飞行区、航站区和进出机场的地面交通三部分组成(图 5.8)。

1) 飞行区

飞行区是机场内用于飞机起飞、着陆和滑行的区域,通常还包括用于飞机起降的空域。飞行区由跑道、滑行道和停机坪构成。相应设施有目视助航设施、通信导航设施、空中交通管制设施以及航空气象设施。

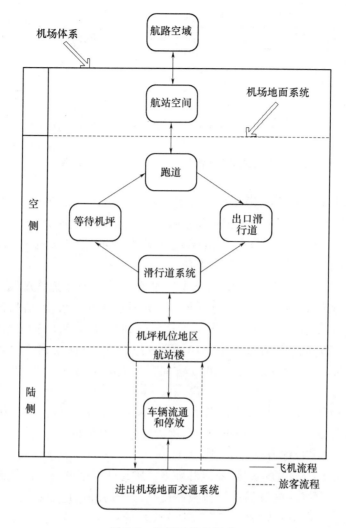

图 5.8 机场系统的组成

（1）跑道。跑道是一个机场的重要组成部分。它决定了机场的等级标准，跑道及其相关设施的修建、标识等是有严格规定的。跑道的性能及相应的设施决定了什么等级的飞机可以使用这个机场，机场按这种能力分类，称为飞行区等级。

飞行区等级用两个部分组成的编码来表示，第一部分是数字，表示飞机性能所相应的跑道性能和障碍物的限制。第二部分是字母，表示飞机的尺寸所要求的跑道和滑行道的宽度，因而对于跑道来说飞行区等级的第一个数字表示所需要的飞行场地长度，第二位字母表示相应飞机的最大翼展和最大轮距宽度，它们相应数据见表5.4。

表 5.4 飞行区等级

第一位 数字①		第二位 字母②		
数字	飞行场地长度	字母	翼展	轮距
1	小于800m	A	小于5m	小于4.5m
2	800m～1200m	B	5m～24m	4.5m～6m

(续)

第一位 数字①		第二位 字母②		
3	1200m~1800m	C	24m~36m	6m~9m
4	1800m 以上	D	36m~52m	9m~14m
		E	52m~60m	9m~14m

注:(1) 飞机基准飞行长度是指标准条件下,即标高为0、气温15℃、无风、跑道无坡的情况下,该机型最大质量起飞时所需的平衡场地长度。
(2) 第二要素的代号,选用翼展和主要起落架外轮外侧间距两者中要求高的数字

目前,我国大部分开放机场飞行区等级均在 4D 以上,厦门高崎、福州长乐、北京首都、沈阳桃仙、大连周水子、上海虹桥、上海浦东、南京禄口、杭州萧山、广州白云、深圳宝安、武汉天河、三亚凤凰、重庆江北、成都双流、昆明巫家坝、拉萨贡嘎、西安咸阳、乌鲁木齐地窝铺等机场拥有目前最高飞行区等级 4E。

跑道的基本参数有方向和跑道号、基本尺寸、跑道道面和跑道强度四个。

① 方向和跑道号。主跑道的方向一般和当地的主风向一致,跑道号按照跑道中心线的磁方向以 10° 为单位,四舍五入用两位数表示。以台北桃园中正机场为例,磁方向为 233° 的跑道号为 23,跑道号以大号字标在跑道的进近端,而这条跑道的另一端的磁方向为 53°,跑道号为 05,因此一条跑道的两个方向有两个编号,磁方向二者相差 180°,跑道号相差 18。

另外,如果机场有两条平行跑道则用左和右区分。如台北桃园中正机场编号则分别为 5L,5R(5 号左、5 号右),有三条时,中间跑道编号加上字母 C。为了防止误会,如果机场有两条或更多条平行跑道时可取相邻编号。

② 基本尺寸。指跑道的长度、宽度和坡度。跑道的长度取决于所能允许使用的最大飞机的起降距离、海拔高度及温度。海拔高度高,空气稀薄,地面温度高,发动机功率下降,因而都需要加长跑道。跑道的宽度取决于飞机的翼展和主起落架的轮距,一般不超过 60m。一般来说,跑道是没有纵向坡度的,但在有些情况下可以有 3° 以下的坡度,在使用有坡度的跑道时,要考虑对性能的影响。

③ 跑道道面。跑道道面分为刚性和非刚性道面。刚性道面由混凝土筑成,能把飞机的载荷承担在较大面积上,承载能力强,在一般中型以上机场都使用刚性道面。国内几乎所有民用机场跑道均属此类。跑道道面要求有一定的摩擦力。为此,在混凝土道面一定距离要开出 5cm 左右的槽,并定期(6 年~8 年)打磨,以保持飞机在跑道积水时不会打滑,当然,有一种方法,就是在刚性道面上加盖高性能多孔摩擦系数高的沥青,即可减少飞机在落地时的震动,又能保证有一定的摩擦力。国内近期新建、扩建的少量机场如厦门、上海浦东机场为此类型跑道。非刚性道面有草坪、碎石、沥青等各类道面,这类道面只能抗压不能抗弯,因而承载能力小,只能用于中小型飞机起降的机场。

④ 跑道强度。对于起飞重量超过 5700kg 的飞机,为了准确地表示飞机轮胎对地面压强和跑道强度之间的关系,国际民航组织规定使用飞机等级序号(AirCraft Classfication Number,ACN)和道面等级序号(Pavement Classification Number,PCN)方法来决定该型飞机是否可以在指定的跑道上起降。

PCN 数是由道面的性质,道面基础的承载强度经技术评估而得出的,每条跑道都有一个 PCN 值。ACN 数则是由飞机的实际重量,起落架轮胎的内压力,轮胎与地面接触的面积以及主起落架机轮间距等参数由飞机制造厂计算得出的。ACN 数和飞机的总重只有间接的关系,如 B747 飞机由于主起落架有 16 个机轮承重,它的 ACN 数为 55,B707 的 ACN 数为 49,而它的总重只有 B747 的 2/5,两者 ACN 却相差不大。

使用这个方法计算时,当 ACN 值小于 PCN 值,这类型的飞机可以无限制地使用这条跑道。在一些特殊情况下,ACN 值可以在大于 PCN 值 5% 至 10% 以下时使用这一跑道,但这会带来跑道使用寿命的缩短。

跑道附属区域包括跑道道肩、跑道安全带、侧安全带、道端安全地带等(图 5.9)。

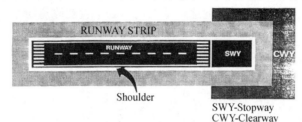

RUNWAY STRIP—跑道;SHOULDER—道肩;SWY—停止道;CWY—净空道。

图 5.9 跑道的附属区域

跑道道肩 SHOULDER:是在跑道纵向侧边和相接的土地之间有一段隔离的地段,这样可以在飞机因测风偏离跑道中心线时,不致引起损害。此外大型飞机很多采用翼吊布局的发动机,外侧的发动机在飞机运动时有可能伸出跑道,这时发动机的喷气会吹起地面的泥土或砂石,使发动机受损,有了道肩会减少这类事故。有的机场在道肩之外还要放置水泥制的防灼块,防止发动机的喷气流冲击土壤。跑道道肩一般每侧宽度为 1.5m,道肩的路面要有足够强度,以备在出现事故时,使飞机不致遭受结构性损坏。

跑道安全带:跑道安全带的作用是在跑道的四周划出一定的区域来保障飞机在意外情况下冲出跑道时的安全,分为侧安全带和道端安全带:

侧安全地带 RUNWAY STRIP:是由跑道中心线向外延伸一定距离的区域,对于大型机场这个距离应不小于 150m,在这个区域内要求地面平坦,不允许有任何障碍物。在紧急情况下,可允许起落架无法放下的飞机在此地带实施硬着陆。

道端安全地带:是由跑道端至少向外延伸 60m 的区域,建立道端安全地带的目的是为了减少由于起飞和降落时冲出跑道的危险。

在道端安全地带中有的跑道还有安全停止道,简称安全道 SWY。安全道的宽度不小于跑道,一般和跑道等宽,它由跑道端延伸,它的长度视机场的需要而定,它的强度要足以支持飞机中止起飞时的重量。

(2)滑行道。滑行道是陆地机场上划定的通道,供航空器滑行并使机场的某一区域与其他区域之间相连。

滑行道的作用是连接飞行区各个部分的飞机运行通路,它包括航空器停放滑行道、停机坪滑行道和快速脱离滑行道。

航空器停放滑行道是停机坪的一部分,指定作为航空器滑行至停机位置的滑行通道。

停机坪滑行道是指设在停机坪内的、滑行道系统的一部分,供航空器在停机坪上滑行的滑行路线。

快速脱离滑行道是一条与跑道相连接成一个锐角的滑行道,并且在设计上允许着陆飞机用比在其他滑行道上较高的速度转弯脱离跑道,从而把占用跑道的时间减小到最低限度。它从机坪开始连接跑道两端,在交通繁忙的跑道中段设有一个或几个跑道出口和滑行道相连,以便降落的飞机迅速离开跑道,也叫做联络道。

滑行道的宽度由使用机场最大的飞机的轮距宽度决定,要保证飞机在滑行道中心线上滑行时,它的主起落轮的外侧距滑行道边线不少于1.5m～4.5m。在滑行道转弯处,它的宽度要根据飞机的性能适当加宽。

滑行道的强度要和配套使用的跑道强度相等或更高,因为在滑行道上飞机运行密度通常要高于跑道,飞机的总重量和低速运动时的压强也会比跑道所承受的略高。

滑行道在和跑道端的接口附近有等待区,地面上有标志线标出,这个区域是为了飞机在进入跑道前等待许可指令。等待区与跑道端线保持一定的距离,以防止等待飞机的任何部分进入跑道,成为运行的障碍物或产生无线电干扰。

(3) 停机坪。停机坪是在陆地机场上一块划定的场地,以供航空器上下旅客、装卸邮件或货物、加油、停放或维修之用。

2) 航站区

航站区是飞行区与机场其他部分的交接部,地处机场的核心位置,是机场的主要功能区,航站区的规划和航站楼的概念设计是整个机场规划设计成功的关键。它由三个主要部分组成:

(1) 地面交通出入航站楼的交接面——包括公共交通的站台、停车场、供车辆和行人流通的道路设施。

(2) 航站楼——用于办理旅客和行李从地面出入交接面到飞机交接面之间的各项事务。

(3) 飞机交接面——航站楼与停放飞机的连接部分,供旅客和行李上下飞机。

3) 进出机场的地面交通系统

通常是公路,也包括铁路、地铁(或轻轨)和水运码头等。其功能是把机场和附近城市连接起来,将旅客和货邮及时运进或运出航站楼。进出机场的地面交通系统的状况直接影响空运业务。

机场的其他设施还包括供油设施、应急救援设施、动力与电信系统、环保设施、旅客服务设施、保安设施、货运区及航空公司区等。

2. 机场功能

机场是民用航空航线网络的节点,枢纽机场、干线机场、支线机场共同构成一个完整的机场网络,即国家机场系统。机场建设是网的概念,而不是点的概念,机场规模的大小,与航线网络密切相关,与周边机场密切相关,机场建设要注意发挥区域性机场网络和航线网络的整体效益。

枢纽机场是国家空运航线网结构的中心,也是航空公司实现战略经营的基础。一个功能完备的枢纽机场可以带动整个地区支线机场的发展,进而促进机场地区经济繁荣。在我国,按照机场在不同地区地位、作用和功能,把有限的资金合理地投入枢纽机场和支线机场建设中,有利于减少建设成本,优化资源配备。同时,枢纽机场由于有大量的旅客和货物在此中转,给机场带来更多的商业机会,为机场提高经济效益创造了条件。一般说来,机场必须要具备以下的功能。

(1) 让飞机安全、确实、迅速起飞的能力。
(2) 安全确实地载运旅客、货物的能力,同时对于旅客的照顾也要求要有舒适性。
(3) 对飞机维护和补给的能力。
(4) 让旅客、货物顺利抵达附近城市市中心(或是由都市中心抵达机场)的能力。
(5) 国际机场的话,则必须要有出入境管理、通关和检疫(CIQ)相关的业务。

5.3.3 机场的经营管理模式

世界上大型机场经营管理模式主要有四种:

(1) 中央或地方政府所有并组织专门机构进行管理和组织运营。世界上大多数的机场都由联邦、地区或本地政府拥有,然后交由私人机构监管整个运作。例如,英国的 BAA plc 正管理七间在英国里的商业机场和一些在英国以外的机场。德国的法兰克福国际机场则为 Fraport AG 所管理。在我国,除了北京首都国际机场和西藏拉萨的贡嘎机场属于中央政府直接管理外,其他所有机场都属于地方政府管理,这种管理模式也叫机场属地化。

以美国为例。在美国,很多机场是直接由政府或政府成立的机场管理局营运。除了印第安纳波利斯国际机场和纽约 Hudson Valley 的 Stewart International Airport,印第安纳波利斯国际机场是印第安纳波利斯市所拥有,租了给 BAA plc 的附属公司 BAA Indianapolis, Inc. 管理,而 Stewart International Airport 则完全由私人公司营运。Stewart International Airport 是美国首间私人商业机场,向纽约州运输当局租了 99 年的营运权。

其管理模式如图 5.10 所示。

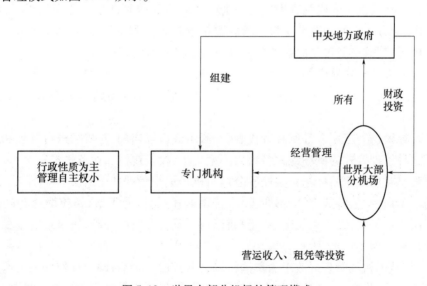

图 5.10 世界大部分机场的管理模式

这类机场的所有权(或股权)划分也不尽一致。有的归中央政府所有,有的归中央政府和地方政府共有,有的仅属地方政府所有。并由相应的所有者组建或共同组建行政色彩浓厚的机场管理局(委员会)负责机场日常管理和运营。

（2）组织半政府、半市场性质的机场管理局(或称空港委员会、空港公团、机场管理公司等)对机场进行管理和组织经营。其管理模式如图5.11所示。

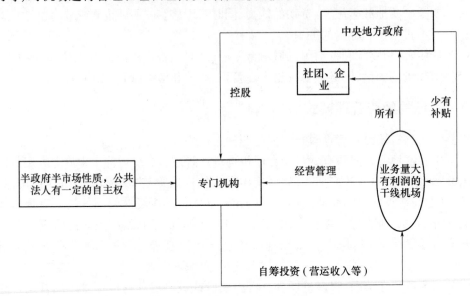

图5.11 半政府、半市场性质的机场管理局管理机场的模式

这种模式是20世纪60年代以后逐步发展起来的。迄今为止，实行这种管理模式的机场仅限于一些业务量大、收入多、能获得利润的国际和国内主干线机场。如美国的纽约—新泽西地区的三个大型机场等。

根据这种模式组建的机场管理局是一个介于政府和盈利性企业之间的组织，属于公共法人性质，拥有一定的经营自主权。其职责是通过企业和市场途径，而非行政途径，管理和发展机场，与航空公司建立业务关系，确保机场安全运营等。

采用这种管理模式的机场产权结构与第一种模式下的机场相类似。其股权主要为各级政府所有，即各级政府对机场实行控股，其中有极少数机场的部分股权为社会团体所有。

（3）由社团、企业、私人等所有者代表、专家组成机场当局，对机场进行管理和运营。属于这种管理模式的机场绝大多数为小型机场，投资规模和业务量都很小。

（4）私有化后改组的机场公共控股公司对机场进行管理和运营。

英国的希斯罗、盖特威克、斯坦斯塔德、普雷斯托威克、爱丁堡、格拉斯哥和阿伯丁等七大机场由于业务量大，收入稳定，每年都有盈利，不需要政府补贴，所以进行了私有化运作。其管理模式如图5.12所示。

1987年英国机场管理局改组为英国机场公共控股公司后，政府保留的权力有：

① 控股公司设立一个"金股"，由运输部掌握，行使法规审批和股权转移控制权；

② 每隔5年，由垄断与企业合并委员会对机场公共控股公司及其子公司的经营情况进行一次审查，并就违反公众利益的行为向英国民航局提出建议，同时对以后5年的机场收费标准提出建议。

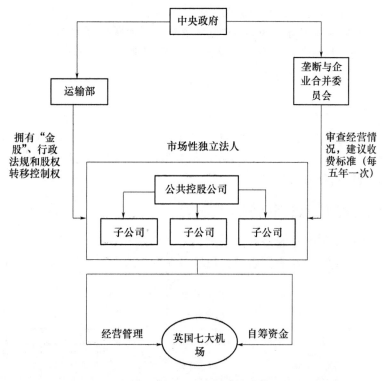

图 5.12 英国七大机场的管理模式

私有化后,机场公共控股公司通过盈利性企业的途径,每个机场各组建一个子公司,负责七个机场的经营管理。七大机场的再投资也由公共控股公司自己筹措,政府不给补贴,但可以向控股单位申请补贴。

5.4 航空公司

5.4.1 航空公司的概念及其分类

1. 定义

航空公司也被称为航空运输承运人,是以各种航空飞行器为运输工具,以空中运输的方式运载人员或货物的企业。

2. 分类

航空公司可以按多种方式分类。

(1) 按飞行范围,分为国际航空公司、国内航空公司。

国际航空公司:主要经营一国以上航线以及国内航班的承运人。

国内航空公司:获准基本上全部从事本国国内航线经营的承运人。

(2) 按运输的种类,分为客运航空公司、货运航空公司。

客运航空公司:主要涉及用飞机运送旅客的承运人。

货运航空公司:主要涉及用飞机运送货物、邮件的承运人。

(3) 按工作时间分,如定期、不定期、包机。

定期航空公司:主要从事定期航班,也可以经营不定期航班的承运人。

不定期航空公司:主要从事不定期航班、不经营定期航班的承运人。

包机承运人:只经营包机航班的不定期航空公司。

(4) 其他分类。

国家航空公司:由国家出资设立或经营的航空公司,一般普遍都会在该公司的机体明显处,漆上代表该国的国旗。如中国国际航空公司、新加坡航空、泰国国际航空。

低成本航空公司:一家与同类企业相比具有低成本结构并提供较低票价或货运价的航空公司。如最早的美国西南航空公司。

5.4.2　航空公司运行管理结构及其职能

本节以我国原上海航空股份有限公司(该公司现已与东方航空公司重组,改名为上海航空有限公司)为例,介绍我国航空公司的基本组织结构及其职能。如图5.13所示。

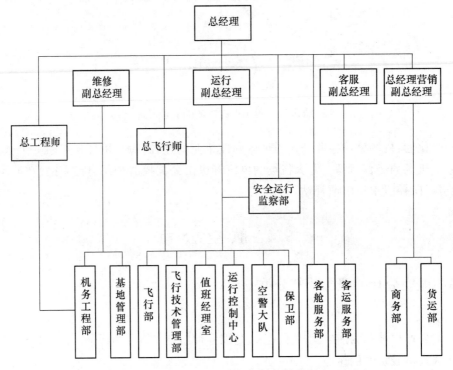

图 5.13　原上海航空股份有限公司组织结构图(2007年)

根据中国民用航空局在2005年2月25日第二次修订的《大型飞机公共航空运输承运人运行合格审定规则》,航空公司要拥有能够有效控制和监督其整个运行的管理机构,并拥有足够的合格管理人员和技术人员,以保证在其运行中保持最高的安全水平;应当建立监督检查系统,设立由飞行、维修、签派等专业人员组成的向总经理负责的运行监管机构,负责协调各业务部门有关运行的事项。同时,《审定规则》规定,航空公司必须设置运行副总经理、维修工程副总经理、总飞行师、总工程师。

1. 航空公司主要管理人员职责

1）总经理

（1）根据董事会授权，依据公司经营发展的需要，对飞行运行业务建设的重大事宜实施决策与批准。

（2）对公司飞行运行的安全、质量及合法负责。

（3）监督、指导运行副总经理、维修副总经理、总飞行师、总工程师正确履行职责。

2）运行副总经理

（1）根据公司总经理授权，负责对飞机运行政策的制定和实施，使之符合CCAR121的要求，向公司总经理负责。

（2）负责公司飞行运行的有效管理与控制，监督、指导总飞行师、运控中心总经理、飞行部总经理、保卫部总经理、公司值班经理、空警大队大队长正确履行职责，并协调各负责人之间的工作关系。

（3）对公司实施各类飞行的安全及与运行管理规章、公司政策和《运行规范》的持续符合性负责。

（4）根据公司总经理的授权，对公司飞行运行管理和作业等相关事宜，实施决策和批准，主持安全运行监察委员会会议。

（5）在公司总经理的领导或者授权下，有效地执行应急反应计划。

3）维修副总经理

（1）根据公司总经理授权，负责公司飞机维修的管理，使之持续符合CCAR121部的要求，向公司总经理负责。

（2）根据公司总体发展战略，组织制定维修建设规划，为公司航空运输提供维修资源保障。

（3）负责组织优化资源配置，合理降低维修成本。

（4）负责组织公司购置，租赁飞机的技术评审工作。

（5）协调机务工程部与公司其他部门的关系，确保维修工作正常开展。

（6）协调机务工程部与适航管理部门的关系，确保营运航空器满足适航要求。

（7）监督、指导机务工程部总经理正确履行职责。

（8）完成公司总经理交代的其他工作。

4）客户服务副总经理

（1）根据公司总经理授权，负责对公司旅客运输、地面服务政策的制定和实施，使之符合CCAR121部的要求，向公司总经理负责。

（2）对公司的旅客运输、地面服务实施有效管理与控制，监督、指导客运部总经理正确履行职责。

（3）协调、指导商务部、货运部、客舱部与客户服务有关的业务。

5）营销副总经理

（1）根据公司总经理授权，负责对旅客、货物营销政策的制定和实施，使之符合CCAR121部的要求，向公司总经理负责。

（2）监督、指导商务部总经理、货运部总经理正确履行职责，协调运营部门间的工作关系。

（3）对公司运营作业等相关事宜实施决策和批准。

6）总飞行师

（1）在运行副总经理的领导下，负责飞行人员训练、飞行技术管理，使之符合CCAR121.43(3)的要求。

（2）负责对公司新机型、系统、机队更新/升级的技术和飞行性能评估工作，并将评估结果报告运行副总经理。

（3）监督、指导飞行管理部门、飞行部门正确履行飞行人员训练和飞行技术管理的职责。

（4）负责主持公司飞行技术评审委员会会议，对飞行运行中的重大技术问题组织研讨，向运行副总经理提供飞行技术评估工作报告。

7）总工程师

（1）在公司总经理或其授权人员的领导下，负责飞机维修质量管理，使之持续符合CCAR121部的要求。

（2）负责组织建立公司维修系统的质量体系，发布质量管理政策。

（3）负责指导公司维修系统的质量部门，确保公司维修系统的质量体系符合适航规章要求。

（4）协助公司维修副总经理协调维修系统与政府部门、同行业其他公司的关系。

2. 航空公司运行部门职责

1）安全运行部门

（1）负责制定和实施安全运行管理工作方针、政策、标准和程序，并保持与中国民用航空规章的一致性，在安全监察责任上，向公司总经理负责。

（2）组织编写《运行手册》和其他相关文件，办理运行合格审定有关事宜。

（3）负责《运行手册》的下发、更改、报批，保持其有效性，并监督手册的贯彻执行。

（4）负责与局方联系协调有关安全运行的事宜，保存和管理公司"运行合格证"和《运行规范》，并能随时接受局方的检查。

（5）负责应当保存的每种记录、文件、报告的人员姓名，地址的现行清单，以便向局方提供这些资料。

（6）组织建立公司安全运行管理体系、安全控制要素，贯彻落实上级安全工作的方针、政策和规章。

（7）负责承担协调各运行部门有关运行的事项，组织安全运行部正常事件的调查和处理，协助局方对事故和事故征候的调查和处理。

（8）负责组织持续监督检查并落实整改。

（9）承办公司安全运行监察委员会的日常工作，落实安委会的决议。

2）飞行管理部门

（1）负责制定和实施公司飞行技术管理的方针、政策、标准和程序，并保持与中国民用航空规章的一致性，在飞行技术管理上向总飞行师负责。

（2）负责编制和修改《飞行员训练大纲》、《飞行训练管理手册》和《飞行技术管理手册》。

（3）负责引进新机型的驾驶舱布局和飞行应用的设备技术标准，以及MEL/CDL飞行运行的编制和审核,并与相关部门协调有关事宜。

(4) 负责各机型飞行技术资料的翻译、编辑、印刷、分发工作,以及机载资料的配备、更新工作。

(5) 负责制定年度飞行人员训练计划,并督促检查训练计划的实施情况。

(6) 负责制定和修改《危险品运输手册》、《危险品事故/事件应急反应指南》、《危险品训练大纲》,并指导和监督相关运行人员的培训。

(7) 负责飞行品质工作的监控与管理,对 QAR 数据进行分析,提出相应的改进意见。

(8) 承办公司飞行技术评审文员会的日常工作,审核和办理飞行人员技术资格和执照。

3) 运行控制部门

(1) 负责公司所有的飞行运行的组织协调和外部航务联系,保障飞行运行正常、有序,向公司运行副总经理负责。

(2) 负责监督、指导飞行签派员、航行情报员正确履行其职责,正确实施签派放行和运行控制。

(3) 负责监督、检查各运行部门对公司航班运行和训练飞行各项勤务保障工作。

(4) 负责组织飞行签派员、航行情报员的训练,确保其符合民航规章资质要求。

4) 飞行部门

(1) 负责组织与实施公司所有的飞行运行,严格执行各项规章制度,保证飞行安全,向公司运行副总经理负责。

(2) 负责组织与实施飞行员飞行前的各项准备工作,监督、检查飞行员准备工作质量,杜绝未达到质量要求而执行任务。

(3) 负责飞行人员业务、技术的管理,组织开展重大技术问题的研究,有针对性地加强飞行人员的训练,提高飞行人员的整体素质。

(4) 负责实施飞行人员年度训练计划。

5) 客舱服务部门

(1) 负责制定与实施公司对乘务工作方针、政策、标准与程序,并保持与中国民用航空规章的一致性,向公司总经理负责。

(2) 监督、指导乘务人员正确履行职责。

(3) 负责组织乘务人员的专业培训和技术技能培训,确保其符合民航规章资质要求。

6) 机务部门

(1) 负责公司飞机维修,确保飞机适航状态,保证飞机运行安全,同时行使维修单位责任经理的职权,向公司维修副总经理负责。

(2) 负责制定与实施公司对飞机维修方案、标准和程序,并保持其与中国民用航空规章的一致性。

(3) 为公司飞行任务提供有效的机务保障,确保公司要求的飞机利用率,保证公司飞行任务的完成。

(4) 负责与制造商协调飞机发动机和飞机仪表、电子等设备以及驾驶舱布局的技术标准,并将认证结果通告相关运行部门。

7）商务部门

（1）负责制定与实施公司对市场营销的方针、政策、规定和程序，并保持与中国民用航空规章的一致性，向公司营销副总经理负责。

（2）监督、指导下属部门和人员正确履行职责。

（3）负责航空运输市场调研，设定航线、编排航班计划，确保公司航空运输任务的完成。

（4）组织做好旅客销售服务工作，向旅客提供优质服务。

8）客运部门

（1）负责制定与实施公司对旅客运输地面服务的方针、政策、规定和程序，并保持与中国民用航空规章的一致性，向公司客户服务副总经理负责。

（2）负责机场进出港航班保障，做好不正常航班的旅客服务及处置工作。

（3）负责与所有国际国内航站的旅客服务委托和代理协议的组织签订与管理，并负责对所有航站客运业务的监控管理。

（4）负责对所有航站客运服务和安全运行质量监控管理。

9）货运部门

（1）负责制定与实施公司对市场销售、货物运输的方针、政策、规定和程序，并保持与中国民用航空规章的一致性，向公司营销副总经理负责。

（2）监督、指导下属部门和人员正确履行职责。

（3）组织好货物运输地面服务工作，向货主提供优质服务，确保公司货物运输任务的完成。

10）其他

5.4.3　航空公司运力及其分布

为了抑制航空运输发展过快的趋势，促进民航全面协调可持续发展，民航总局决定加强行业宏观调控、防止过快发展，并下发了《民航总局关于调控航班总量、航空运输市场准入和运力增长的通知》。

航空运力是指从事运输的航空器和人员调配。航空公司分布主要指其运力分布。运力分布是指运输飞机及其维护设施在地域上的配置。按照国际惯例，航空公司是飞机的拥有者和使用者。为了充分发挥资源优势，提高飞机和地面设施的利用率，航空公司的机群多配置在空运较为繁忙、飞行区登机较高的机场，这些机场称为主基地机场。公司机群的地域分布，对航空运输的生产布局起到极为重要的作用。

决定运力的主要载体是航空公司的机队。机队是指飞机的数量和不同型号飞机的构成比例关系，是形成航空运输能力的关键。机队规划是航空运输业健康持续发展的重要环节之一。从1997年全民航经济效益滑坡直至1998年全面亏损，机队总量失控、运输能力投放过多是一个重要原因。

若运输能力（以下简称"运力"）过高，则可以很好地满足市场需求，但载运率必然较低，对行业的健康发展不利。若运力过低，则会出现卖票难、乘机难的现象，不能满足市场需求和社会需要，而且对行业的长远发展不利。

运力管理是根据航线网络、航班计划和航班收益情况，进行合理的运力分配，以降低运行成本,实现预期利润的最大化。运力管理问题一直是国际运输业重要的研究课题,也是决定该行业能否满足运力需求和实现盈利的重要因素之一。

本书第7章将详细讲述我国各个航空公司的运力情况。

5.4.4 航空公司联盟

各国航空公司组成跨国跨地区的联盟,共享资源,强化竞争力。其成员航空公司在航班、票务、代码共享、转机、飞行常旅客计划、机场贵宾室及降低支出等多方面进行合作。

1. 星空联盟

STAR ALLIANCE

1) 星空联盟的成立

星空联盟(STAR ALLIANCE)是1997年5月14日正式成立的国际性航空公司联盟,初期是由五家分属不同国家的大型国际航空公司结盟,藉由共享软硬件资源与航线网等方式,强化联盟各成员竞争力。星空联盟标语为"星空联盟,地球连接的方式(STAR ALLIANCE, the way the Earth connects)"。

星空联盟(或所有航空联盟)的概念,源自更早以前就存在于民用航空业的航班代码共享(Code-Sharing)与延远航线代理制度。在星空联盟正式成立之前,其最早期的几个成员(包括一些非创始会员,但后来加入的航空公司)相互之间就已存在有代码共享制度,或甚至共同执行营销活动,但合作方式较分散杂乱。星空联盟成立的主要宗旨是希望藉由各成员所串联而成的环球航空网络,提供乘客一致的高品质服务以及全球认可的识别标志,并加强每个联盟成员在本地及全球所提供的服务及发展统一的产品服务。

由于大型航空联盟出现,无法获得结盟机会的一些较小航空公司可能会被剥夺了公平竞争的机会;其次,假如不是因为航空产业或航权通常都受到各国政府的严苛管制,大型航空联盟很可能将进一步合并成超大型的跨国航空公司,而进一步违反市场自由竞争的原则。包括欧盟与美国政府在内的一些官方机构都曾针对此问题进行调查,以理清航空公司联盟是否有触犯反托拉斯法的相关规范。

1997年,由美国联合航空(United Airlines)与德国汉莎航空(Lufthansa),再加上原加拿大航空(Air Canada)、北欧航空(SAS)与泰国国际航空(Thai Airways International)等五家航空公司宣布"星空联盟"正式成立。星空联盟的成立也掀起20世纪末期民航业航空联盟热潮,其他对手航空公司相继结成伙伴成立联盟团队,例如寰宇一家(One World,1999年成立)与天合联盟(Sky Team,2000年成立),以期能与星空联盟抗衡。

1997年底巴西航空,1999年澳大利亚安捷航空、新西兰航空和全日空陆续加入星空联盟的行列,2000年4月新加坡航空及奥地利航空集团(包括奥地利航空、劳达航空和

Tyrolean 航空)成为星空联盟的一员,2000 年后半年墨西哥航空与英伦航空加入,2003 年 3 月韩亚航空、4 月西班牙斯班航空正式加入联盟组织,波兰航空于 10 月正式加入,2004 年 5 月全美航空加入,2005 年 3 月葡萄牙航空加入,2006 年 4 月瑞士航空与南非航空正式成为星空联盟成员。中国国际航空公司(Air China)和原上海航空公司(Shanghai Airlines)于 2007 年 12 月正式成为星空联盟成员(2010 年 11 月 1 日,上海航空公司退出星空联盟,由于上航与东航进行了联合重组,且东航已宣布加入天合联盟,从其战略一致性考虑,上航决定退出星空联盟。)。

2010 年,星空联盟成员已发展到 28 个成员航空公司,是迄今为止历史最悠久、全球规模最大的航空策略联盟。联盟成员航空公司涵盖全球五大洲的航线,将使星空联盟的全球航空网络更为广泛及完整。星空联盟的庞大飞行航线网涵盖 181 多个国家、1172 个目的地以及超过 990 个贵宾候机室。

2)合作方式

通过星空联盟成员的共同协调与安排,将提供旅客更多的班机选择、更理想的接转机时间、更简单化的定票手续及更妥善的地勤服务,符合资格的旅客可享用全球超过五百个机场贵宾室及相互通用的特权和礼遇。会员搭乘任一星空联盟成员的航班,皆可将累计里程数转换至任一成员航空的里程酬宾计划的账户内,进而成为该计划的尊贵级会员,金钻级会员可享受订位及机场后补机位优先确认权,优先办理机场报到、登机、通关及行李托运等手续,不仅如此,任一星空联盟的乘客只要是持全额、无限制条件的机票,如果在机场欲临时更改航班,不需要至原开票航空公司要求背书,便可直接改搭联盟其他成员的航班,另外,星空联盟设计了以飞行里程数为计算基础的"星空联盟环球票",票价经济实惠再加上联盟的密集航线网,提供旅客轻松实践环游的旅程。

星空联盟主要的合作方式包括了扩大代码共享(Code – Sharing)规模、常旅客计划(Frequent Flyer Program, FFP)的点数分享、航线分布网的串连与飞行时间表的协调、在各地机场的服务柜台与贵宾室共享,与共同执行形象提升活动。相对于航空公司之间的复杂合作方式,对于一般的搭机旅客来说,要使用星空联盟的服务则比较简单,只需申办成员航空公司提供的独立常旅客计划中的任何一个(重复申办不同公司的 FFP 并没有累加作用),就可以将搭乘不同航空公司班机的里程累积在同一个 FFP 里。除此之外,原本是跨公司的转机延远航段也被视为是同一家公司内部航线的衔接,因此在票价上较有机会享有更多优惠。

星空联盟优惠包括常旅客计划、星空联盟金卡/银卡等级、贵宾休息室、获得里程数/积分、星空联盟奖励、星空联盟升级奖励、转机、同一屋檐计划(成员航空公司在同一航站楼运营)。星空联盟产品和服务还包括特惠套票和航空通票。

3)星空联盟成员

注:星空联盟成员已不包含澳洲安捷航空与墨西哥航空、巴西航空和中国上海航空。

(1)正式会员。

① 美洲:加拿大航空公司、美国联合航空、全美航空公司(US Airways)、巴西天马航空公司(TAM Linhas Aéreas)。

② 亚洲:全日空(ANA)、韩亚航空公司(Asiana Airlines)、中国国际航空公司、新加坡航空公司(Singapore Airlines)、泰国国际航空公司、土耳其航空公司(Turkish Airlines)。

③ 欧洲：奥地利航空公司（Austrian）、英国中部航空公司（British Midland International,BMI）也称"英国大陆航空公司"或"英伦航空"）、波兰航空公司（LOT Polish Airlines）、德国汉莎航空（Lufthansa）、瑞士国际航空公司（Swiss International Air Lines）、北欧航空（Scandinavian Airlines,SAS）、西班牙航空公司（Spanair）、葡萄牙航空公司（TAP Portugal）、亚德里亚航空（斯洛文尼亚国际航空公司 Adria Airways）、蓝天航空公司（Blue1,隶属北欧航空集团）、克罗地亚航空（Croatia Airlines）、布鲁塞尔航空公司（brussels airlines）、爱琴海航空公司（Aegean Airlines S. A.）。

④ 非洲：南非航空公司（South African Airways,SAA）、埃及航空公司（Egypt Air,MSR）。

⑤ 大洋洲：新西兰航空公司（Air New Zealand）。

（2）已退出会员。

澳洲安捷航空（Ansett Australia）、墨西哥国家航空（Mexicana de Aviación）、巴西航空（Varig Brazilian）、上海航空公司。

2. 天合联盟

1）天合联盟的成立

天合联盟（Sky Team Alliance）是航空公司所形成的国际航空服务网络。2000 年 6 月 22 日由法国航空公司、达美航空公司、墨西哥国际航空公司和大韩航空公司联合成立"天合联盟"。

2000 年 6 月 22 日，美国达美航空公司、法国航空公司以及大韩航空公司、墨西哥国际航空公司宣布共同组建"天合联盟"。2001 年，意大利航空公司和捷克航空公司加入天合联盟。2004 年 9 月与"飞翼联盟"（也译为航翼联盟）合并后，荷兰皇家航空公司、美国西北航空公司（现已被达美航空合并）以及美国大陆航空公司亦成为其会员。紧接着，随着俄罗斯航空公司的加入，天合联盟成为全球民航业第二大航空公司联盟。中国南方航空公司于 2007 年 11 月 15 日加入了天合联盟，成为首家加入国际航空联盟的中国内地航空公司。

截至 2010 年，天合联盟航线网络航班通往共约 169 个国家的 898 个目的地。

2）天合联盟的合作方式

通过联盟内所有航空公司的航班信息、座位信息和价格信息，帮旅客预定机票和座位，把中转旅客通过联盟航空公司的国内航线送到对方国家的各个城市。

联盟的发展得益于其给旅客及联盟成员带来的日益明显的利益。联盟通过其伙伴关系向旅客提供了更多的实惠，包括各成员间常旅客计划合作，共享机场贵宾室，提供更多的目的点、更便捷的航班安排、联程订座和登记手续，更顺利的中转连接，实现全球旅客服务支援和"无缝隙"服务。对于其成员来讲，全球联盟则以低成本扩展航线网络、扩大市场份额、增加客源和收入而带来了更多的商机，并且可以在法律允许的条件下实行联合销售、联合采购,降低成本,充分利用信息技术协调发展。天合联盟的"环游世界"套票、"畅游欧洲"套票、"畅游美洲"套票、"畅游亚洲"套票等优惠机票可为旅客节省更多购票支出。

3) 天合联盟成员

(1) 正式会员。

① 亚洲:大韩航空公司(Korean Air)、中国南方航空公司(China Southern)、中国东方航空公司(China Eastern)、越南航空公司(Vietnam Airlines)、中华航空公司。

② 欧洲:法国航空公司(Air France)、荷兰皇家航空公司(KLM)、意大利航空公司(Alitalia – Linee Aeree Italiane)、捷克航空公司(Czech Airlines)、俄罗斯航空公司(Aeroflot – Russian Airlines,俄语:Аэрофлот — Российские авиалинии)、罗马尼亚航空公司(TAROM,Transporturile Aeriene Romane)、西班牙欧洲航空公司。

③ 美洲:达美航空公司(Delta Airlines)、墨西哥国际航空公司(Aeromexico)。

④ 非洲:肯尼亚航空公司(Kenya Airways)。

(2) 未来成员。

阿根廷航空公司(AEROLINES AEGENTINAS,IATA 代码:AR)、印尼嘉鲁达航空公司(印尼语全名:PT(Persero) Perusahaan Penerbangan Garuda Indonesia,IATA 代码:GA)、中东航空公司(Middle East Airlines,IATA 代码:ME)、沙特阿拉伯航空公司(SAUDI ARABIAN AIRLINES,IATA 代码:SV)、厦门航空公司(Xiamen airlines,IATA 代码 MF)。

(3) 已退出会员。

美国西北航空公司(Northwest Airlines)、美国大陆航空公司(Continental Airlines)、巴拿马航空公司(Copa Airlines)。

3. 寰宇一家

1) 寰宇一家的成立

1998 年 9 月,美国航空公司、英国航空公司、原加拿大航空公司(Canadian Airlines,现已被 Air Canada 收购)、国泰航空公司及澳洲航空公司(澳大利亚康达斯)宣布有意合组航空联盟。寰宇一家(One World)为 1999 年 2 月 1 日正式成立的国际性航空公司联盟,各成员之间开始提供一系列的优惠措施,在航班时间、票务、代码共享(共挂班号、班号共享)、乘客转机、飞行常客计划、机场贵宾室以及降低支出等多方面进行合作。结盟使五家航空公司获益明显,尤其是香港国泰航空公司在很大程度上补足了其他盟友在远东市场的份额。

建立联盟前,这五家创始成员公司就已经有着密切的联系。结盟进一步发展了相互间的联系,结盟后的新措施包括:成员航空公司的乘客提供票位安排服务;成员航空公司的"经常性乘客"的"里程优惠"可在成员之间互换通用;选择机场候机室等。

寰宇一家各成员航空公司已于 2005 年 4 月完成电子机票互通安排的程序,亦是全球首个在成员航空公司之间实现电子机票互通安排的航空联盟。

2）合作方式

寰宇一家联盟合作伙伴为旅客提供超过任何独立航空公司网络的优惠。寰宇一家联盟航空公司的会员,其奖励及特权均可在寰宇一家联盟航空公司中享用。当旅客以有效票价乘坐任何寰宇一家联盟航空公司的有效航班时,将为自己的积分计划赢取里程奖励计划。当旅客可以在全球联盟成员目的地实施兑换里程。会员航空公司的常旅客计划有各自不同的名称,寰宇一家相应创造不同级别——翡翠级、蓝宝石级和红宝石级,确保旅客获得其会员级别相应的特权。寰宇一家联盟航空公司旅客乘坐任何寰宇一家航空公司的航班可提供任意一间会员航空公司的贵宾候机厅。提供旅客在寰宇一家会员航空公司之间顺利转机的服务。寰宇一家成员航空公司航班将迁往同一航站楼或就近航站楼,以配合基地的运作,方便转机联系。为旅客提供所有会员航空公司之间国际联运电子客票服务,有助于旅客通过航线网络采取任何承运航空公司的组合形式。

3）寰宇一家成员

（1）正式成员（连其附属成员）。

美国航空公司、英国航空公司、国泰航空公司（Cathay Pacific）、芬兰航空公司（Finnair）、西班牙国家航空公司（Iberia Airlines of Spain,也称为西班牙伊比利亚航空公司）、日本航空（Japan Airlines）、智利国家航空公司（LAN Airlines,原称 LAN Chile）、匈牙利航空公司（Malév）、澳洲航空公司（Qantas）、约旦皇家航空公司（Royal Jordanian Airlines）、西伯利亚航空公司（Siberia Airlines,又称"S7 航空公司"）、墨西哥航空公司（Mexicana Airlines）。

（2）已退出成员。

加拿大国际航空公司、爱尔兰航空公司。

（3）即将加入成员

翠鸟航空公司（Kingfisher Airlines）、柏林航空公司、LAN 哥伦比亚（预计会以智利国家航空（LAN）附属成员身分加盟）。

（4）可望加入成员。

虽然寰宇一家不再限制其成员数目维持在 8 间航空公司,并透过招揽新成员而增长,但联盟只准备将其成员数目增至约 12 个,并不再增多,以防不能有效支配其成员。

西捷航空:2006 年 8 月被证实正在与寰宇一家相讨加入联盟的事宜。联盟在加拿大枫叶航空并购加拿大国际航空后,已失去了原有的加拿大网络。

海南航空（大新华航空）:已向寰宇一家表达加入的兴趣。

5.5 航空运输布局的影响因素

航空运输布局也可以称航空运输配置。指航空运输生产的空间分布与组合,即航线线路和站点组成的运输网与客货流的地理分布。航空运输布局主要研究航线网分布的动态变化及其地域结构与类型、客货流分布的动态变化及其社会经济原因等。航空运输布局交通运输布局的一个组成部分,而交通运输布局又是生产布局的组成部分,从属于生产布局的总要求。因此,航空运输布局的原则如下:

(1) 充分满足国民经济和社会发展对航空运输的要求。以客货流量、流向的分析预测为基础,与工农业布局和人口分布相适应,使航空运输布局在地区分布、运输方向、能力形成的规模和建设时序上都能适应要求。

(2) 充分考虑自然条件的影响。随着技术进步,航空运输布局对自然条件的依赖已大为缩小,但机场都是建造在不同地表上的人工建筑物,自然条件差异对交通运输工程的难易和运营影响甚大,为此,应充分考虑自然条件对其影响的程度和航空运输方式的特点。在航线的经路走向和机场选址上,要充分选取有利地形,避开不利地段,使选线和布点充分合理地利用自然条件。由于自然条件对交通工程投资和运营支出影响巨大,需进行工程运营费的综合比选。

(3) 要全面发展和综合利用各种运输方式,使点(站、港)线(线路、航道、管道)相协调,逐步建成综合交通运输网,形成综合运输能力。各种交通方式具有不同的技术经济特征,各有一定的适宜范围,在综合运输网中都有一定地位。要结合各地区具体条件,在它们之间实行合理分工,以充分发挥各种方式的优势。在各种方式的衔接点布局上要密切配合,能力要相互协调。

(4) 航空运输网布局要适应巩固国防、开发边远和落后地区的政治需要。航空运输布局对实现国家政治统一和巩固国防有重要作用,无论新线建设还是旧线改造,都要充分考虑这种政治因素。尽量使交通运输布局既能适应国防政治需要,又能充分满足经济要求。

根据航空运输布局的原则,影响航空运输布局的因素主要有地理位置、自然条件、经济条件、科学技术、人口条件以及政治条件等。任何地区航空运输布局的特点都是由该地区的上述条件决定的,由于不同地区对航空运输布局的条件要求不同,因而使得不同地区适宜从不同的方面发展航空运输业,即使是同一条件在不同的地区也会产生不同的效果。不同地区条件的差异,适宜的航空运输发展策略也不尽相同。因此,在进行航空运输布局时,必须全面、深入地分析影响布局的各种条件,因地制宜地布局运力,使布局合理化,以取得最佳的经济效益、社会效益等。

5.5.1 地理位置

地理位置指地球上某一事物与其他事物之间的空间关系。地理位置包括经纬度位置、自然地理位置、政治地理位置和经济地理位置等。

经纬度位置指用地球经纬度坐标表示,反映某一事物与地球表面整体的空间关系。

自然地理位置指某一事物与地表某一自然要素或自然综合体的相对空间关系。

经济地理位置指一个国家、区域、城镇或乡村在与外围地区的经济联系中所形成的空间关系。正确阐明一个地区的经济地理位置,对认识这个地区在国民经济总体中的地位和作用,发挥其地区经济优势以及解决相关的生产布局问题都有重要意义。

影响空运布局的地理位置主要指空运区位,即在空运网络上的位置与作用。它在一定时期内,一定程度上影响航空运输的发展及其布局。

【案例分析1】利用地理位置发展经济的典型国家:新加坡。

新加坡是东南亚的一个岛国,梵文意为狮子城,又因国土小如星斗,故称星洲、星岛。新加坡国土总面积 $618km^2$,人口约有 270 万,其人口密度每平方千米高达 4369 人。是世界上面积最小、人口密度最高的国家之一。1965年独立后,立足本国实际,因地制宜,实行对外开放政策,经济迅速发展,成为世界上经济增长最快的国家之一。究其发展的根本原因,主要是充分发挥其优越的地理位置这个有利因素,成为世界上利用地理位置发展经济的典型国家。

1）优越的地理位置

新加坡位于马来半岛最南端,领土由新加坡岛和附近54个小岛组成,地理位置十分重要,称"东方十字路口"。北面与马来半岛隔着宽仅1.2km的柔佛海峡,西边有长堤相连,交通便利;在南面隔着新加坡海峡同印度尼西亚相望,海峡长105km,宽1.7km,扼守着马六甲海峡入口处的航行要道。

2）利用地理位置发展经济

新加坡地狭人稠,资源贫乏,依靠其得天独厚的地理位置发展经济,成为东南亚的经济中心,主要表现在如下四个方面:

（1）国际航运、航空和贸易中心。新加坡港地理位置优越,气候和水文条件十分理想,港口货物年吞吐量达1亿吨以上,居世界前列,国际航空客运周转量仅次于美、英、法、日,居世界第五位。新加坡以此为基础,从邻国大量进口各类初级产品,汇总、分级、包装后再行出口,形成了以转口贸易和航运业为主体的独特经济类型。

（2）工业和技术服务中心。新加坡四面环海,以炼油和造船为核心的工业部门具有世界意义。全国建有五大炼油厂,年加工能力达4290万吨,成品油出口额仅次于荷兰居世界第二位。造船业为传统的优势部门,不仅能修造繁多的各项船舶,还是世界上海洋石油钻井平台的主要生产基地之一。自20世纪70年代后期,工业以制造业为中心转向技术密集型部门,大力发展电子工业,电视传真设备、按钮式电话、光纤光缆、计算机化列车控制系统等均进入世界先进行列。近年来,发展重点又转向新科技园地的建设上,大力培养科技人才,发展尖端技术,以适应改革工业结构的需求。

（3）投资和金融中心。新加坡由于优越的地理位置,方便、快速的通信,政局的稳定,国民素质较高等特点,使外国资本大量投入,推动了新加坡经济的腾飞。同时,各国银行云集新加坡,银行总数仅次于伦敦、纽约和香港,成为世界第四大金融中心。

（4）国际旅游和会议中心。就自然和历史文化条件而言,新加坡并不具备发展旅游业的突出优势,但利用其适中的地理位置,大力发展基础设施,美化城市环境,提供优质服务,简化出入境手续,开展各种旅游"外交"活动,从而吸引大量外国游客旅游及大批国际会议在新加坡召开。目前,旅游业已成为新加坡外汇的重要来源之一。

总之,新加坡利用本国特殊的地理条件,扬长避短,引进和运用外国资金、技术和管理经验,使生产力水平得到了迅速提高,走出了一条独特的成功的经济发展道路。这一成功道路不仅为类似新加坡这样的岛国提供了发展模式,同时也为世界各国经济的发展提供了宝贵经验。当然,由于新加坡在许多方面对外国依赖较深,容易受到外部因素的影响,经济发展存在着一定的脆弱性和不稳定性

【案例分析2】上海"一市两场"。

上海拥有两个机场,是国内唯一一个"一市两场"的情况。上海虹桥机场始建于1921年,位于上海市西郊,距离市中心仅13km。上海浦东国际机场于1997年才开始建设,位于上海市东部,距离市中心约30km,距虹桥机场约40km。1999年完成一期工程并在当

年的10月1日通航。

对于"一市两场"的独特格局,目前已经确立了"以浦东机场为主,虹桥机场为辅"的战略定位,把浦东定位为国际机场,虹桥定位为国内机场但保留国际备降功能。2002年10月实现了所有国际航班向浦东机场东移的战略举动。从目前的航班情况来看,华南、东北和部分的华东航班集中在浦东国际机场,所有的国际航班都使用浦东国际机场。而华北、华东、西南和华中的主要航班暂时继续留在虹桥。

上海优越的地理位置、强劲的经济增长以及广袤的长江三角洲腹地,为上海地区的航空运输市场的高速发展提供了得天独厚的条件。特别是随着全球经济的发展,世界制造中心正往中国转移,越来越多的跨国公司入驻上海,并建立采购中心、制造中心、国际中转中心,更是为上海航空运输市场带来巨大需求。

"把上海建成国际航空枢纽"是上海机场的发展目标。而定位为国际机场的浦东机场当仁不让地加入了亚太航空枢纽机场的角逐。2005年浦东国际机场第二条跑道正式投入使用,2008年浦东国际机场第二座航站楼和第三条跑道正式建成。目前,上海机场集团正全力以赴地推进枢纽机场建设。同时,还要建设与亚太航空枢纽机场定位相配套的空港物流平台,把浦东空港物流园区建成亚太地区一流的国际空港物流枢纽。

世界上许多城市,如曼谷、德里、马尼拉、卡拉奇、沙迦、开罗、阿尔及尔、安克雷奇等都是凭借其有利的地理位置而发展成为重要的航空枢纽的。

5.5.2 自然条件

自然条件指一个地域经历上千万年的天然非人为因素改造成形的基本情况,包括地质地貌、生物资源、水文气候等方面。同其他交通运输方式相比,航空运输受地面要素的影响不大,只是在航路设置、确定飞行高度和地面起降时要考虑地貌条件的制约。但是,航空运输与其他运输方式一样,都离不开固定的地面点站,机场、管制中心、地面雷达站等都对地面自然条件提出一定的要求。

1. 地面要素

机场选址要求严格的地基、风向、水文等自然条件,一定的净空条件(高度和宽度)。机场选择必须与城市用地发展方向相协调,并与城市保持适当的距离,防止对城市的干扰,与市区之间须有便捷的交通联系。

地质、地形因素是修建机场和确定航路的重要条件,地质、水文地质条件良好,地形、地貌较简单,满足机场工程的建设要求和安全运行要求。

2. 气象条件

气象气候因素对航空影响相比于其他交通运输方式的影响更大,本书第3章已作详细描述。

飞行在大气环境中进行,大气物理要素与天气现象对飞行活动有着重要的影响,因此民航运输飞行的各个环节都需要航空气象服务。机场选址需要气候资料,要考虑天气对空域流量和飞行程序的影响,考虑盛行风对跑道方向的影响;飞行前计划中,需要精确的高空风、温度预报以及航路重要天气预报,用以优化航路并计算用油量;飞机起飞前还需要用地面温度气压计算配载量。飞机起飞降落都依据严格的天气标准,不同的机型、不同的机长和不同的跑道都有不同的标准,飞机起飞、降落的标准包括风向风速、能见度(或跑道视程)和决断高度(云底高度或垂直能见度)。飞行过程中,遇有航路或者降落机场影响飞行安全的危险天气时,机长要依据天气情况决定绕航、返航或者备降。

航空气象服务不仅支持管制运行顺畅和飞行安全快捷,为飞行的安全和航班的正常保驾护航,也通过帮助用户正确理解和有效使用航空气象信息,节省民航运输企业的运营成本,实现节能减排,从而创造经济与社会效益。此外,航空气象服务为旅客的出行也提供了间接的服务,飞行的安全是旅客乘机出行的基础,航班正常率的提高,可为旅客提供更加方便快捷的旅程,进而减少旅客不必要的花费。

鉴于上述分析,选择机场或者修建新机场时要考虑如下几个要素:

(1) 机场选择要避开出现大风、暴雨、雷击、能见度低等不良天气较多的地区。
(2) 当机场距离城市、大工厂、湖泊等不远时,应尽量设置在它们的上风方向,以减少跑道视程受到被风吹来的烟雾所影响。
(3) 跑道方向设置在风力负荷最大的方向上。
(4) 在山区选择机场位置时,要避开容易产生风切变的地方。
(5) 跑道不被洪水淹没和飞行区不内涝。
(6) 当机场建在山区时,要注意把跑道设置在不会遭受山洪或泥石流危害的地方。
(7) 机场区域水源充足,水质良好。
(8) 机场选择要避开自然保护区、重要水源保护区、森林和湿地。
(9) 在草原地区,应尽量把机场选在植物生长不良的地方。
(10) 避开强烈地震区。
(11) 避开地质条件恶劣地区等。

以新建高原机场为例,因为高原机场通常不是建在山脊上,就是建在山坳里,这都在一定程度上限制了跑道的修建长度。如果跑道长度过短,将使飞机减载甚至空载起飞,这样就违背了修建机场的初衷。

同时,高原机场的气象有天气复杂多变、多大风天气、空气密度低等特点。这些特点直接决定飞机的爬升梯度(越障能力)、起飞、着陆重量,飞行性能受限较多,对航空营运人的经济效益和社会效益影响较大。同时,恶劣的气象自然条件,也会影响机场的航班正常率和机场放行率,从而给机场的正常运行带来负面影响。所以在高原机场的选址阶段,必须高度重视所选场址的气象条件。

高原机场地理环境复杂,技术上对导航设备台址的要求高,飞行程序设计工作量大。以云南为例,目前11个已运行的机场中,就有8个机场海拔在1500m以上,因信号遮蔽原因,在机场的新建、改扩建过程中,要找到一个满足要求的信号覆盖好的导航台址是相当困难的。在高原地区,有的机场能够结合地形设计出一套很好的飞行程序,却因找不到合适的导航台址而不得不反复修改;有的机场好不容易找到一个地理位置好、信号遮蔽小的场地,但因飞行程序越障、航迹、复飞等方面不符合专业技术规范要求不得不放弃。所以,在高原山区无论新建还是改扩建机场,如何使飞行程序设计、制作、优化与导航台址的选择在技术上、时间环节上协调一致是十分关键的。飞行程序设计单位与空管局通信导航主管部门对飞行程序的设计、导航台址的选择,一定要相互通气,主动协调,加强交流,只有这样,才能使工作达到事半功倍的效果。

应该指出,自然因素对交通运输布局的影响随着现代科学技术的发展而逐步下降,但自然因素对航空运输布局的选线、机场的选址、建设投资、运输能力、以及建成后的运输成本和运营费支出的影响仍然是不可忽视的,必须给予正确的估价,在弄清各种自然因素的基础上,采取相应的技术措施。

5.5.3 经济条件

经济条件在影响航空运输布局的众多因素中是最直接、最基本、最重要的因素,也是航空运输活动首先考虑的因素。航空运输是经济发展到一定水平上的产物,一个国家或地区没有一定的经济基础,就不可能有发达的航空运输业。世界各国航空运输的发展历史足以证明这一点。从目前世界航空运输的生产布局来看,大多数经济发达的国家或地区的航空运输业也比较发达。欧洲、北美、日本等国家和地区的航空运输业要远远超过大多数发展中国家。

国民经济的发展促进航空运输的发展,航空运输反过来又促进国民经济的发展。从全球民航发展历史来看,二者之间具有紧密的相关关系,航空运输总周转量与GDP增长有正比关系,GDP越高,航空运输在综合运输中的地位越突出。

5.5.4 政治条件

政治属于上层建筑的范畴,在某些特定的情况下,政治因素可以对整个国家或地区的经济发展和生产布局产生重要影响。航空运输是进行政治、外交活动的有力工具,政治因素对航空运输的影响是不容忽视的。政治因素除了表现为国家一系列的法律法令,以及航空运输政策、方针等。

社会的政治形势和安定状况对航空运输业的发展也有非常大的影响。政治稳定、社会安定、经济发展,人民安居乐业,航空运输就发展;反之,空运市场就会衰退,乃至企业倒闭。例如,海湾战争直接导致美国泛美航空公司的破产;苏联的解体使苏联民航的大部分飞机停飞;2001年的"9·11"恐怖事件使美国航空运输陷入困境,航空运输格局发生巨大变化,整个美国航空业2001年的损失高达77亿美元。

5.5.5 科技条件

科技的发展常主动地影响生产布局,重大科技成果往往使生产布局突破,某些自然和经济条件地制约,使生产布局发生变化,因此是影响生产布局最积极、最活跃的因素。

航空运输作为一种现代化的交通运输方式,与其他大众运输方式相比,具有安全、快速、舒适、便捷等特点。然而,这些特点或者优势又是以先进的科技为支撑。航空科技的进步与社会的需求导致民航客机的出现。当今世界,科技突飞猛进极大地带动了航空运输的发展。从早期小型飞行器的发明创造,到活塞、螺旋桨飞机,直至目前大型喷气运输飞机和超音速飞机,无一不是随着科技的发展而产生,随着科技的发展而发展,各个系统都体现着科技的含量。随着现代科技的发展,飞机制造材料和机载电子设备、卫星导航系统、通信系统、气象系统、维护系统、信息技术系统等都为航空运输提供了安全可靠的保证。

飞机可以说是人类在20世纪所取得的最重大的科技成就之一。自20世纪初莱特兄弟发明飞机以来,目前飞机除了军事用途外,更多地在民用航空中得到应用。第一次世界大战后,随着军事需要的减少,飞机开始应用于民间的交通运输和邮政。在第二次世界大战后,飞机更多地应用到不断发展的民用航空市场上。20世纪60年代,随着喷气式飞机的出现,乘机旅行逐渐为大众接受,从而使航空运输业得到迅速发展,此后运输规模不断扩大,航空运输在经济社会中的作用日益重要。

1. 航空运输发展历史

1) 民用飞机发展

随着科学技术的进步,蒸汽机、电动机、内燃机等动力装置相继问世,气球、飞艇技术也得到发展。1903年,莱特兄弟发明了人类历史上首次有动力、可操纵、持续飞行的航空器。以后飞机制造技术不断更新,飞机的技术经济性能显著增强。现代意义上的民航客机DC3出现于20世纪30年代中期,它的问世是民用航空史上的一个重要里程碑。DC3共生产13000架,在世界上享有重要地位,为民航发展发挥了巨大作用。随着航空科技的发展,20世纪50年代出现了彗星号、TU104和B707等第一代喷气式客机,60年代开始使用装有技术先进、耗油率低的涡轮风扇发动机的第二代喷气式客机,70年代投入使用的诸如B747、IL86和A300等宽机身客机大大提高了航空运输能力,80年代~90年代又出现了一批技术装备更加先进的客机,如B737、B757/767和使用电传操纵系统的A320等。进入21世纪,采用最新高科技的A380和B787相继问世,对航空运输产生了革命性的影响。目前,美国和欧洲是制造民用飞机的主要力量,代表着民机制造的最高水平。俄罗斯、乌克兰也有强大的飞机制造能力,特别是乌克兰制造的AN124和AN225打破了由B747-400保持的最大起飞总重的纪录,分别达到405吨和600吨,世界上的一些超大型设备全要靠这两种飞机运输。巴西、加拿大生产的支线客机在世界上占有主导地位。英国也曾有过辉煌的民机制造历史,生产过较为先进的机型。

2) 航空运输发展

世界上的民用航空运输起始于1919年英国开办的伦敦与巴黎之间的国际客运航班。与此同时,德国也开辟了空运航线。第一次世界大战后各国纷纷成立航空公司。到20世纪二三十年代,成立了更多的航空公司。在发展初期,由于技术和管理上均不成熟,航空运输经历了一个渐进发展的过程。近几十年来,世界航空运输发展很快。据有关资料统计,全世界1930年完成航空运输总周转量0.25亿吨千米,1940年完成2.3亿吨千米,10年中增加近10倍;1950年完成34.9亿吨千米,10年增加15倍;1960年完成123.4亿吨千米,10年增加3.5倍;1970年完成566.5亿吨千米,10年增长4.6倍;1980年完成1307.1亿吨千米,10年增加2.3倍;1990年完成2358.7亿吨千米,10年增加0.8倍;2000年完成4007.8亿吨千米,10年增加0.7倍。其中航空运量在1953年突破50亿吨千米,在1959年突破100亿吨千米,在1977年突破1000亿吨千米,在1988年突破2000亿吨千米,在2000年突破4000亿吨千米。2007年仍是世界民航发展较快的一年,定期航班运输总周转量5670亿吨千米,比上年增长5.5%;运送旅客22亿人次,增加6%。全球大约有700多家航空公司提供定期航班旅客运输,有90多家航空公司经营定期全货航班运输。使用各型运输飞机约20000架,在全世界15000多个机场起降。

3) 航空运输与经济技术

航空运输的发展在得益于科学技术发展的同时,也得益于国家经济社会的发展,反过来又对科技进步和经济社会发展做出贡献。随着生产规模的扩大和经济的增长,社会对航空运输的需求也日益扩大。同时，由于国家不断地鼓励和促进旅游、贸易以及开展多种经济活动，使得航空运输活动成为辅佐经济发展的一种重要手段。在当今人们工作和生活节奏加快的情况下，航空运输缩小了地理范围的限制，扩大了人际间的交往，节省了大量时间，加快了信息传递，提高了办事效率，货物传送的距离也因之扩大，促进了各地区和国际间政治、经济、文化交流。航空运输正在逐步改变人们的旅行方式和生活方式，促进了经济社会的进步。航空运输又对航空技术不断提出新的要求，即对飞机制造业和相关保障企业提出新的要求，以制造出技术经济性能更加优异的飞机，提高飞行的安全性和可靠性，增加经济效益和节省经营成本，提高航空运输效率，这也是航空工业不断致力于科技创新、开发研究新型飞机和空中交通管理系统大力研发和采用新型导航保障技术的动力所在。因此，航空运输与经济社会发展和科学技术进步有着相辅相成的关系。

2. 当代科学技术在航空运输领域的研发和应用

1）飞机制造技术

当今世界民航运输飞机技术发展迅速，航空制造技术紧紧围绕着进一步提高气动效率、结构效率、推进系统效率、设备可靠性等技术展开，并推动飞机向更安全、高效、可靠、舒适、低成本和低污染的方向发展。飞机的设计突出综合化、信息化和智能化。新材料、新动力、微机电、微电子技术和信息技术等都将在民用飞机制造领域得到更加广泛的应用。目前在航空制造业当中也存在着激烈的竞争，各主要民航飞机制造国为保持其机型的领先地位，都在纷纷加大研发力度和投入，在空气动力学、推进和动力、材料和结构、控制与航电系统、导航与通信、航空声学、智能与自主系统，以及人机一体化系统等学科和领域进行技术研究和应用。在飞机总体设计技术方面，以综合与优化为主体，对飞机参数进行多目标优化整合，降低技术风险，达到最佳性能。采用计算机辅助设计和并行工程方法，实现"无图纸设计"。在空气动力设计技术方面，着力于研究综合利用先进的流体力学技术、风洞试验技术和飞行试验技术，完善大展弦比超临界机翼设计，开发先进的减阻推进系统和机体一体化等的总体综合设计技术。在飞行控制技术方面，重点关注于数字电传控制系统，它是综合飞行和推力控制系统的连接点，电传操纵和主动控制是现代先进飞机的标志。在航空材料方面，重点研发的是高损伤容限型铝合金和新型高强度铝合金，提高抗疲劳强度和裂纹扩展速率，对新一代民机研究应用钛合金材料、复合材料等。

在发动机技术方面，研发的目标是高燃油效率、高可靠性、良好的维护性和环保性，以降低飞机运营成本、提高安全性、便于维护、降低噪声和减少废气排放。

上述研发的一些先进技术在最新机型中得到应用。例如，美国新制造的B787飞机，综合了先进的空气动力设计，重点考虑发动机性能增强和飞机重量降低等因素，并且有史以来首次在主体结构上采用了以碳纤维为主体的先进复合材料，大大减少机身拼接所需零部件，增加了飞机的耐用性，减少了维护费用。同时，因为是碳纤维合成物制作的机身，减轻了飞机的质量，耗油量也随之减少20%左右，飞机可连续飞行16000km不需加油，成为迄今为止世界上最先进的一款民航飞机。欧洲生产的A380飞机也是高科技的产物，引进了多项革新技术。这种目前世界上载人最多（555人）的飞机，大约40%的飞机结构和部件上使用了最新一代碳纤维复合材料和先进的金属合金材料。大机翼和新型发动机可提供更佳的起飞和着陆滑跑性能。在系统上采用了液压增压系统、双飞行控制系统和双轴供气系统，在工艺上采取激光束焊接技术，消除了腐蚀和疲劳裂纹的主要来源，在环保性上也运用了高新技术,使之成为当今民航飞机领域名副其实的"巨无霸"。

2)空中交通管理技术

当前以信息技术、通信技术和卫星通信技术为代表的新科技在航空领域应用,推动民航空中交通管理方式发生深刻的变革。美国、中国等国家现都在致力于新一代民航运输系统的研究,目的就是使用新概念、新科技、新架构、新政策和新模式,以最安全、最有效率和最为快捷的方式来满足航空运输的需要。新一代空中交通管理系统是这一体系的核心之一,涉及的新概念和新技术十分广泛,这些技术主要包括星基导航系统、广域多组合监视系统、数字数据通信系统,以及体现天空地上一体化的空管自动化系统等。新技术的定位和应用将使民用航空运行和资源得到有效、充分、灵活的管理。新一代空中交通管理系统的发展和实施不仅是技术手段的创新,还将推动民用航空运输体系运行方式的变革。例如,自动相关监控—播报(ADS-B)系统就是空中交通管制的未来形态。作为新一代民航系统的一个重要组成要素,它利用全球定位系统(GPS)卫星信号向空中交通管理人员和飞机驾驶员提供更精确的飞机位置信息,帮助飞机在空中和跑道上相互之间保持安全距离。再如精密导航技术(RNP),它是利用飞机自身机载导航设备和全球定位系统引导飞机起降的新技术,目前成为航空发达国家竞相研究的新课题,并在一些机场和航路开始使用,成为国际民航界公认的未来导航发展趋势。与传统导航技术相比,飞行员不必依赖地面导航设施,就可以沿着精确定位的航迹飞行,可使飞机在能见度极差的情况下安全、精确地着陆,极大地提高了飞行的精确度和安全水平。

目前,中国民航正在进行面向新一代的空管系统建设,大力加强新技术和新程序的研究开发和应用。在东部地区飞行密度较大的航路上推进建立区域导航(RNAV/RNP)航路,通过试点逐步推进广播式自动相关监视(ADS-B)的应用。在西部地区和极地航路开展高频数据试验,近两年内基本具备全球高频数据处理能力。开展全球互通的航空电信网(ATN)的研究和应用,以北京、上海和广州三个节点为航空电信网的主要框架,建成航空电信网试验网。在试验的基础上,加快全球导航卫星系统(GNSS)在西部地区航路和机场终端区的应用。

3)航空信息技术

航空运输是高技术产业,在广泛依靠实物技术的同时也离不开信息技术。信息技术的发展为航空运输的发展提供了有力的保障,前面所述的空中交通管理,大都是以电子信息技术为支撑。可以说,世界上信息技术发展有多快,在民航的应用就有多快。信息技术成为航空运输业运行和管理必不可少的手段。就中国民航而言,在建设空管信息系统、数据通信网、计算机订座系统、全球分销系统、离港系统、收入结算系统、企业内部运行管理系统、电子政务和商务系统等的基础上,正进一步推动新一轮空管信息化系统、民航奥运信息化工程和民航综合信息平台的建设,拓宽和推广电子商务的应用,推动电子政务重大项目的实施,并加强民航网络和信息安全工作。

3. 我国航空运输和航空技术发展

我国幅员辽阔,地形复杂,人口众多,适合发展快捷便利的航空运输。国家政治环境稳定,经济持续快速增长,改革开放不断深入,人民生活水平逐步提高,都将促进航空运输发展。对外交往增多,旅游外贸发展,将对航空运输产生更大需求。我国民航的发展前景十分广阔,据有关方面预测,在今后 20 年里,航空运输仍将以年均 10% 以上的速度增长,到 2025 年,航空运输总周转量达到 1600 亿吨千米,民航航线网络将继续扩大,通航机场数量不断增多,运输飞机数量将进一步增多,从而提高航空运输保障能力。初步测算,到 2025 年需要航空运输飞机 3750 架,其中客机 3250 架,货机 500 架。如此大量的飞机需求,除进口外应有一定数量的国产飞机。

目前,我国具有一定的飞机制造实力,已生产并投入使用的飞机有新舟 60、新舟 600、运 8 和运 12 等机型,其中有些还销售到国外。与美国合作组装过 MD82 和 MD90 飞机,与巴西合作生产的 ERJ145 机型已交付用户,与欧洲空中客车飞机公司在天津合作建立的 A320 总装线也已投入使用;具有我国自主知识产权的新型支线客机 ARJ21 已由总装厂转入试飞站。

研制大型飞机是现代高新技术的高度集成,是一个国家工业、科技水平和综合实力的体现。国务院发布的《国家中长期科学和技术发展规划纲要(2006—2020)》把研制和发展大型飞机列入 16 个国家重大科技专项中,这是提高我国自主创新能力和增强国家核心竞争力的重大战略举措。我国研制大型飞机,能够带动新材料、现代制造、先进动力、电子信息、自动控制和计算机等领域关键技术的群体突破,还能带动流体力学、固体力学、计算数学、热物理、化学、信息科学和环境科学等诸多基础学科的重大进展。我国研制大型飞机,在满足民用航空运输业需要的同时,也能拉动其他众多高技术产业的发展。2008 年 5 月 11 日,中国商用飞机有限责任公司在上海成立,标志着我国大飞机研制的工作开始实质性启动。此前,大飞机的总体设计、系统集成、总装制造和适航取证四大领域近 20 项关键技术科研攻关也已开始,与大飞机相关的发动机、机载设备和原材料三方面科研工作的协调也正在积极推进。大型飞机的研制,对我国由民航大国向民航强国的转变将具有重大保障意义。

在我国,研制大型飞机需要有相关政策和措施。一是加强组织领导和组织协调,特别是要集中力量,开展科技攻关;二是加大研制投入,保证必要的资金,资金的来源可采用国家投入、企业投入和其他方面投入,以及贷款方式解决;三是要充分调动各方面的积极性,特别要注重科学家和专业技术人员的合理利用;四是充分借鉴当今世界先进科学技术,不能关起门来设计和制造飞机;五是要依靠民航部门和企业的支持,在飞机适航和市场销售等方面加强协调;六是要对研制大型飞机进行立法,通过规章提供保障。我们相信,只要以科学发展观为指导,通过国家的支持和各方面的努力,吸收、消化、借鉴、应用和创新当代最新科技,我国大型飞机的研制一定能够取得成功,国家战略一定能够实现,一定会保障民航取得更大的发展。

5.5.6 人口条件

人口即可以成为航空运输的对象,也可以作为航空运输所需的劳动力。作为运输对象的人口,其数量、密度、素质、收入、分布及迁移等都对航空运输布局产生重要影响。在一定的社会经济条件下,某地区人口总数越大、密度越高、收入越高,则航空运输需求越旺盛,反之则小。对某一国家来说,人口数量大、密度高的地区,往往经济较为发达,个人的经济收入相对较高,且其对内对外的经济联系紧密。因此,这些地区的航空运输就比较发达。而在人烟稀少的偏远地区,航空运输业也相对落后。

在经济条件相近的情况下,两地间人口的多少,基本上决定了两地间客运联系的强弱。显然,两地间的客运联系要通过贸易、旅游、探亲、访友等人的社会活动所形成。为了定量表示客运联系的强弱,国内外多采用人口引力模型。该模型将物理学中万有引力的思想方法运用到客运联系中来,其公式如下:

$$T_i = K \frac{P_i P_j}{D_{ij}^b}$$

式中:P_i 为 i 地人口规模;P_j 为 j 地人口规模;T_{ij} 为两地间的客运联系;D_{ij} 为两地间的距离;b 为两地间的摩擦指数,它由运输成本、路程时间、社会经济效益等参数确定;K 为比例系数,一般根据经验确定。

人口引力模型可对两地间的客流量做出定量的评估,这对两地间航线的开辟、航班密度的确定、客源组织具有参考价值。

我国地域辽阔,地理条件非常复杂,70%以上的人口分布在东部,西部居民最稀。建国以来,已有相当大量的人口从我国的东部向西北迁移,西北居民与东南地区有着千丝万缕的联系。在一定时期内,这种关系使新定居地域和原居住地域之间,保持密切的政治、经济、文化联系,从而形成大宗客流。了解世界人口迁移的动向、规模及现状,对分析国际航空客运的现状及其发展有重要意义。

人口对航空货运也有一定影响。人口稠密的地区,经济相对发达,物资交换频繁,对各种产品的消费量大。人口稠密的集镇、城市往往成为各种物资的集散地。从目前空运货物的种类来看,大宗的服装、食品、活鲜主要运往人口稠密的消费区。

作为航空运输所需劳动力的人口,其技术水平、文化素质更为重要。航空运输是一个技术密集型的行业,要求从业人员具有较高的文化素质和专业技术水平。在文化教育、科技水平较高的地区发展航空运输,其劳动力的质量较高,有利于航空运输的发展。而在文化教育、科技水平较落后的地区发展航空运输业,其从业人员的素质就可能受到影响。

5.6 影响航空运输布局的行业

5.6.1 旅游业

旅游客流已经成为航空客流的重要组成部分,而且是近年来航空客流增长的主要作用力。

旅游业是指以旅游资源、设施为条件,向旅游者提供交通、食宿、游览、购物等服务,并取得报酬的一种高文化、高收益、高度综合的经济行业。

现代意义上的地域联系以时间效益为主,以便捷化的运输网络为标志。随着交通设施的改善,以机场为节点构建的立体、高速交通网络,改变了人们的出行方式、旅游行为以及时空关系,从而使航空成为现代旅游的基本交通方式。与此同时,旅游市场的迅速发展也为航空公司提供了大量的客源,随着越来越多的长途旅游线路的开发,尤其出境旅游的发展,飞机已经成为人们出游的重要交通工具,航空运输业的发展与旅游业的关联度正在提高,许多航空公司与旅游经营商达成了合作协议,在旅游线路开发、产品促销、销售渠道等方面进行合作。

以我国旅游市场为例,1990年以来,我国旅游市场发展迅速,入境旅游者和旅游外汇收入分别以年均9.63%和17.73%的速度增长,旅游业日渐成为国民经济新的增长点。根据联合国世界旅游组织的预测,到2015年,中国将成为全球第一大入境旅游接待国和第四大出境旅游客源国。根据国家旅游局制定的目标,到2020年,中国入境旅游人数将达到2.1亿人次,旅游总收入将超过3000亿美元,占GDP总量的8%以上。旅游业的发展将为航空运输发展提供庞大的消费群体和广阔的市场空间。

不难看出,旅游业发展与航空运输业是一种相互联系、相互作用、互利互惠的复杂关系。旅游活动是旅游客源市场与旅游消费市场之间的有规律的运动,形成旅客流,从而影响航空运输布局。

1. 国际旅客流分布特点

国际上,旅游客源市场主要是经济发达的国家和地区,如欧洲、北美、日本、澳大利亚等。而旅游消费市场主要是拥有适宜的自然环境、著名的文化古迹、现代化的娱乐设施、便利的交通、优质的服务。

因此,国际上的主要旅客流分布特点如下:

(1) 欧洲及北美在各自范围内流动。
(2) 从欧洲流向北美、亚太、非洲,有少量流向中东和南美。
(3) 从北美流向欧洲、亚太及加勒比地区。
(4) 从日本、澳大利亚、新西兰等国流向亚太地区的其他国家。

客流的分布基本决定了世界航空运力的分布,由于国际客流呈现出如上所述特点,由此,使得欧洲、北美国际航线成为世界上最繁忙的航线。

2. 旅游业与航空运输业之间的关系

旅游业对航空运输布局的影响,主要体现在两大方面:一是为航空运输业提供客源,增加运营收入;二是航空这种交通运输方式为长途出游提供方便,节约旅途时间,增加旅游收入。

本部分内容以我国为例来说明旅游业与航空运输业之间的关系。

1) 旅游客流是航空客流的重要组成部分

自20世纪90年代以来,我国旅游业持续快速发展。长假的出现,更是刺激了人们出行的欲望,而限于特定的时间选择,以追求时间效益和最大化旅游效益为核心的旅行方式决定了高速航空网络将在区域旅游联系中发挥重要的作用。随着长途旅游线路的开发,旅游客流在航空客流中的比重不断上升。旅游业与航空运输业的关联性越来越强,旅游客流已经成为航空客流的重要组成部分,而且是近年来航空客流增长的主导力量。

2) 航空运输收入在旅游收入中占较高份额

在全国旅游外汇收入构成中,除住宿和餐饮外,民航占有较高的份额,铁路等其他交通运输方式所占比重较低。2001年以后民航收入占旅游外汇收入的比重虽有所下降,但仍占旅游外汇收入近1/5,远高于铁路等运输方式所占比重。国内旅游收入方面,通过分析不同出游目的旅客的人均花费构成可以发现,近几年来民航所占比重有不同程度下降,商务会议旅客用于民航的花费仍居首位,旅游观光、度假休闲和宗教朝拜等旅游者的民航花费居次。随着民航价格改革的深入,民航对旅游收入的贡献将会越来越大。

3) 航空运输企业逐渐向旅游产业延伸

伴随旅游业与航空运输业的关联越来越强,航空运输企业开始向旅游业延伸,一些航空公司在改革票价的同时,开始在产品设计和促销战略中考虑不同游客的需求。针对旅行社,部分航空公司开发了包机产品,并与旅行社联合推广线路;针对散客,航空公司推出了"机票+酒店"的自助游产品,如海南航空、深圳航空公司等。另外,航空公司在传统的旅行社订票业务和航空公司各地售票网络的基础上,利用日益发展的电子商务,建立起直接面向客户的因特网电子售票系统,如深圳航空公司率先在国内建立起网上售票系统;一些航空公司还组建了自己的旅游公司,直接经营旅游业务,如隶属于中国航空集团公司的中国航空国际旅行社,直接代理国内外机票、酒店预订和提供日程安排、旅游接待等服务。这些举措促使航空运输企业向旅游业延伸,旅游业与航空运输业的关联将会越来越强。

5.6.2　对外贸易

2007年,中国的贸易伙伴已达220多个,货物贸易总额位列世界第三,占全球比重接近8%。同时,中国从事跨国投资与经营的企业已发展到3万多家,对外投资遍及全球170多个国家和地区。预计在未来十几年里,中国对外经济仍将保持快速发展,其产生的巨大人流、物流将为航空运输特别是国际航空运输带来快速增长的市场需求。

对外贸易亦称"国外贸易"或"进出口贸易",简称"外贸",是指一个国家(地区)与另一个国家(地区)之间的商品和劳务的交换。这种贸易由进口和出口两个部分组成。对运进商品或劳务的国家(地区)来说,就是进口;对运出商品或劳务的国家(地区)来说,就是出口。

对外贸易使商品在世界范围内流动,由此造成国际间的货物运输。对外贸易使有关的商人、公务人员、技术人员频繁往来于贸易国之间,使之成为国际客运的重要组成部分。

世界贸易运输涉及各种运输方式。当今世界的贸易运输量很大,从运输物资的构成分析,运量最大的物资是原料、燃料、粮食和初级产品。这些物资在世界范围内形成巨大的货流,成为贸易运输的主题。此外还有相当数量的工业制成品、轻纺产品和各种生活消费品,这使世界贸易运输大体形成了以海洋运输为主,以铁路、管道、航空运输为辅,与公路、内河航运密切协调的综合运输结构。

航空运输在对外贸易中,承担业务、技术人员和劳务人员的旅客运输;承担紧俏商品、鲜活易腐、高新技术产品和贵重物品的货物运输。航空运输在贸易运输中的周转量占世界贸易运输总周转量的比重不大。但是,它在对外贸易中的重要作用是不容忽视的。特别在世界贸易规模不断扩大,贸易资金周转不断加快的今天,它的作用更加显著。

5.6.3　劳务输出

劳务输出是劳动力空间流动的一种形式,包括国际劳务输出和国内劳务输出。国际劳务输出在第二次世界大战后获得了较大发展,已成为许多国家开展对外经济合作的一种重要形式。

据国际劳工组织估计,目前全球每年的流动劳务约3000万~3500万人,比20世纪80年代初的2000万人增长了50%以上。

全球流动人口主要分布在三大板块,即亚洲、欧洲和美洲。其中亚洲的流动人口约1500万,主要从南亚、东南亚和北非地区向东亚和西亚产油国流动;欧洲700万~800万,主要从西亚、北非和东欧向西北欧流动;美洲约1000万,主要从南美向美国和加拿大流动。

劳务输入国家和地区主要在中东、北非产油国、欧洲经济共同体、北美和南美洲。其中中东、西欧、北美洲吸收的劳务量约占世界总劳务量的80%。20世纪70年代以来中东已成为世界劳务洪流的主要指向。

劳务输出国家和地区主要在亚洲,输出的劳务量约占世界劳务输出总量的60%,主要有印度、巴基斯坦、斯里兰卡、孟加拉国、泰国、菲律宾、南朝鲜等。劳务输出人员中,工人(主要是技术工人)占70%,专业技术和管理人员占30%。

我国自20世纪80年代以来开始国际劳务输出,但迄今输出量甚少,且大多是劳动密集型行业的劳务(建房、筑路等)。劳务输出是实现劳动力资源合理利用的重要形式,对解决乡村富余劳动力的出路,满足劳动力不足地区的需要,加速基本建设的进程和经济全面发展,以及加强国内外交流等具有重要意义。大力发展劳务输出已成为必然趋势。

5.6.4 航空运输与其他交通运输方式的关系

航空运输作为交通运输五大部门之一,即要融合到综合交通运输布局中,即综合利用各种运输方式,加速综合运输网的形成,又要与其他交通运输方式形成竞争环境。因此航空运输与其他交通运输的关系表现在以下两点,即多式联运(综合运输)关系和竞争关系。

1) 多式联运(综合运输)关系

在综合运输关系下,各种运输方式互相促进,相互发展。现代交通运输工具是由铁路、公路、内河、海运、航空和管道等组成。它们在基本建设投资、基础需要量、货物送达速度、运输成本、能源消耗以及劳动生产率等方面具有不同的技术经济特点,适应着不同的自然条件和各种运输要求。在综合运输网中各种运输方式都占有一定的地位和作用。此外,旅客从始发地到目的地,货物从产地到消费地,往往要由几种运输工具共同完成。因此,建成综合运输网既是交通运输生产的客观要求又是客货运输的实际需要。

2) 竞争关系

从竞争角度上来讲,一般来说,在旅客运输方面,与航空运输构成竞争的其他交通运输方式主要是铁路运输和公路运输;而在货物运输方面,与航空运输方式构成竞争的其他交通运输方式则是铁路运输和海洋运输。

5.6.5 航空运输与铁路运输的关系

本书以航空运输与铁路运输的关系为例来说明他们之间的相互影响。

航空和铁路是中长距离上旅客运输的两种主要方式,两者在送达速度、运输成本及服务水平上各有其适用范围,如铁路运输的最优速度范围为100km/h～300km/h,而航空则为500km/h～1000km/h;从运输成本上普遍认为航空高于铁路;服务水平上航空运输的服务水平也要高于铁路运输。因此铁路和航空旅客运输各自有其目标客户,彼此之间不是传统意义上的竞争关系。

1) 铁路提速后与民航的替代效应分析

(1) 短程航段(800km以内)上。铁路运输方式无论是从价格上还是密度上都具有明显的竞争优势。首先,铁路大提速坚持提速不提价的原则,这在国际原油价格一路飙升、其他运输形式征收燃油附加费的情况下,无疑增加了竞争的砝码。其次,铁路提速后,二者的行程时差进一步缩小(最少3.7h),考虑地面转接时间,二者的行程时差最终会在3h左右。最后,加上铁路到市中心的"区位优势",方便的地面交通衔接服务,发车准点率高、停靠站点较多、受天气影响很小等优势,这些都使民航运输的时效性和"性价比"趋于弱化,因此,短程航段上铁路对民航的冲击效应较大,综合替代效应较强。

(2) 中程航段(800km~2000km)上。首先,随着民营低成本航空公司的大量涌现,运力的不断投放,航空公司之间的激烈竞争,使得中程航段上民航客票的折扣等级也在不断加大,方便快捷的订票服务以及国民消费结构的不断升级,使得铁路运输方式的价格竞争优势呈现弱化。其次,提速后二者的行程时差仍然较大,考虑地面转接时间,二者的行程时差最终会在7h~9h,因此,在时间方面,民航还是暂时占据了绝对优势。同时,相比铁路运输,航空运输方式还具有密度上的优势,这使得航空运输可以更好地满足对时间与时刻要求较高的商务型旅客。最后,加之细致周到的服务、高度的安全系数等竞争优势,这些都使得中程航段上铁路对民航的冲击效应还是相当有限,综合替代效应一般。但是,民航运输也具有受天气影响较大,需要乘客提前办理值机手续,繁琐的安检程序,严格的携带品限制,非正点率较高等不利因素。因此,可以预见,随着未来高速铁路(时速350km)的修建,铁路技术的不断飞跃以及服务质量的不断提升,中程航段上铁路与民航的竞争将向着更深层次的方向发展。

(3) 远程航段(2000km以上)上。单纯从价格上看,铁路运输方式仍具有较大的竞争优势,而且具有很大的消费市场,但是旅行疲劳度明显较大,而且密度较小,二者的行程时差仍相距甚远,因而远程航段上,航空运输方式的时效性得以凸现,密度也较大,加之大型飞机的不断引进和航线网络的不断完善,这些将使得远程航段上铁路对民航的冲击效应很小,综合替代效应较弱。

2) 铁路提速后运输市场客户的转移指数分析

从表5.7中可以看到,铁路和民航针对的客户群不同。铁路主要面对的是多层次的大众型消费群体,这些群体具有数量大、时间与时刻要求不高、价格敏感度强等特征。铁路客运需求的收入弹性系数小于1,这表明铁路客户中存在一定的潜在民航客户,转移指数较高。民航的客户群主要集中在商务客人、政要和收入相对较高的客户群体。这些民航客户具有时间与时刻要求高、价格相对不敏感、服务质量要求高等特征。从市场规模变动角度看,民航客运需求的收入弹性大于1,属于奢侈品,随着我国经济的高速发展和人均可支配收入的快速增长,这一奢侈品的需求总量会很快上升。同时,由于"由俭入奢易,由奢入俭难"的道理,民航的转移指数是较低的。

表5.7 铁路与民航客户群对比

运输方式	数量	时间与时刻要求	价格敏感度	服务质量	收入弹性系数	转移指数
铁路	庞大	较低	较高	较低	<1	较高
民航	快速增长	较高	较低	较高	>1	较低

3) 铁路提速后与民航发展的互动效应

铁路"提速效应"带动了人流、物流、信息流与资金流的快速流动,升级了社会资源的配置能力,为西部开发、中部崛起、东北振兴等区域板块注入了新动力、新元素与新活力。同时,"提速效应"也改变人们的出行方式、生活方式和消费结构,间接地影响了旅游、房价、批发、休闲、娱乐等产业,可谓牵一发而动全身。由此可见,经济大动脉的升级,对一个经济巨人的躯体及无数毛细血管来说,无疑是一针强有力的"强心剂"。经济的快速增长,产业结构的调整和消费结构的升级又会拉动民航运输业的发展,民航运输业的发展又会进一步加速人流、物流、信息流与资金流的流通,与铁路共同发挥交通运输业的乘数效应,进一步推动经济的快速稳定发展。因此,铁路与民航的差异化服务相结合,必将深层次、宽幅面的共同做大运输市场,达到一种"双赢"的局面。

本章小结

民用航空运输是以飞机作为运输工具,以民用为宗旨,以航空港为基地,通过一定的空中航线运送旅客和货物的运输方式。它是国家和地区交通运输系统的有机组成部分。民用航空运输在国际交往和国内长距离客运中起着非常重要的作用。

航空运输布局的三大要素是航线、机场和运力。机场的布点往往决定了航线的构成和航路的设置,机场的规模也决定了进出航线上的航班密度以及所采用的机型。随着航空运输的发展,机场网点不断增多,逐渐与航线、运力形成不可分割的空运网络。

复习与思考

1. 什么是航空运输?其特点是什么?
2. 航空运输布局的三大要素是什么?各自的作用是什么?
3. 什么是航线?航线的分类有什么?什么是航线网络?航线网络结构类型有哪些?
4. 什么叫城市对航线,其优缺点是什么?
5. 什么叫城市串航线,其优缺点是什么?
6. 什么叫枢纽航线,其优缺点是什么?
7. 世界主要国际航线的分布特点是什么?世界上的主要国际航线有哪些?
8. 什么叫机场?机场的分类有哪些?
9. 什么叫枢纽机场?其分类有哪些?
10. 什么叫航空公司?其分类有哪些?什么叫运力?
11. 世界上的三大航空联盟分别是什么?各自的会员有哪些?
12. 影响航空运输布局的因素有哪些?
13. 简述安克雷奇的地理位置对其航空运输布局的影响。
14. 经济条件如何影响航空运输布局?
15. 国际客流分布的特点是什么?
16. 什么叫劳务输出?劳务输入国和劳务输出国主要集中在哪些区域?
17. 航空运输与其他交通运输方式的关系是什么?

第6章 世界航空运输区划

本章关键字

航空运输	air transportation	机场	airport
航空区划	aviation regionalization	运力	airtransportation ability
航线	routes	业务分区	traffic conference area

> 与其他各种运输方式不同的是,国际航空运输中与运价的有关各项规章制度、运费水平都是由国际航协统一协调、制定的。在充分考虑了世界上各个不同国家、地区的社会经济、贸易发展水平后,国际航协将全球分成三个区域,简称为航协区(Traffic Conference Areas,IATA),为了便于业务操作及运价计算,IATA 在三大业务区的基础上又划分许多业务小区(次区),例如一区划分有北美、南美、中美、加勒比等业务小区。由于航协区的划分主要从航空运输业务的角度考虑,依据的是不同地区不同的经济、社会以及商业条件,因此和我们熟悉的世界行政区划有所不同。
>
> 本章主要掌握 IATA 的基本知识,IATA 业务分区的具体情况,各个国家的二字代码,以及每个业务分区的航空运输布局基本情况。

6.1 IATA 业务分区

6.1.1 ICAO 概述

国际民航组织(International Civil Aviation Organization,ICAO。标识见图 6.1)是协调各国有关民航经济和法律义务,并制定各种民航技术标准和航行规则的国际组织。

1. ICAO 的成立

国际民航组织前身为根据 1919 年《巴黎公约》成立的空中航行国际委员会(ICAN)。第二次世界大战后,为解决战后民用航空发展中的国际性问题,1944 年 11 月 1 日 ~ 12 月 7 日,52 个国家在美国芝加哥签订了《国际民用航空公约(芝加哥公约)》,按照公约规定成立了临时国际民航组织(PICAO)。1947 年 4

图 6.1 ICAO 标识

月 4 日,《国际民用航空公约》正式生效,国际民航组织也因此正式成立,总部设在加拿大魁北克省的蒙特利尔 YMQ(Montreal)。同年 5 月,国际民航组织正式成为联合国的一个专门机构。该组织的主要活动是研究国际民用航空的问题,制定民用航空的国际标准和规章,鼓励使用安全措施、统一业务规章和简化国际边界手续。国际民航组织现有 190 个缔约国,共 36 个理事国,分为一类、二类和三类。一类理事国为在航空运输方面占主要地位的国家,共 11 个;二类理事国为在为国际民用航空的空中航行提供设施方面贡献最大的国家,共 12 个;三类理事国为可确保世界上各主要地域在理事会中均有代表的国家,共 13 个。

2. ICAO 的宗旨和目的

ICAO 的宗旨是保障《国际民用航空公约》的实施,开发国际航行原则和技术,促进国际航空运输的规划和发展。

根据芝加哥公约第四十四条规定,国际民航组织的宗旨和目的主要有以下几点:

(1) 保证全世界国际民用航空安全、有效、有秩序地发展。
(2) 鼓励发展用于世界和平目的的航空器设计技术和驾驶技能。
(3) 鼓励发展用于国际民用航空的航路、机场和航行设施。
(4) 发展安全、正常、有效和经济的民用航空运输,满足世界人民的要求。
(5) 防止不合理的竞争,避免经济浪费。
(6) 充分尊重缔约国的权利,保证享有公平经营国际航空运输业务的机会。
(7) 避免各缔约国之间的歧视。
(8) 促进国际航空飞行安全。
(9) 促进国际民用航空运输业的全面发展。

以上九条共涉及国际航行和国际航空运输两个方面问题。前者为技术问题,主要是安全;后者为经济和法律问题,主要是公平合理,尊重主权。两者的共同目的是保证国际民航安全、正常、有效和有序地发展。

IACO 的作用是制定和监督执行有关航空运输飞行安全和维护国际航空运输市场秩序的标准,促进发展与和平利用航空技术,以保证飞行安全,在尊重主权的基础上公平发展。

3. ICAO 的管理机构和地区办事处

国际民航组织由大会、理事会和秘书处三级框架组成。

1) 大会

大会是国际民航组织的最高权力机构。大会一般情况下每三年举行一次,遇有特别情况时可以召开特别会议。大会期间的工作为选举理事国、审查理事会各项报告、表决年度预算、决定财务安排以及审议提交大会的各项提案等。

2) 理事会

理事会是向大会负责的常设机构,由大会选出的 33 个缔约国组成。理事会每年召开三次会议,每次会议会期约为两个月。理事会下设财务、技术合作、非法干扰、航行、新航行系统、运输、联营导航、爱德华奖八个委员会。每次理事会开会前,各委员会先分别开会,以便将文件、报告或问题提交理事会。理事会主席由理事会选举产生。

3) 秘书处

秘书处是国际民航组织的常设行政机构,由秘书长负责保证国际民航组织各项工作的顺利进行。秘书长由理事会任命。秘书处下设航空技术局、航空运输局、法律局、技术援助局、行政服务局和对外关系办公室,这些机构统一在秘书长领导下工作。此外,还有七个地区办事处:西非和中非区(达喀尔 DKR),欧洲区(巴黎 PAR),亚洲太平洋区(曼谷

BKK)、中东区(开罗 CAI)、东非和南非区(内罗毕 NBO)、北美、中美和加勒比区(墨西哥城 MEX)、南美区(利马 LIM)。地区办事处直接由秘书长领导,主要任务是建立和帮助缔约各国实行国际民航组织制定的国际标准和建设措施以及地区规划。

4. ICAO 的主要工作

国际民航组织按照《国际民用航空公约(芝加哥公约)》的授权,发展国际航行的原则和技术。近二十年,各种新技术飞速发展,全球经济在环境也发生了巨大变化,对国际民用航空的航行和运输管理制度形成了前所未有的挑战。为加强工作效率和针对性,继续保持对国际民用航空的主导地位,国际民航组织制订了战略工作计划(Strategic Action Plan),重新确定了工作重点,于 1997 年 2 月由其理事会批准实施。

1)法规(Constitutional Affairs)

修订现行国际民航法规条款并制订新的法律文书。主要项目有:

(1)敦促更多的国家加入关于不对民用航空器使用武力的《芝加哥公约》第 3 分条和在包用、租用和换用航空器时由该航空器登记国向使用国移交某些安全职责的第 83 分条。

(2)敦促更多的国家加入《国际航班过境协定》。

(3)起草关于统一承运人赔偿责任制度的"《新华沙公约》"。

(4)起草关于导航卫星服务的国际法律框架。

2)航行(Air Navigation)

制订并施行关于航行的国际技术标准和建议措施是国际民航组织最主要的工作,《芝加哥公约》的 18 个附件中有 17 个都是涉及航行技术的。战略工作计划要求这一工作跟上国际民用航空的发展速度,保持这些标准和建议措施的适用性。

规划各地区的国际航路网络、授权有关国家对国际航行提供助航设施和空中交通与气象服务、对各国在其本国领土之内的航行设施和服务提出建议,是国际民航组织"地区规划(Regional Air Navigation Planning)"的职责,由七个地区办事处负责运作。近年来,由于各国越来越追求自己在国际航行中的利益,冲突和纠纷日益增多(例如在南中国海空域),致使国际民航组织的统一航行规划难以得到完全实施。战略工作计划要求加强地区规划机制的有效性,更好地协调各国的不同要求。

3)安全监察(Safety Oversight Programme)

近年全球民航重大事故率平均为 1.44 架次/百万架次,随着航空运输量的增长,如果这一比率不降下来,事故的绝对次数也将上升到不可接受的程度。国际民航组织从 20 世纪 90 年代初开始实施安全监察规划,主要内容为各国在志愿的基础上接受国际民航组织对其航空当局安全规章的完善程度以及航空公司的运行安全水平进行评估。这一规划在第 32 届大会上发展成为强制性的"航空安全审计计划(Safety Audit Programme)",要求所有的缔约国必须接受国际民航组织的安全评估。

安全问题不仅在航空器运行中存在,在航行领域的其他方面也存在,例如空中交通管制和机场运行等。为涵盖安全监察规划所未涉及的方面,国际民航组织在近年还发起了"在航行域寻找安全缺陷(Programme for Identifying Safety Shortcomings in the Air Navigation Field)"计划。

作为航空安全的理论研究,现实施的项目有"人类因素(Human Factors)"和"防止有控飞行撞地(Prevention of Controlled Flight into Terrain)"。

4) 制止非法干扰(Aviation Security)

制止非法干扰即我国通称的安全保卫或空防安全。这项工作的重点为敦促各缔约国按照附件17"安全保卫"规定的标准和建议措施,特别加强机场的安全保卫工作,同时大力开展国际民航组织的安全保卫培训规划。

5) 实施新航行系统(ICAO CNS/ATM Systems)

新航行系统即"国际民航组织通信、导航、监视/空中交通管制系统",是集计算机网络技术、卫星导航和通信技术以及高速数字数据通信技术为一体的革命性导航系统,将替换现行的陆基导航系统,大大提高航行效率。20世纪80年代末期由国际组织提出,90年代初完成全球规划,现已进入过渡实施阶段。这种新系统要达到全球普遍适用的程度,尚有许多非技术问题要解决。战略工作计划要求攻克的难题包括:卫星导航服务(GNSS)的法律框架、运行机构、全球、各地区和各国实施进度的协调与合作、融资与成本回收等。

6) 航空运输服务管理制度(Air Transport Services Regulation)

国际民航组织在航空运输领域的重点工作为"简化手续(Facilitation)",即"消除障碍以促进航空器及其旅客、机组、行李、货物和邮件自由地、畅通无阻地跨越国际边界"。18个附件中唯一不涉航行技术问题的就是对简化手续制定标准的建议措施的附件9"简化手续"。

在航空运输管理制度方面,1944年的国际民航会议曾试图制订一个关于商业航空权的多边协定来取代大量的双边协定,但未获多数代表同意。因此,目前国家之间商业航空权的交换仍然由双边谈判来决定。国际民航组织在这方面的职责为,研究全球经济大环境变化对航空运输管理制度的影响,为各国提供分析报告和建议,为航空运输中的某些业务制定规范。战略工作计划要求国际民航组织开展的工作有:修订计算机订座系统营运行为规范、研究服务贸易总协定对航空运输管理制度的影响。

7) 统计(Statistics)

《芝加哥公约》第54条规定,理事会必须要求、收集、审议和公布统计资料,各理事国有义务报送这些资料。这不仅对指导国际民航组织的审议工作是必要的,而且对协助各国民航当局根据现实情况制定民航政策也是必不可少的。这些统计资料主要包括:承运人运输量、分航段运输量、飞行始发地和目的地、承运人财务、机队和人员、机场业务和财务、航路设施业务和财务、各国注册的航空器、安全、通用航空以及飞行员执照等。

国际民航组织的统计工作还包括经济预测和协助各国规划民航发展。

8) 技术合作

20世纪90年代以前,联合国发展规划署援助资金中5%用于发展中国家的民航项目,委托给国际民航组织技术合作局实施。此后,该署改变援助重点,基本不给民航项目拨款。鉴于不少发展中国家引进民航新技术主要依靠外来资金,国际民航组织强调必须继续维持其技术合作机制,资金的来源,一是靠发达国家捐款,二是靠受援助国自筹资金,委托给国际民航组织技术合作局实施。目前,不少发达国家认为国际民航组织技术合作机制效率低,养人多,还要从项目资金中提取13%管理费,很少向其捐款,主要选择以双边的方式直接同受援国实施项目。

9）培训

国际民航组织向各国和各地区的民航训练学院提供援助,使其能向各国人员提供民航各专业领域的在职培训和国外训练。战略工作计划要求,今后培训方面的工作重点是加强课程的标准化和针对性。

5. 中国参加 ICAO 的情况

中国是国际民用航空组织的创始国之一,1944 年 12 月 9 日,当时的中国政府在《芝加哥公约》上签字,1946 年 2 月 20 日批准该公约,并于 1947 年当选为第二类理事国。但是 1949 年,中国在该组织的合法权利被剥夺。1971 年,中国恢复在联合国的合法席位后,也恢复了在国际民用航空组织的合法权利,同年 11 月 19 日,国际民航组织第 74 届理事会通过决议,承认中华人民共和国政府为中国唯一合法的政府,驱逐了台湾国民党集团的代表。1974 年 2 月我国决定承认《国际民用航空公约》和有关修正协议书,并自该日起参加该组织的活动,并于 1974 年 9 月在该组织第 21 届大会上再次当选为第二类理事国,并在蒙特利尔设有常驻该组织理事会的中国代表处。

2004 年 10 月 2 日,在国际民用航空组织的第 35 届大会上,选举中国为该组织第一类理事国。2007 年 9 月 22 日在加拿大蒙特利尔举行的国际民航组织第 36 届大会上,中国高票连任国际民航组织一类理事国。同时当选一类理事国的还有澳大利亚、巴西、加拿大、法国、德国、意大利、日本、俄罗斯、英国和美国等十个国家。

6.1.2 IATA 概述

国际航空运输协会简称国际航协（International Aviation Transport Association,IATA。标识见图 6.2)是世界上航空公司之间最大的非政府、非盈利性的一个国际性民间组织,是国际航空公司的行业协会,是全世界最有影响力的航空运输组织。在全世界近 100 个国家设有办事处,280 家会员航空公司遍及全世界 180 多个国家,承载 98% 的国际航空运输。国际航空运输协会在航空领域各方面都拥有丰富的经验,是世界航空运输安全和

图 6.2　IATA 标识

运营、财务管理、客货运销售和分销系统以及培训等方面的重要信息来源。国际航空运输协会为会员航空公司和航空伙伴企业提供包括财务管理、培训、货运、咨询和航行等众多方面的服务。

1. IATA 的成立

国际航协于 1945 年 4 月由 30 多家航空公司在古巴哈瓦那创立,在加拿大通过国会特别法案组成法人组织,总部设在加拿大魁北克省蒙特利尔市,执行总部在瑞士日内瓦,在纽约、巴黎、新加坡、曼谷、内罗毕、北京设有分支机构或办事处。在瑞士的日内瓦还设有清算所。

作为航空业的象征,IATA 的使命是为整个航空运输行业服务,为航空运输业提供包括运价和班机时刻的协调、多边联运、财务及联运结算、代理人计划和其他各种与航空运输有关的专业技术服务。IATA 所制定的各项客、货运输规则已在世界航空运输中被普遍使用,大到运送旅客行李和货物的集装箱的标准和尺寸,小到旅客手中的机票和登机牌的印制,无不体现着 IATA 的标准。

2. IATA 的宗旨、任务与作用

IATA 的宗旨是"为了世界人民的利益,促进安全、正常而经济的航空运输","对于直接或间接从事国际航空运输工作的各空运企业提供合作的途径","与国际民航组织以及其他国际组织通力合作"。也即:

(1) 让全世界在有安全,有规律之航空运输中受益。
(2) 增进航空贸易发展。
(3) 提供航空服务合作管道。

IATA 的任务与作用是制定国际航空客货运输价格、运载规则和运输手续,协助航空运输企业间的财务结算,执行 ICAO 所制定的国际标准和程序。

3. IATA 的管理机构和地区办事处

协会的最高权力机构为全体会议,每年一次,常设机构是"执行委员会",另有四个常务委员会分管法律、业务、财务和技术。下属部门包括运输部、律法部、技术部、政府和行业事务部、行业自动化和财务服务部、公共关系部,同时 IATA 内部设置五个业务局,分别负责会员联络、航空培训、行业结算、航行与基础设施和人事行政事务。目前有雇员 1700 多名,最高行政官员是理事长。

其中与航空客运息息相关的运输部主要有以下职能:

(1) 提供协调,讨论运价的会议组织。
(2) 为出版者和 IATA 成员提供运价资料的主要信息渠道。
(3) 检查、考核世界范围航空公司客货运及代理人的服务。
(4) 协调旅客货物及其代理人的培训计划。
(5) 组织代理人销售报告及中心开账工作(BSP)。
(6) 讨论各航空公司的航班安排问题(每年两次,计划部门)。
(7) 在邮件运输方面,为航空运输业争取利益(万国统一联盟)。
(8) 提高各公司对行业竞争的欺诈意识。

IATA 在全世界 70 多个国家和地区设立 100 多个办事处,包括我国的北京、上海、广州、香港和台北的办事处。为加强该协会与各个政府部门、地区行业协会和航空公司协会间的沟通,了解各国航空运输发展政策,IATA 还设置了北美、南美、欧洲、非洲、中东、南亚和太平洋、北亚七大地区办事处,负责各地区的政府与行业事务。

4. IATA 会员

凡国际民航组织成员国的任一经营定期航班的空运企业,经其政府许可都可成为该协会的会员。IATA 会员分为正式会员和准会员,其中正式会员是指经营国际定期客运航班的航空公司,准会员是指只经营国内定期客运航班的航空公司。协会会员所属国必须是有资格参加 ICAO 的国家。

大部分的国际航空公司都是 IATA 的成员,以便和其他航空公司共享连程中转的票价、机票发行等等标准。国际航空运输协会为全球各航空公司指定的两个字母的 IATA 航空公司代码,但是有许多地区性的航空公司或者低成本航空公司并非国际航空运输协会的成员。

在全世界定期国际航空运输业务中,IATA 会员航空公司承担了 98% 的业务量。

5. IATA 的活动

1）行业协会活动（Trade Association Activities）

以程序性会议（Procedures Conference）形式进行，所有会员航空公司必须参加。主要讨论国际性客运和货运的价格与代理、客货运输专用票据格式、行李规定运价、订座程序等问题。

2）运价协调活动（Tariff Coordination Activities）

通过运价协调会议（Tariff Coordination Conference）方式进行，会员航空公司可以选择参加。主要讨论客票价格、货运费率与运价、代理人佣金率等问题。

以上两类活动一般通过 IATA 的运输会议进行，会议的结构图见图 6.3。

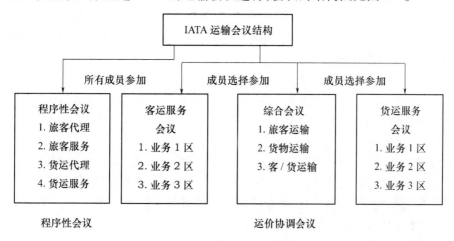

图 6.3　IATA 会议结构图

虽然国际航协从组织形式上是一个航空企业的行业联盟，属非官方性质组织，但是由于世界上的大多数国家的航空公司是国家所有，即使非国有的航空公司也受到所属国政府的强力参预或控制，因此航协实际上是一个半官方组织。它制定运价的活动，也必须在各国政府授权下进行，它的清算所对全世界联运票价的结算是一项有助于世界空运发展的公益事业，因而国际航协发挥着通过航空运输企业来协调和沟通政府间政策，解决实际运作困难的重要作用。

6. IATA 在中国

我国现有 17 家 IATA 会员航空公司。其中包括中国国际航空公司、东方航空公司、南方航空公司、海南航空公司、上海航空公司（现已与东航合并）、厦门航空公司、山东航空公司、深圳航空公司、中国货运航空公司、四川航空公司、国泰航空公司、港龙航空公司、澳门航空公司、中华航空公司、长荣航空公司、复兴航空公司、远东航空公司。

国际航空运输协会北京办事处成立于 1994 年 4 月 15 日。从最初的代理人事务办事处迅速成长为 IATA 七大地区办事处之一，主管北亚地区事务。在民航总局及中外航空公司，尤其是会员航空公司的大力支持下，IATA 北京办事处各项工作开展顺利，为本地区航空业的发展做出了巨大贡献。

它的部分职能如下：

（1）在本地区执行并推广国际航协在全世界的政策，推广国际航协的产品与服务。

（2）协调航空公司联运和收益管理服务项目在本地区,特别是在中国大陆的开展。

（3）协助办理国际航协航空公司两字代码和三字结算码的工作。

（4）负责中国(港、澳、台地区除外)境内的国际/国内客运销售代理人申请成为国际航协认可代理人的资格审批和资格管理工作。

（5）负责中国境内的国际货运代理人申请成为国际航协注册货运代理人的资格审批和资格管理。

（6）按照国际航空运输协会810C、832 和850 等决议条款,在中国实施"开账与结算计划",在六个月内建立了BSP,创下了世界第一的速度。

（7）促进中国BSP的全面自动化,推广电子客票。

（8）在中国航空货运领域,通过与IATA会员航空公司和其他主要机构,如货运销售代理公司、海关、货物托运人和政府有关部门的密切合作,促使本地区的航空货运市场更加安全、经济和有秩序的发展。

（9）以中国地区化培训为原则,以灵活多样的形式为中国的会员航空公司和非会员航空公司及行业内外对航空运输培训项目感兴趣的客户提供成本有效的培训。

（10）协助会员航空公司了解其在中国境内运行时发生的、与空中交通管制有关的、影响飞行安全事件的调查和调查结果。

（11）参与和支持由IATA 组织的、与航空安全/保安有关的活动和项目。

（12）协助会员航空公司解决其在中国境内运行中所遇到的航行方面问题。

（13）向民航当局空管部门反映会员航空公司对空管规章标准、空域结构、航路和飞行程序方面的意见、需求和改进建议。

6.1.3 IATA 业务分区

国际航协为了管理与制定票价方便期间,将全球分为三大区域,这样分出的区域叫Traffic Conference Area,简称TC,如图6.4 所示。

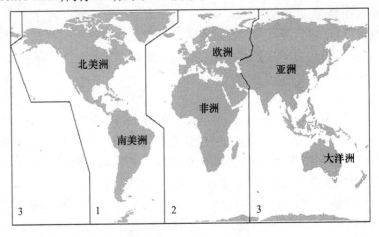

图 6.4 IATA 业务分区图

国际航协将全球分为三大区域外,也将全球分为两个半球:东半球(Eastern Hemisphere,EH),包括TC2 和TC3;西半球(Western Hemisphere,WH),包括TC1。见表6.1。

表 6.1 IATA 业务分区

Hemisphere	Area	Sub Area
西半球 Western Hemisphere	Area1 （TC1） 业务一区	North America（北美洲）
		Central America（中美洲）
		South America（南美洲）
		Caribbean Islands（加勒比海地区）
东半球 Eastern Hemisphere	Area2 （TC2） 业务二区	Europe（欧洲）
		Africa（非洲）
		Middle East（中东）
	Area3 （TC3） 业务三区	South East Asia（东南亚）
		North East Asia（东北亚）
		South Asian Subcontinent（南亚次大陆）
		South West Pacific（西南太平洋）

6.1.4 世界航空区划

国际民航组织（ICAO）为了协调世界民航事务，制定航空技术国际标准以及统计分析世界民航的生产数据，把世界分为北美、欧洲、亚太、中东、南美、非洲六个经济统计区。从空运发展水平分析，世界六大区的发展极不平衡，其中北美、欧洲和亚太部分地区是世界经济重心，三地区的空运总周转量占世界总量的 80%，是世界的航空大国。目前，基本形成了北美、欧洲、亚太为主导的三足鼎立之势。

而幅员辽阔、人口众多的非洲、拉美和亚太部分地区，由于经济水平的制约，空运业发展落后，多数国家的空运事业尚处于起步阶段，一些国家甚至还无空运业可言。

本章结合 IATA 三个业务分区及 ICAO 的六大区域分别进行阐述。重点阐述与我国有结算关系的机场和航空公司。

6.2 IATA 一区

IATA 一区的范围是北起格陵兰岛，南至南极洲。区域：北美洲、拉丁美洲以及附近岛屿和海洋，即美洲大陆以及与之毗连的岛屿，格陵兰、百慕大，西印度洋和加勒比海群岛，夏威夷群岛等。

6.2.1 概述

1. IATA 一区次区/子分区

如图 6.5 所示，IATA 一区包括北美洲、南美洲、中美洲和加勒比地区。

（1）北美洲次区（North America Sub–area）：包括阿拉斯加、加拿大、美国大陆、夏威夷、墨西哥、圣皮埃尔和密克隆。

（2）中美洲次区（Central America Sub–area）：包括伯利兹、哥斯达黎加、萨尔瓦多、危地马拉、洪都拉斯、尼加拉瓜。

（3）南美洲次区（South America Sub–area）：包括阿根廷、玻利维亚、巴西、智利、哥伦

图 6.5　业务一区分布图

比亚、厄瓜多尔、法属圭亚那、圭亚那、巴拿马、巴拉圭、秘鲁、苏里南、乌拉圭、委内瑞拉。

(4) 加勒比次区(Carribbean Sub-area)：包括巴哈马、百慕大、加勒比群岛、圭亚那、法属圭亚那、苏里南(注意：南美次区和加勒比次区有一部分是重合的)。

另：当使用一区和二/三区间经大西洋航线的运价时，一区还可以划分为以下三个次区。

(1) 北大西洋次区(North Atlantic Sub-area)：包括加拿大、格陵兰、墨西哥、圣皮埃尔和密克隆、美国(包含阿拉斯加、夏威夷、波多黎各、美属维尔京群岛)。

(2) 中大西洋次区(Mid Atlantic Sub-area)：包括安圭拉、安提瓜和巴布达、阿鲁巴、巴哈马、巴巴多斯、贝利兹、百慕大、玻利维亚、开曼群岛、哥伦比亚、哥斯达黎加、古巴、多米尼克、多米尼加共和国、厄瓜多尔、萨尔瓦多、法属圭亚那、格林纳达、瓜德罗普、危地马拉、圭亚那、海地、洪都拉斯、牙买加、马提尼克、蒙特赛拉特、荷属安的列斯、尼加拉瓜、巴拿马、秘鲁、圣基茨和尼维斯、圣卢西亚、圣文森特和格林纳丁斯、苏里南、特立尼达和多巴哥、特克斯和凯科斯群岛、委内瑞拉、英属维尔京群岛。

(3) 南大西洋次区(Southe Atlantic Sub-area)：包括阿根廷、巴西、智利、巴拉圭、乌拉圭(Argentina, Brazil, Chile, Paraguay, and Uruguay,简称为 ABCPU)。

2. IATA 一区航空运输总体概况

1) 北美区

北美是世界航空运输最发达的地区之一。其中全美国就有近 700 个民用机场，每年运输接近全世界运输量一半的旅客。

北美的许多航空公司在世界的航空公司中占重要的地位。多年来，在人员、机群、业务量、营运收入等方面名列世界前茅的航空公司中，北美约占了一半以上。

2006 年，北美地区机场的旅客吞吐量为 15.4 亿人次，占全球机场旅客吞吐量的 34.8%，其中 14.5 亿人次旅客在美国，加拿大则是 9000 万人次。

加拿大也是世界空运大国之一，其机场集中分布于南部的美加边境一带，尤以五大湖沿岸和圣劳伦斯河谷一带最为显著,这一带经济发达、人口密集、工厂林立,空港城市和机场众多。加拿大的机场有2000多个,仅次于美国,居世界第二位。

2)拉丁美洲及加勒比地区

按照ICAO对统计区域的划分,该地区包括美国以南的美洲陆地和加勒比海的岛屿。拉美的一些国家,虽然经济上不是十分发达,但由于其地理位置的特别,航空运输是其主要的交通工具。如南美,地处安第斯山脉与亚马逊河流域,主要交通工具是水路与航空。南美的一些内陆国家,类似玻利维亚等国,四面不临海,国际运输必须通过智利、巴拉圭或阿根廷等国,国际交通运输方面非常受限。

巴西、墨西哥和哥伦比亚是拉美地区的主力军。随着拉美航空业的快速发展,拉美已成为世界飞机制造商不可忽视的市场。未来20年,拉美对新客机的需求量将达到1700架。

2006年,巴西各机场的旅客吞吐量比上年增长了6.7%,戈尔航空公司和塔姆航空公司带动了巴西国内航空市场的强劲增长。虽然巴西航空公司进行重组并削减了运力,但是远程航线的运输量仍保持了增长。

2007年智利航空公司实现利润3.08亿美元,被评为拉美地区最大的航空公司。

哥伦比亚航空公司紧随智利航空公司被评为拉美第二大航空公司。

6.2.2 机场

北美地区主要机场见表6.2。

表6.2 北美地区主要机场

国家(二字代码)	机场三字代码	机场/城市中文名称	州名
加拿大(CA)	YOW	渥太华国际机场	
	YUL	蒙特利尔多尔瓦国际机场	
	YVR	温哥华国际机场	
	YYZ	多伦多皮尔森国际机场	
	YUL/YMQ	蒙特利尔	
	YQB	魁北克	
	YYJ	维多利亚	
	YYC	卡尔加里	
	YEG	埃德蒙顿	
	YXE	萨斯卡通	
	YQR	里贾纳	
	YYG	温尼伯	
	YQT	桑德贝	
	YHZ	哈利法克斯	
	YYT	圣约翰斯	
	YSJ	圣约翰	
	YQG	温莎	
	YXV	伦敦	
	YFC	弗雷德里克顿	

(续)

国家(二字代码)	机场三字代码	机场/城市中文名称	州名
加拿大(CA)	YKA	坎卢普斯	
	YCD	纳奈莫	
	YLW	基洛纳	
	YXS	乔治王子城	
美国(US)	IAD	杜勒斯国际机场	弗吉尼亚 VA
	DCA	华盛顿国际机场	哥伦比亚特区 DC
	BOS	波士顿洛根国际机场	马萨诸塞 MA
	ORD	芝加哥奥黑尔国际机场	依利诺 IL
	JFK	纽约肯尼迪国际机场	纽约 NY
	ISP	纽约长岛机场	纽约 NY
	LGA	纽约拉瓜地机场	纽约 NY
	ALB	奥尔巴尼机场	纽约 NY
	BUF	布法罗机场	纽约 NY
	SFO	三番市旧金山国际机场	加利福尼亚 CA
	LAX	洛杉矶国际机场	加利福尼亚 CA
	BUR	洛杉矶伯班克机场	加利福尼亚 CA
	ONT	洛杉矶安大略机场	加利福尼亚 CA
	LGB	洛杉矶长滩机场	加利福尼亚 CA
	SNA	洛杉矶橙县机场	加利福尼亚 CA
	SAN	圣地亚哥机场	加利福尼亚 CA
	OAK	奥克兰机场	加利福尼亚 CA
	SJC	圣荷西机场	加利福尼亚 CA
	MIA	迈阿密国际机场	佛罗里达 FL
	MCO	奥兰多机场	佛罗里达 FL
	TPA	坦帕机场	佛罗里达 FL
	ATL	亚特兰大国际机场	佐治亚 GA
	CAE	哥伦比亚国际机场	南卡罗来纳 SC
	CHS	查尔斯顿机场	南卡罗来纳 SC
	CLE	克利夫兰机场	俄亥俄 OH
	CVG	辛辛那提机场	俄亥俄 OH
	DAY	代顿机场	俄亥俄 OH
	CMH	哥伦布机场	俄亥俄 OH
	CLT	夏洛特国际机场	北卡罗来纳 NC
	ILM	威尔明顿机场	北卡罗来纳 NC
	DEN	丹佛国际机场	科罗拉多 CO
	DFW	达拉斯沃思堡机场	得克萨斯 TX
	ELP	埃尔.帕索机场	得克萨斯 TX
	SAT	圣.安东尼奥机场	得克萨斯 TX
	AUS	奥斯汀机场	得克萨斯 TX
	IAH	休斯敦国际机场	得克萨斯 TX
	HOU	休斯敦哈比机场	得克萨斯 TX
	DTW	底特律都会机场	密执安 MI

(续)

国家(二字代码)	机场三字代码	机场/城市中文名称	州名
美国(US)	MEM	孟菲斯国际机场	田纳西 TN
	BNA	纳什维尔机场	田纳西 TN
	SEA	西雅图-塔科马国际机场	华盛顿 WA
	PDX	波特兰机场	俄勒冈 OR
	PHX	凤凰城机场	亚利桑那 AZ
	TUS	图森机场	亚利桑那 AZ
	LAS	拉斯维加斯机场	内华达 NV
	RNO	雷诺机场	内华达 NV
	SLC	盐湖城机场	犹他 UT
	MSP	明尼阿波利斯机场	明尼苏达 MN
	MCI	堪萨斯城机场	密苏里 MO
	STL	圣.路易斯机场	密苏里 MO
	MSY	新奥尔良机场	路易斯安那 LA
	BHM	伯明翰机场	阿拉巴马 AL
	IND	印第安那波利斯	印第安那 IN
	PWM	波特兰机场	缅因 ME
	EWR	纽瓦克机场	新泽西 NJ
	PIT	匹兹堡机场	宾夕法尼亚 PA
	PHL	费城机场	宾夕法尼亚 PA
	BWI	巴尔地摩机场	马里兰 MD
	HNL	火奴鲁鲁机场	夏威夷 HI
	OMA	奥马哈机场	内布瑞斯卡 NE

拉丁美洲及加勒比地区主要空港城市及机场见表6.3。

表6.3 拉丁美洲及加勒比地区主要机场

国家(二字代码)	机场/城市三字代码	机场(城市)中文名称
墨西哥 MX	MEX	墨西哥城机场
	ACA	阿尔普尔科
	GDL	瓜达拉哈拉
	MTY	蒙特雷
	MXL	摩西卡利
	TIJ	蒂华纳
	LEN	莱昂
古巴 CU	HAV	哈瓦那-何塞马蒂机场
巴西 BR	BSB	巴西利亚国际机场
	SAO	圣保罗国际机场
	RIO/GIG	里约热内卢国际机场
智利 CL	SCL	圣地亚哥
阿根廷 AR	EZE/BUE	埃塞萨国际机场(布宜诺斯艾利斯)

6.2.3 航空公司

北美地区主要航空公司汇总见表6.4。

147

表 6.4 IATA 一区主要航空公司

航空公司	英文全称	IATA 二字代码	ICAO 三字代码	总部	航徽
美国联合包裹服务公司	United Parcel Service Co., UPS	5X	UPX	肯塔基州路易斯维尔	
美国联邦快递航空公司	FedEx (Federal Express)	FX	DHL		
美利坚航空公司	American Airlines	AA	AAL	得克萨斯州沃斯堡	
美国联合航空公司	United Airlines	UA	UAL	伊利诺伊州 Elk Grove Village	
美国达美航空公司	Delta Airlines	DL	DAL	美国乔治亚州亚特兰大	
美国大陆航空公司	Continental Airlines	CO	COA	休斯敦	
美国西南航空公司	Southwest Airlines	WN	SWA	得克萨斯州达拉斯	
加拿大航空公司	Air Canada	AC	ACA	魁北克省蒙特利尔	

6.3 IATA 二区

IATA 二区(图 6.6)的欧洲、非洲、中东地区在政治、经济、种族、宗教、发展历史等方面有着较大的差异,在航空运输的发展水平上,也很不平衡。

图 6.6 IATA 二区分布图

IATA 的范围由整个欧洲大陆(包括俄罗斯的欧洲部分)及毗邻岛屿,冰岛、亚速尔群岛,非洲大陆和毗邻岛屿,亚洲的伊朗及伊朗以西地区组成。本区也是和我们所熟知的政治地理区划差异最多的一个区。

注意:IATA 定义的欧洲次区除了包括地理上的欧洲外,还应加上突尼斯,阿尔及利亚,摩洛哥,加纳利群岛,马德拉群岛及塞浦路斯和土耳其的亚洲部分。

6.3.1 概述

1. IATA 二区次区/子分区

(1)欧洲次区(Europe Sub – area):IATA 定义的欧洲次区的范围除包括地理上的欧洲外,还包括摩洛哥、阿尔及利亚、突尼斯、加纳利群岛、马德拉群岛(上述国家或地区在地理上属于非洲),以及塞浦路斯和土耳其(既包括欧洲部分,也包括亚洲部分)。俄罗斯仅包括其欧洲部分。具体有:

北欧国家:冰岛、挪威、丹麦、瑞典、芬兰。

西欧国家:英国、法国、爱尔兰、比利时、荷兰、卢森堡。

中欧国家:瑞士、德国、奥地利、捷克共和国、斯洛伐克、波兰、列支敦士登。

南欧国家:阿尔巴尼亚、瑞士、安道尔、奥地利、比利时、波斯尼亚和黑塞哥维那(波黑)、保加利亚、希腊、梵蒂冈、塞尔维亚和黑山共和国(塞黑)、克罗地亚、马其顿、马尔他、摩纳哥、葡萄牙(包括亚速尔群岛和马德拉群岛)、罗马尼亚、圣马力诺、斯洛文尼亚、西班牙(包括巴里阿里群岛和加纳利群岛)、匈牙利、塞浦路斯、土耳其、意大利。

东欧国家:俄罗斯(乌拉尔山以西部分)、乌克兰、白俄罗斯、爱沙尼亚、拉托维亚、立陶宛、摩尔多瓦、格鲁吉亚、阿塞拜疆、亚美尼亚。

非洲部分:阿尔及利亚、摩洛哥、突尼斯。

另外,IATA 的欧洲次区还可划分为以下几个小区:

① 斯堪的那维亚:包括丹麦(格陵兰除外)、挪威、瑞典(运价计算时,上述三国应被视为是同一国)。

② 欧共体航空区域(European Commom Aviation Area,ECAA):包括奥地利、比利时、丹麦、芬兰、法国、德国、希腊、冰岛、爱尔兰、意大利、列支敦士登、卢森堡、荷兰、挪威、葡萄牙、西班牙、瑞典、英国。

(2)非洲次区(Africa Sub - area,见图 6.7):含非洲大多数国家及地区,但北部非洲的摩洛哥、阿尔及利亚、突尼斯、埃及和苏丹不包括在内。

图 6.7 非洲次区分布图

该次区由下列小区组成:

中非:包括马拉维、赞比亚、津巴布韦。

东非:包括布隆迪、吉布提、厄立特里亚、埃塞俄比亚、肯尼亚、卢旺达、索马里、坦桑尼亚、乌干达。

南非:包括博茨瓦纳、莱索托、莫桑比克、纳米比亚、南非、斯威士兰。

西非:包括安哥拉、贝宁、布基纳法索、喀麦隆、佛得角、中非共和国、科特迪瓦、乍得、刚果、刚果民主共和国、圣多美和普林西比、赤道几内亚、加蓬、冈比亚、加纳、几内亚、几内亚比绍、利比里亚、马里、毛里塔尼亚、尼日尔、尼日利亚、塞内加尔、塞拉利昂、多哥。

印度洋岛屿:包括马达加斯加、科摩罗、毛里求斯、马约特岛(法)、留尼旺岛(法)、塞舌尔。

利比亚(利比亚属于非洲次区,但不属于上述任何小区)。

注意:地理上的非洲比 IATA 区域定义的要广,还包括阿尔及利亚、加纳利群岛、埃及、马德拉群岛、摩洛哥、突尼斯、苏丹;但上述国家在 IATA 区域的划分中分属于欧洲和中东次区。

(3) 中东次区(Middle East Sub-area)：包括巴林、埃及、伊朗、伊拉克、以色列、约旦、科威特、黎巴嫩、阿曼、卡塔尔、沙特阿拉伯、苏丹、叙利亚、阿拉伯联合酋长国、也门等。

2. IATA 二区航空运输总体概况

1) 欧洲区

欧洲是世界资本主义的发源地，也是近代科学技术的主要发源地。几个世纪以来，欧洲对世界的影响巨大，至今仍是资本主义的政治、经济中心。欧盟的建立使其24个成员国的经济一体化发展，经济实力不断加强。目前，欧盟已发展为仅次于美国的世界第二大经济实体。

欧洲一直是航空运输的发达地区。其定期航班完成的运输周转量仅次于北美，居各大区第2位，而不定期的航班业务也很发达，其业务量与定期航班相当。但是，基于航空资源的不足，机场容量、航路使用等已经接近饱和的状态，因此，欧洲和北美一样，都存在航空运输发展速度减慢的趋势，它们在世界航空运输中所占的比重将比过去有所下降。高速列车、高速公路等地面交通方式将在其洲内运输中被高度重视。

在欧洲，低成本航空公司同样推动了机场业的发展，特别是在支线机场。2006年，拥有低成本航空公司为基地的支线机场比其他机场的增长要略快一些。但与几年前相比，低成本航空在支线机场的总体影响要弱一些。劳伦·德拉鲁表示："直到2005年，拥有低成本航空公司为基地的欧洲支线机场比其他机场的增长要快至少5%。2006年，这种增长上的差别降到了2%。"

总体上，2006年欧洲机场的主要增长还是来自支线机场。得益于支线运输的活力，欧洲支线机场的旅客吞吐量增长了7%。欧洲低成本航空公司去年大约运送了1.55亿人次的旅客，比2005年的1.3亿增长了20%，支线航空的旅客运输量也增长了8.2%，而网络型航空公司的旅客运输量则仅增长了4.5%。

欧洲前四大机场中的三家由于运力短缺或者环境制约，增长率低于平均水平。2006年，伦敦希思罗机场的旅客吞吐量减少了0.6%，主要是由于"9·11"恐怖袭击事件后，过于繁琐的安检措施以及冬天的大雾所带来的负面影响，希思罗机场也由此成为了唯一一家被列入全球十大表现最差的欧洲机场。

得益于国家良好的经济状况和旅游业的繁荣，西班牙、意大利、德国和英国是2006年欧洲航空市场的最大贡献者，这四国的航空运输量占到欧洲全年运输总量的1/2。虽然东欧地区的旅客运输量增长十分迅速，但由于东欧地区航空公司的规模相对较小，在欧洲整个市场中所占的比例仍然非常有限。

欧洲增长最快的支线机场是位于伊斯坦布尔的萨拜娜·高肯机场，增幅达186%。巴塞罗那机场则是表现最佳的支线机场，旅客吞吐量比2005年增加了290万人次。

2) 中东区(Middle East)

按ICAO统计区域的划分，中东包括除阿富汗和土耳其之外的西亚国家，这与IATA和地理上的分区都有所不同。

中东是连接欧亚大陆的必经之地，有优越的地理位置和丰富的石油资源，航空运输比较发达。中东是世界文化的发源地之一，伊斯兰教的圣地也在此。这一带面积虽小，但航线分布密集，航空运输业务量较大，像伊斯兰堡、卡拉奇等城市还是世界上重要的中继站之一。

中东地区的机场大约分成两种情形：一种是沿波斯湾地区，主要是由基地航空公司带动旅客吞吐量的增长；另一种是其他地区的机场，它们需要不同的航空公司来吸引大量的旅客，其中包括位于沙特拉伯吉达的阿卜杜拉齐兹国王机场、利雅得机场以及位于达曼的法赫德国王机场。

中东地区空运发展具有如下体征：

（1）空运规模较小，市场份额低，但地位较重要。

（2）人均 GDP 水平高，资金雄厚，但受战争和政治影响明显。

（3）空运业发展的波动大。

目前，迪拜国际机场仍然是中东地区最大的机场，去年的旅客吞吐量达到 2870 万人次，比沙特三大机场的总量还要多。得益于卡塔尔航空公司的快速发展以及低成本航空公司的兴起，2001 年—2006 年的 5 年间，沙迦机场成为了该地区发展的领头羊。

3）非洲区

非洲地域辽阔、物产丰富、人口较多。在 ICAO 的 6 个地区中，其面积和人口仅次于亚太，居第二位。非洲在殖民时期留下的铁路系统较为发达，但不能适应非洲现有的经济网络，急需投资改造。在南非，20 世纪 70 年代后建成的高速公路发达。但是航空运输方面，非洲仍属于比较落后的地区之一。空运发展受经济水平的制约增长缓慢，且波动明显。除南非、摩洛哥、埃及等少数国家外，大多数国家的空运业务尚处于萌芽状态。自 2001 年以来，南非、埃及和尼日利亚成为该地区的主力。

非洲地区机场的旅客吞吐量大约在 1 亿人次左右，与中东大体持平。

6.3.2 机场

欧洲各国主要机场见表 6.5。

表 6.5 欧洲各国主要机场

国家（二字代码）	机场/城市三字代码	机场（城市）中文名称
英国 GB	LHR	伦敦希思罗机场
	LPL	利物浦雷依国际机场
	MAN	曼彻斯特机场
	BHX	伯明翰
	LBA	利兹
	LPL	利物浦
	SZD	设菲尔德
	EDI	爱丁堡
	GLA	格拉斯哥
	NCL	纽卡斯尔
	BFS	贝尔法斯特
	SOU	南安普敦
	BRS	布里斯托尔
	ABZ	阿伯丁

(续)

国家(二字代码)	机场/城市三字代码	机场(城市)中文名称
法国 FR	CDG/PAR	戴高乐机场
	ORY	奥利机场
	MRS	马赛机场
	LYS	里昂机场
	NCE	尼斯
	MRS	马赛
	BOD	波尔多
	TLS	图卢兹
德国 DE	TXL/BER	泰格尔机场
	MUC	慕尼黑机场
	BRE	不莱梅机场
	FRA	法兰克福-莱茵-美因国际机场
	STR	斯图加特机场
	HAM	汉堡国际机场
	NUE	纽伦堡机场
	CGN	科隆机场
	LEJ	莱比锡
	DRS	德累斯顿
	CGN	科隆
	BNJ	波恩
	HAJ	汉诺威
	DTM	多特蒙德
	DUS	杜塞尔多夫
荷兰 NL	AMS	阿姆斯特丹-史基浦机场
	鹿特丹机场	RTM
卢森堡 LU	LUX	卢森堡国际机场
比利时 BE	BRU	布鲁塞尔国际机场
克罗地亚 HR	ZAG	萨格勒布机场
乌克兰 UA	KBP	基辅机场
	基辅茹良尼机场	IEV
俄罗斯 RU	SVO/MOW	谢列梅捷沃机场
	多莫杰多沃机场	DME
	圣彼得堡	LED
白俄罗斯 BY	MSQ	明斯克
波兰 PL	WAW	华沙奥肯切机场
匈牙利 HU	BUD	布达佩斯费里海吉机场

153

(续)

国家(二字代码)	机场/城市三字代码	机场(城市)中文名称
罗马尼亚 RO	BUH	布加勒斯特机场
南斯拉夫 MK	BEG	贝尔格莱德机场
挪威 NO	OSL	奥斯陆加勒穆恩机场
瑞典 SE	ARN/STO	斯德哥尔摩阿兰达机场
芬兰 FI	HEL	赫尔辛基万塔机场
捷克 CZ	PRG	布拉格鲁济涅机场
奥地利 AT	VIE	维也纳施韦夏特机场
希腊 GR	ATH	雅典国际机场
意大利 IT	FCO/ROM	罗马菲乌米奇诺机场
	MXP/MIL	米兰马尔蓬萨机场
	VCE	威尼斯机场
	FLR	佛罗伦萨机场
	TRN	都灵机场
	NAP	那不勒斯
	GOA	热那亚
葡萄牙 PT	LIS	里斯本机场
	OPO	奥波多机场
西班牙 ES	MAD	马德里巴拉哈斯机场
	BCN	巴塞罗那安普拉特机场
	VLC	巴伦西亚机场
	SVQ	塞维利亚机场
瑞士 CH	BRN	贝尔普伯尔尼机场
	GVA	日内瓦国际机场
	ZRH	苏黎世国际机场
	BSL	巴塞尔机场
丹麦 DK	CPH	哥本哈根凯斯楚普机场
马耳他 MT	MLA	马耳他(岛)
摩洛哥 MA	CAS	卡萨布兰卡
阿尔及利亚 DZ	ALG	阿尔及尔
突尼斯 TN	TUN	突尼斯
土耳其 TR	ANK	安卡拉
	IST	伊斯坦布尔

非洲地区的主要空港城市和机场见表6.6。

表 6.6 非洲地区主要机场

国家(二字代码)	机场/城市三字代码	机场(城市)中文名称
利比亚 LY	TIP	的黎波里
埃塞俄比亚 ET	ADD	亚的斯亚贝巴
肯尼亚 KE	NBO	内罗毕
赞比亚 ZM	LUN	卢萨卡
塞内加尔 SN	DKR	达喀尔机场
马达加斯加 MG	TNR	塔那那利佛
南非 ZA	JNB	约翰内斯堡国际机场
	CPT	开普敦
扎伊尔 ZR	FIH	金沙萨
尼日利亚 NG	LOS	拉各斯
科特迪瓦 CI	ABJ	阿比让
坦桑尼亚 TZ	DAR	达累斯萨拉姆

中东地区的主要空港城市和机场见 6.7。

表 6.7 中东地区主要机场

国家	机场/城市三字代码	机场(城市)中文名称
埃及 EG	CAI	开罗国际机场
苏丹 SD	KRT	喀士穆
叙利亚 SY	DAM	大马士革
阿曼 OM	MCT	马斯喀特
沙特阿拉伯 SA	RUH	利雅得
	JED	吉达
约旦 JO	AMM	安曼
黎巴嫩 LB	BEY	贝鲁特
卡塔尔 QA	DOH	多哈
塞浦路斯 CY	NIC	尼科西亚
	LCA	拉那卡
巴林 BH	BAH	巴林
以色列 IL	TLV	特拉维夫
伊朗 IR	THR	德黑兰
伊拉克 IQ	BGW	巴格达
科威特 KW	KWI	科威特
阿联酋 AE	AUH	阿布扎比
	SHJ	沙迦
	DXB	迪拜

6.3.3 航空公司

IATA 二区主要航空公司汇总见表 6.8。

表 6.8 IATA 二区主要航空公司

航空公司	英文全称	IATA 二字代码	ICAO 三字代码	总部	航徽
德国汉莎航空公司	Lufthansa Airlines	LH	DLH	德国科隆	Lufthansa
荷兰皇家航空公司	KLM Royal Dutch Airlines	KL	KLM	荷兰阿姆斯特丹	KLM
英国航空公司	British Airways	AA	AAL	得克萨斯州沃斯堡	BRITISH AIRWAYS
英国维珍大西洋航空公司（维珍航空）	Virgin Atlantic Airways Ltd	VS	VIR	英国克劳利	virgin atlantic
法国航空公司	Air France	AF	AFR	法国巴黎	AIR FRANCE
意大利航空公司	Alitalia	AZ	AZA	意大利罗马	Alitalia
芬兰航空公司	Finn Air	AY	FIN	Vantaa, 芬兰	FINNAIR
北欧航空公司	Scandinavian Airlines	SK	SAS	瑞典斯德哥尔摩	SAS Scandinavian Airlines

（续）

航空公司	英文全称	IATA 二字代码	ICAO 三字代码	总部	航徽
卡塔尔航空公司	Qatar Airways	QR	QTR	卡塔尔多哈	
海湾航空	Gulf Air	GF	GFA	巴林麦纳麦	
埃及航空	EgyptAir	MS	MSR	埃及开罗	
阿联酋航空公司	Emirates Airline	EK	UAE	迪拜	
南非航空公司	South African Airways	SA	SAA	约翰内斯堡	
埃塞俄比亚航空公司	Ethiopian Airlines	ET	——	亚的斯亚贝巴	
俄罗斯航空公司	Aeroflot – Russian Airlines	SU	——	莫斯科	
奥地利航空公司	Austrian Airlines AG	OS	AUA	维也纳	
土耳其航空公司	Turkish Airlines Inc.	TK	THY	土耳其伊斯坦布尔	

6.4 IATA 三区

IATA 三区(图 6.8)的范围由整个亚洲大陆及毗邻岛屿(已包括在二区的部分除外),澳大利亚、新西兰及毗邻岛屿,太平洋岛屿(已包括在一区的部分除外)组成。

图 6.8 IATA 三区分布图

6.4.1 概述

1. IATA 三区次区/子分区

(1) 南亚次大陆分区(South Asian Subcontinent,SASC,见图 6.9):包括阿富汗、孟加拉、不丹、印度、马尔代夫、尼泊尔、巴基斯坦、斯里兰卡等南亚国家。

(2) 东南亚分区(South East Asia Sub-area,SEA,见图 6.9):中国(含港、澳、台)、东南亚诸国、蒙古、俄罗斯亚洲部分及土库曼斯但等独联体国家、密克罗尼西亚等群岛地区。包括文莱、柬埔寨、中国(不包括香港、澳门、台湾)、圣诞岛、澳属科科斯群岛、关岛、香港特别行政区、印度尼西亚、哈萨克斯坦、吉尔吉斯斯坦、老挝、澳门特别行政区、马来西亚、马绍尔群岛、密克罗尼西亚、蒙古、缅甸、北马里亚纳群岛、帕劳、菲律宾、俄罗斯(乌拉尔山以东)、新加坡、中国台湾省、塔吉克斯坦、泰国、土库曼斯坦、乌兹别克斯坦、越南。

(3) 西南太平洋分区(South West Pacific Sub-area,SWP,见图 6.10):澳大利亚、新西兰、所罗门群岛等。包括美属萨摩亚、澳大利亚、库克群岛、斐济群岛、法属波利尼西亚、基里巴斯、瑙鲁、新喀里多尼亚、新西兰、纽埃、巴布亚新几内亚、萨摩亚、所罗门群岛、汤加、图瓦卢、瓦努阿图、瓦利斯和富图纳群岛以及中间的所有岛屿。

(4) 日本、朝鲜、韩国分区(东北亚分区见图 6.9):仅含日本、韩国、朝鲜三个国家。

2. IATA 三区航空运输总体概况

亚洲和太平洋地区是六大区中面积最大、人口最多的地区。地区内的中国、日本、澳大利亚、韩国、新加坡等国为经济相对发达的空运大国。亚太地区是未来经济发展的重要地区,其航空运输具有很大的发展潜力。

亚太地区空运业的发展具有如下显著特征:

(1) 空运业已初具规模,亚太、北美、欧洲三足鼎立之势已基本形成。

图 6.9 IATA 三区(除西南太平洋分区)分布图

图 6.10 西南太平洋次区分布图(中文)

(2) 国际空运总量发展迅速,目前已超过北美,与欧洲相差无几。
(3) 地区经济与空运发展增长迅猛,在世界空运市场中的份额不断增大。

6.4.2 机场

近几十年来,为适应空运迅速发展的需要,亚太地区的机场数量明显增加,重要机场的规模迅速增长。其中,尤以国际客运的增长最显著。中国、日本、新加坡、韩国、澳大利亚、泰国、马来西亚、印度尼西亚等过都有重要的国际机场。太平洋上的关岛、苏瓦岛、帕皮提岛等重要岛屿也建成了越洋行线上的重要中继站。

IATA 三区的主要空港城市和机场见表 6.9。

表 6.9 IATA 三区主要机场

国家(二字代码)	机场/城市三字代码	机场(城市)中文名称
日本 JL	NRT/TYO	东京成田国际机场
	HND	东京羽田机场
	ITM/OSA	大阪伊丹国际机场
	KIX	大阪关西国际机场
	FUK	福冈
	NGO	名古屋
	SDJ	仙台
	OKJ	冈山
	CTS	札幌
	NGS	长崎
	HIJ	广岛
	UKY	京都
	KOJ	鹿儿岛
	QFY	福山
	OKA	冲绳
	YOK	横滨
	UKB	神户
韩国 KR	ICN/SEL	仁川国际机场
	PUS	釜山金海国际机场
	CJU	济州
	TAE	大丘
	HIN	晋州
	USN	蔚山
朝鲜 KP	FJN	平壤
新加坡 SG	SIN	新加坡樟宜国际机场
马来西亚 MY	KUL	吉隆坡国际机场

（续）

国家(二字代码)	机场/城市三字代码	机场(城市)中文名称
马来西亚 MY	PEN	槟城
	MKZ	马六甲
菲律宾 PH	MNL	马尼拉
印度尼西亚 ID	CGK/JKT	雅加达
越南 VN	HAN	河内
	SGN	胡志明市新山机场
老挝 LA	VTE	万象
柬埔寨 KH	PNH	金边
泰国 TH	BKK	廊曼国际机场
	HKT	普吉
缅甸 MM	RGN	仰光
不丹 BT	QJC	廷布
尼泊尔 NP	KTM	加德满都
孟加拉国 BD	DAC	达卡
斯里兰卡 LK	CMB	科伦坡
马尔代夫 MV	MLE	马累
印度 IN	DEL	新德里国际机场
	BOM	孟买
	CCU	加尔各答
阿富汗 AF	KBL	喀布尔
	KDH	坎大哈
哈萨克斯坦 KZ	TSE	阿斯塔纳
	ALA	阿拉木图
蒙古 MN	ULN	乌兰巴托
澳大利亚 AU	CBR	堪培拉机场
	MEL	墨尔本国际机场
	SYD	悉尼金斯福国际机场
	BNE	布里斯班
	ADL	阿德莱德
新西兰 NZ	AKL	奥克兰
	WLG	惠灵顿机场

6.4.3 航空公司

IATA 三区主要航空公司见表 6.10。

表6.10 IATA 三区主要航空公司

航空公司	英文全称	IATA 二字代码	ICAO 三字代码	总部	航徽
日本航空公司	Japan Airlines Corporation	JL	JAL	东京	JAL
全日本空航空公司	All Nippon Airways Co., Ltd.	NH	ANA	东京	ANA
大韩航空公司	Korean Air	KE	KAL	首尔	KOREAN AIR
韩亚航空公司	Asiana Airlines, Inc	OZ	AAR	首尔	ASIANA AIRLINES
国泰航空公司	Cathay Pacific Airways Ltd.	CX	CPA	香港	CATHAY PACIFIC
新加坡航空公司	Singapore Airlines	SQ	SIA	新加坡	SINGAPORE AIRLINES
泰国国际航空公司	Thai Airways International PCL	TG	THA	曼谷	THAI
菲律宾航空公司	Philippine Airlines	PR	PAL	菲律宾 马卡蒂市	Philippine Airlines
马来西亚航空公司	Malaysia Airlines	MH	MAS	马来西亚 吉隆坡	malaysia
澳洲航空公司	Qantas Airways	QF	QFA	悉尼	QANTAS
新西兰航空公司	Air New Zealand	NZ	ANZ	奥克兰	AIR NEW ZEALAND

本 章 小 结

（1）国际上最重要的两大航空组织分别是国际民用航空组织 ICAO 和国际航空运输协会 IATA。国际航协为了管理与制定票价方便期间，将全球分为三大区域，这样分出的区域叫 TRAFFIC CONFERENCE AREA，简称 TC。IATA 一区的范围又北美洲、拉丁美洲以及附近岛屿和海洋组成；IATA 二区的范围由整个欧洲大陆（包括俄罗斯的欧洲部分）及毗邻岛屿，冰岛、亚速尔群岛，非洲大陆和毗邻岛屿，亚洲的伊朗及伊朗以西地区组成；IATA 三区的范围由整个亚洲大陆及毗邻岛屿（已包括在二区的部分除外），澳大利亚、新西兰及毗邻岛屿，太平洋岛屿（已包括在一区的部分除外）组成。

（2）国际民航组织（ICAO）为了协调世界民航事务，制定航空技术国际标准以及统计分析世界民航的生产数据，把世界分为北美、欧洲、亚太、中东、南美、非洲六个经济统计区。

（3）在每个 IATA 业务分区，又被分为次区/子分区，在这些次区/子分区范围里，均分布着不同规模、不同特点的机场、航空公司和航线。

复 习 与 思 考

1. ICAO 的宗旨和目的是什么？
2. 简述我国参加 ICAO 的历程。
3. IATA 的宗旨、任务与作用是什么？
4. 我国航空公司成为 IATA 会员的基本情况是什么？
5. 什么是航空区划？
6. 世界航空区划如何划分？
7. 分别简述 IATA 一区、二区和三区的范围与区域。
8. IATA 一区、二区和三区内主要机场的基本情况（三字代码）有哪些？
9. IATA 一区、二区和三区内主要航空公司的基本情况（IATA 代码，ICAO 代码及其结算数字代码）是什么？

第7章 我国航空运输布局

本章关键字

机场　airport
航空公司　airlines
航线　route
航空运输布局　air transportation allocation
互联网资料

http://www.iata.gov/
http://www.icao.gov/
http://www.caac.gov.cn/
http://www.cata.org.cn/

> 1978年改革开放初期,我国民航仅有162条短程航线、70个机场,国际航线里程为55342km。2010年,全行业完成运输总周转量538.45亿吨千米,比上年增加111.38亿吨千米,增长26.1%,其中旅客周转量359.55亿吨千米,比上年增加58.71亿吨千米,增长19.5%;货邮周转量178.90亿吨千米,比上年增加52.67亿吨千米,增长41.7%。2010年,国内航线完成运输周转量345.48亿吨千米,比上年增加48.36亿吨千米,增长16.3%,其中港澳台航线完成11.59亿吨千米,比上年增加2.66亿吨千米,增长29.8%;国际航线完成运输周转量192.97亿吨千米,比上年增加63.02亿吨千米,增长48.5%。"十一五"期间我国运输总周转量年平均增速15.6%(以上数据来源:中国民用航空局2010年民航行业发展统计公报)。

7.1 我国的航线

"十一五"期间定期航班航线增加623条,年均增长8.4%。定期航班国内通航城市172个(不含香港、澳门、台湾),定期航班通航香港的内地城市43个,通航澳门的内地城市5个,通航台湾地区的内地城市32个。国内航空公司的国际定期航班通航国家54个,通航城市110个。

2010年,全行业完成旅客运输量2.68亿人次,比上年增加0.37亿人次,增长16.1%。国内航线完成旅客运输量2.48亿人次,比上年增加0.33亿人次,增长15.1%,其中港澳台航线完成0.07亿人次,比上年增加0.02亿人次,增长29.9%;国际航线完成旅客运输量0.19亿人次,比上年增加0.05亿人次,增长31.1%。"十一五"期间我国旅客运输量年平均增速14.1%。

7.1.1 我国的国际航线

1. 我国国际航线的分布特征

"十一五"期间,我国的国际航线302条,已连接五大洲54个国家的112个重要城市。根据目前的分布状况,我国的国际航线呈现三大特征:

（1）航线以北京、上海、广州三大国际空港城市为主,以大连、青岛、厦门、深圳等重要的沿海港口城市为辅;以哈尔滨、乌鲁木齐、昆明等沿边城市向东、西、南邻近国家辐射,形成东线、西线和南线。

（2）主要远程国际航线有飞往北美的东线、飞往中东和欧洲的西线、飞往大洋洲的南线;主要近程国际航线有飞往日本和韩国的东线,飞往东南亚的南线。

（3）由于国际航线的分布集中在中日、中韩、中美及中欧,而这些国际地区都属于北半球的中纬度地区,因此成为北半球航空圈带的重要组成部分。

2. 我国的主要国际航线

按照我国国际航线的分布特征,我国的国际航线基本可以分为东线、西线和南线。

（1）东线。东线主要有近程的日、韩航线和远程的北美航线组成。其中,中日航线是目前通航城市最多,航班密度最大、运营航空公司最多的重要国际航线;而中韩航线则是我国第二大国际航线;北美航线主要是中美航线,它是目前我国重要的远程航线,也是竞争最激烈航线之一。

（2）西线。西线主要是从我国东部城市向西飞越欧亚大陆,经中东到英、法、德、意、荷兰以及欧盟各国的航线。大致可分为中国—欧洲航线、中国—中东航线。此外,近年还开通了北京经西班牙马德里延伸到巴西圣保罗的国际航线。

（3）南线。南线主要包括我国东部城市到地理上的东南亚各国、大洋洲以及太平洋岛屿的航线,它是我国重要的中近程国际航线。除此以外,还有沿边地区的短程国际航线。

7.1.2 我国的国内航线

"十一五"期间,我国的定期国内航线1578条,港澳台航线85条。根据目前的分布状况,我国国内航线的分布呈现四大特点:

（1）我国国内航线集中分布于哈尔滨—北京—西安—成都—昆明一线以东的地区,其中又以北京、上海、广州的三角地带最为密集。整体上看,航线密度由东向西逐渐减小。

（2）航线多以大、中城市为中心向外辐射,由若干个放射状的系统相互连通,共同形成全国的航空网络。

（3）国内航线多呈南北向分布。在此基础上,又有部分航线从沿海向内陆延伸,呈东西向分布。

（4）航线结构以城市对为主,并开始向轮辐式航线结构优化。航线客货运量以干线为主,支线网络已经初具规模,但运量较低。

7.2 我国的机场

运输机场是国家综合交通基础设施的重要组成部分,是民航最重要的基础设施。要以需求为导向,优化机场布局,加快机场建设,完善和提高机场保障能力。截止到2011年底,我国境内民用航空(颁证)机场共有180个(不含台、港、澳地区,下同),比2010年增加5个,其中年内定期航班通航机场178个,通航城市175个。

7.2.1 我国机场的基本体系

1. 主要生产指标

根据旅客吞吐量,2011年我国运输机场完成旅客吞吐量为62053.7万人次,比2010年增长10.0%。其中,国内航线完成57116.8万人次,比2010年增长9.9%(其中内地至香港、澳门和台湾地区航线为2003.9万人次,比2010年增长13.6%);国际航线完成4936.8万人次,比2010年增长10.5%。

根据货邮吞吐量,2011年我国运输机场完成货邮吞吐量1157.8万吨,比2010年增长2.5%。其中,国内航线完成750.2万吨,比2010年增长3.9%(其中内地至香港、澳门和台湾地区航线为69.3万吨,比2010年增长0.3%);国际航线完成407.6万吨,比2010年增长0.1%。

根据飞机起降架次,2011年我国运输机场完成飞机起降架次598.0万架次,比2010年增长8.1%。其中,运输架次为515.4万架次,比2010年增长6.8%。起降架次中:国内航线552.8万架次,比上2010增长8.1%(其中内地至香港、澳门和台湾地区航线为15.4万架次,比2010年增长13.5%);国际航线45.1万架次,比2010年增长8.6%(注:国内、港澳台、国际航线分类按客货流向进行划分)。

2. 基本现状

2011年,全国定期航班通航机场中,年旅客吞吐量在1000万人次以上的为21个,比2010年增加5个,完成旅客吞吐量占全部机场旅客吞吐量的75.1%;年旅客吞吐量在100万人次以上的有53个,比2010年增加2个,完成旅客吞吐量占全部机场旅客吞吐量的95.2%。全国各地区旅客吞吐量的分布情况是:华北地区占17.7%,东北地区占6.1%,华东地区占29.8%,中南地区占24.4%,西南地区占14.6%,西北地区占5.2%,新疆地区占2.3%。其中北京、上海和广州三大城市4个机场旅客吞吐量占全部机场旅客吞吐量的32.0%。

2011年,全国定期航班通航机场中,年货邮吞吐量在10000吨以上的有47个,与2010年持平,完成货邮吞吐量占全部机场货邮吞吐量的98.6%。全国各地区货邮吞吐量的分布情况是:华北地区占17.0%,东北地区占3.7%,华东地区占43.8%,中南地区占22.9%,西南地区占9.5%,西北地区占2.1%,新疆地区占1.0%。其中,北京、上海和广州三大城市机场货邮吞吐量占全部机场货邮吞吐量的54.9%。

(以上数据均来自于:中国民用航空局2011年民航行业发展统计公报)

从以上数据可以看出,我国机场的基本现状是:我国的旅客吞吐量和货邮吞吐量集中在100万人次和10000吨以上的机场,其中,三大枢纽机场在旅客吞吐量上占据着整个市场的1/3以上,在货邮吞吐量上占据着整个市场的1/2以上,三大枢纽机场是民航运输业及地区经济发展的重要推动力,促进民航运输业结构升级的重要影响因素。

3. 基本体系

机场作为航空运输和城市的重要基础设施,是综合交通运输体系的重要组成部分。经过几十年的建设和发展,中国机场总量初具规模,机场密度逐渐加大,机场服务能力逐步提高,现代化程度不断增强,机场体系已经具有鲜明的特点,即:以北京、上海、广州等枢纽机场为中心,其余省会和重点城市机场为骨干,以及众多干、支线机场相配合的基本格局。根据国家民航局十二五机场发展规划,中国机场发展战略将形成五大国家门户枢纽(北上广昆乌)+N区域枢纽的格局,我国民用运输机场体系初步建立。

运输机场体系的建立为保证我国航空运输持续快速健康协调发展,促进经济社会发展和对外开放,以及完善国家综合交通体系等发挥了重要作用,对加强国防建设、增进民族团结、缩小地区差距、促进社会文明也具有重要意义。

但机场总量不足、体系结构和功能定位不尽合理等问题仍比较突出,难以满足未来我国经济社会发展需要,特别是提高国家竞争力的要求,进一步优化机场布局和适度增加机场总量已成为未来时期我国机场发展的重要课题。

7.2.2 我国机场的基本评价

实施枢纽战略,满足综合交通一体化需求。加强珠三角、长三角、京津冀等区域机场的功能互补,促进多机场体系的形成。到2015年,全国运输机场总数达到230个以上,覆盖全国94%的经济总量、83%的人口和81%的县级行政单元。

1. 机场总体布局基本合理

绝大多数机场的建设和发展是以航空运输市场需求为基础,初步形成了与我国国情国力相适应的机场体系,为促进和引导国民经济社会发展、加强国防建设和保障国家安全发挥着重要作用。若以地面交通100km或1.5h车程为机场服务半径指标,现有机场可为52%的县级行政单元提供航空服务,服务区域的人口数量占全国人口的61%,国内生产总值(GDP)占全国总量的82%。

2. 机场区域布局与经济地理格局基本适应,机场集群效应显现

机场区域分布的数量规模和密度与我国区域经济社会发展水平和经济地理格局基本适应,民用机场呈区域化发展趋势,初步形成了以北京为主的北方(华北、东北)机场群、以上海为主的华东机场群、以广州为主的中南机场群三大区域机场群体,以成都、重庆和昆明为主的西南机场群和以西安、乌鲁木齐为主的西北机场群两大区域机场群体雏形正在形成,机场集群效应得以逐步体现,对带动地区经济社会发展、扩大对外开放,提高城市发展潜力和影响力发挥了重要作用。

3. 机场体系的功能层次日趋清晰

我国民航运输基于机场空间布局的枢纽辐射式与城市对相结合的航线网络逐步形成,机场体系的功能层次日趋清晰、结构日趋合理,国际竞争力逐步增强。一批主要机场的综合功能逐步完善、业务能力不断提高,北京、上海、广州三大枢纽机场的中心地位日益突出,昆明、成都、西安、乌鲁木齐、沈阳、武汉、重庆、大连、哈尔滨、杭州、深圳等省会或重要城市机场的骨干作用进一步增强,尤其是昆明、成都、重庆、西安、乌鲁木齐等机场分别在西南、西北区域内的中心作用逐步显现,诸多中小城市机场发挥着重要的网络拓展作用。

4. 航空运输在综合交通运输体系中的地位不断提高

以机场布局规模不断扩大和航空网络逐步拓展完善为基础,航空运输以其快捷、方便、舒适和安全的比较优势,在我国中长途旅客运输、国际间客货运输、城际间快速运输及特定区域运输方面逐步占据主导地位,对促进国际间人员交往、对外贸易和出入境旅游发展发挥了重要作用。

2011年12月,我国民航机场业务量排序(前20名)见表7.1。

表7.1 2012年我国民航机场业务量(前20名排序)

机场	名次	旅客吞吐量/人 本期完成	旅客吞吐量/人 上年同期	比上年同期增减%	名次	货邮吞吐量/t 本期完成	货邮吞吐量/t 上年同期	比上年同期增减%	名次	起降架次/次 本期完成	起降架次/次 上年同期	比上年同期增减%
合计		620536534	564309654	10.0		11577677.2	11289870.7	2.5		5979664	5530558	8.1
北京/首都	1	78674513	73948114	6.4	2	1640231.8	1551471.6	5.7	1	533166	517585	3.0
广州/白云	2	45040340	40975673	9.9	3	1179967.7	1144455.7	3.1	2	349259	329214	6.1
上海/浦东	3	41447730	40578621	2.1	1	3085267.7	3228080.8	-4.4	3	344086	332126	3.6
上海/虹桥	4	33112442	31298812	5.8	6	454069.4	480438.1	-5.5	4	229846	218985	5.0
成都/双流	5	29073719	25805815	12.7	5	477695.2	432153.2	10.5	6	222421	205537	8.2
深圳/宝安	6	28245738	26713610	5.7	4	828375.5	809125.4	2.4	5	224329	216897	3.4
昆明/巫家坝	7	22270130	20192243	10.3	8	272465.4	273651.2	-0.4	9	191744	181466	5.7
西安/咸阳	8	21163130	18010405	17.5	13	172567.4	158054.0	9.2	10	185079	164430	12.6
重庆/江北	9	19052706	15802334	20.6	11	237572.5	195686.6	21.4	11	166763	145705	14.5
杭州/萧山	10	17512224	17068585	2.6	7	306242.6	283426.9	8.0	12	149480	146289	2.2
厦门/高崎	11	15757049	13206217	19.3	9	260575.1	245644.0	6.1	13	135618	116659	16.3
长沙/黄花	12	13684731	12621333	8.4	18	114831.1	108635.2	5.7	16	116727	115635	0.9
南京/禄口	13	13074097	12530515	4.3	10	246572.2	234359.0	5.2	14	120534	116087	3.8
武汉/天河	14	12462016	11646789	7.0	17	122762.4	110190.8	11.4	15	117010	112521	4.0
大连/周水子	15	12012094	10703640	12.2	15	137859.1	140554.3	-1.9	19	94344	91628	3.0
青岛/流亭	16	11716361	11101176	5.5	14	166533.1	163748.7	1.7	17	105835	103975	1.8
乌鲁木齐/地窝堡	17	11078597	9148329	21.1	19	107580.5	95124.2	13.1	18	97801	86491	13.1
三亚/凤凰	18	10361821	9293959	11.5	31	48290.8	45255.6	6.7	25	74392	70575	5.4
沈阳/桃仙	19	10231185	8619897	18.7	16	133903.5	123816.4	8.1	23	77866	70786	10.0
海口/美兰	20	10167818	8773771	15.9	21	97826.9	91667.3	6.7	22	83057	73824	12.5

7.2.3 我国机场的布局原则

全国民航机场规划布局的主要意义体现在两个方面,首先就国家社会经济而言,通过机场规划布局建设机场,提高航空运输通达能力,适应全国和地区经济社会发展需要,为经济建设、对外开放和民众旅行提供服务,发挥社会效益。同时对加强军事和国防建设,以及增进民族团结、促进社会文明也具有重要意义。其次就民航系统内部而言,机场规划布局是保证航空运输持续快速、合理有序发展的需要。机场规划布局是战略性的,机场建设是战术性的。机场规划布局是机场建设的前提,它以社会需求为出发点,主要解决机场的布点及其等级和功能问题。因此有利于提高机场建设的针对性,减少盲目性。一方面,全国机场的总体规划布局通过统筹安排、统一规划、全面平衡来指导机场的建设地点、规模等级、性质功能,以及开工时机、资金筹措,甚至以后的航线航班安排等,从而达到航空资源的优化配置和有效利用,创造良好经济效益,增强航空运输发展能力。另一方面,经过总体规划布局的合理定位,单个机场系统在自身的规划布局上又可根据各方面影响因素,合理进行飞行区、航站区以及其他子系统的规划布局,来达到改善机场系统,更好的实现机场功能。

因此,我国的机场布局应遵守以下原则:

(1) 机场总体布局应与国民经济社会总体发展战略和航空市场需求相适应,促进生产力合理布局、国土资源均衡开发和国民经济社会发展。

(2) 机场区域布局应与区域经济地理和经济社会发展水平相适应,与城市总体规划相符合、促进区域内航空资源优化配置、社会经济协调发展和城市功能提升完善。

(3) 机场布局应与其他运输方式布局相衔接,促进现代综合交通运输体系的建立和网络结构优化,并充分发挥航空运输比较优势,提高综合交通运输整体效率和效益。

(4) 机场布局应与航线网络结构优化、空管建设、机队发展、专业技术人员培养等民航系统内部各要素相协调,增强机场集群综合竞争力,进一步提高民用航空运输整体协调发展能力和国际竞争力。

(6) 机场布局应与加强国防建设、促进民族团结及开发旅游等资源相结合。重视边境、少数民族地区、特别是新兴旅游地区机场的布局和建设,拓展航空运输服务范围,增强机场的国防功能。同时考虑充分有效利用航空资源,条件许可时优先合用军用机场或新增布局军民合用机场。

(7) 机场布局应与节约土地、能源等资源和保护生态环境相统一。充分利用和整合既有机场资源,合理确定新增布局数量与建设规模,注重功能科学划分,避免无序建设和资源浪费,提高可持续发展能力。

我国机场布局规划图如图7.1所示。

7.2.4 机场分区介绍

本节将重点对我国各区域的机场进行简单介绍,通过本节的内容,读者可以了解各区域机场的基本概况。在对各区域的机场介绍中,重点介绍各个区域的中枢机场,其中详细介绍华北区的北京首都国际机场和天津滨海国际机场,华东区的上海浦东国际机场和虹桥国际机场,以及中南区的广州白云国际机场和深圳宝安国际机场。

图 7.1 全国民用机场布局规划分布图(2020 年)
(来源:中国民航局《全国民用机场布局规划》)

1. 华北区

华北区由北京、天津、河北、山西、内蒙古构成。"民航十二五规划"中,对华北地区机场群采取的方案是:将北京首都机场建设成为具有较强竞争力的国际枢纽机场,新建北京新机场,加快发展区域枢纽机场,发挥天津机场在天津滨海新区发展中的重要作用。"

北京首都国际机场是华北地区连接其他五个地区的主要民航枢纽,承担着华北区的大部分旅客吞吐量和货邮吞吐量。除北京、天津两大机场外,华北地区的重要机场还有:太原武宿机场、呼和浩特白塔机场、石家庄正定机场等。

以 2010 年第一季度的数据为例,华北地区各机场共完成旅客吞吐量 2997.41 万人次,完成货邮吞吐量 58.33 万吨,飞机起降 25.26 万架次,与 2009 年同期相比,三项指标分别增长 12.93%、17.62% 和 7.94%。

华北地区现有机场详见表 7.2。

表 7.2 华北地区主要机场

机场名称	机场三字代码	机场四字代码	所属省市
北京首都国际机场	PEK	ZBAA	北京
北京南苑机场	NAY	——	北京
天津滨海国际机场	TSN	ZBTJ	天津

(续)

机场名称	机场三字代码	机场四字代码	所属省市
太原武宿机场	TYN	ZBYN	山西
大同怀仁机场	DAT	ZBDT	山西
长治王村机场	CIH	ZBCZ	山西
石家庄正定机场	SJW	ZBSJ	河北
秦皇岛山海关机场	SHP	ZBSH	河北
呼和浩特白塔机场	HET	ZBHH	内蒙古
包头二里半机场	BAV	ZBOW	内蒙古
乌兰浩特机场	HLH	ZBUL	内蒙古
海拉尔东山机场	HLD	ZBLA	内蒙古
锡林浩特机场	XIL	ZBXH	内蒙古
赤峰机场	CIF	ZBCF	内蒙古
通辽机场	TGO	ZBTL	内蒙古

接下来,主要介绍华北区两大机场基本情况。

1) 北京首都国际机场

英文名称为 Beijing Capital International Airport(BCIA),IATA 三字代码为 PEK,ICAO 四字代码为 ZBAA。

北京首都国际机场位于北京市区东北方向,地理位置处在顺义区,但是由朝阳区管辖,距离天安门广场 25.35km。是中国地理位置最重要、规模最大、设备最齐全、运输生产最繁忙的大型国际航空港。北京首都国际机场不但是中国首都北京的空中门户和对外交往的窗口,而且是中国民航最重要的航空枢纽,是中国民用航空网络的辐射中心。并且是当前中国最繁忙的民用机场。也是中国国际航空公司的基地机场。

(1) 基本情况。北京首都国际机场目前拥有 3 座航站楼、3 条跑道、137 条滑行道、314 个停机位。是中国国内仅有的两座拥有三条跑道的国际机场之一。

三条跑道中,两条东、西 4E 级双向跑道,长度分别为 3800m(跑道号码为 18L/36R,二类盲降,主要用于出港)和 3200m(跑道号码为 18R/36L,一类盲降,进、出港混合运行),第三条跑道长度为 3800m 的 4F 级(跑道号码为 01/19,主要用于进港)。北京首都国际机场的经营管理者为背景首都国际机场股份有限公司。

首都国际机场目前拥有的三座航站楼中,1 号航站楼为表 7.3 所列的航空公司提供服务。

表 7.3 T1 航站楼服务的航空公司

(数据来源:北京首都国际机场官网 http://www.bcia.com.cn)

航徽	航空公司	二字代码	航徽	航空公司	二字代码
	京沪空中快线			天津航空	GS
	大新华航空有限公司	CN		春秋航空	9C

(续)

航徽	航空公司	二字代码	航徽	航空公司	二字代码
	海南航空（国内航班）	HU		云南祥鹏航空有限责任公司	8L
	北京首都航空有限公司	JD			

2号航站楼为中国东方航空公司、中国南方航空公司、厦门航空公司、深圳航空公司、重庆航空公司、海南航空（国际航班），以及天合联盟的外航和非联盟的外航服务，具体见表7.4。

表7.4 T2航站楼服务的航空公司

（数据来源：北京首都国际机场官网 http://www.bcia.com.cn）

航徽	航空公司	二字代码	航徽	航空公司	二字代码
	上海航空公司	FM		亚美尼亚航空公司	U8
	中国南方航空公司	CZ		宿务国际航空公司	5J
	重庆航空公司	OQ		美国达美航空公司	DL
	海南航空公司（国际航班）	HU		朝鲜航空公司	JS
	京沪空中快线			巴基斯坦航空公司	PK
	中国东方航空公司	MU		埃塞俄比亚航空股份公司	ET
	厦门航空公司	MF		菲律宾航空公司	PR
	上海吉祥航空股份有限公司	HO		印度尼西亚鹰航空公司	GA
	香港快运航空公司	UO		海参崴航空公司	XF
	香港航空有限公司	HX		津巴布韦航空公司	UM
	法国航空公司	AF		伊朗国家航空公司	IR
	俄罗斯国际航空公司	SU		马来西亚航空公司	MH
	乌兹别克斯坦航空公司	HY		斯里兰卡航空公司	UL

(续)

航徽	航空公司	二字代码	航徽	航空公司	二字代码
	荷兰皇家航空公司	KL		乌克兰空中世界航空公司	VV
	阿斯塔纳航空公司	KC		土库曼斯坦航空公司	T5
	朝鲜航空公司	JS		越南航空公司	VN
	巴基斯坦航空公司	PK		安哥拉航空公司	DT
	捷星航空有限公司	JQ		阿尔及利亚航空公司	AH
	意大利航空公司	AZ		马尔代夫美佳环球航空有限公司	5M
	萨哈林斯克航空公司	HZ		菲律宾飞鹰航空公司	2P
	利比亚泛非航空公司	8U			

3号航站楼为中国国际航空公司、山东航空公司、四川航空公司，以及星空联盟的外航，寰宇一家的外航和非联盟的外航服务，具体见表7.5。

表7.5 T3航站楼服务的航空公司

（数据来源：北京首都国际机场官网 http://www.bcia.com.cn）

航徽	航空公司	二字代码	航徽	航空公司	二字代码
	中国国际航空公司	CA		澳大利亚澳洲航空公司	QF
	瑞士国际航空公司	LX		英国航空公司	BA
	南非航空公司	SA		日本航空公司	JL
	大连航空有限公司	CA		港龙航空公司	KA
	山东航空公司	SC		阿联酋航空公司	EK
	四川航空公司	3U		以色列航空公司	LY
	京沪空中快线			卡塔尔航空公司	QR

(续)

航徽	航空公司	二字代码	航徽	航空公司	二字代码
	奥地利航空公司	OS		俄罗斯西伯利亚航空公司	S7
	北欧航空公司	SK		澳门航空公司	NX
	德意志汉莎航空公司	LH		中华航空公司	CI
	韩亚航空公司	OZ		阿联酋阿提哈德航空公司	EY
	加拿大航空公司	AC		长荣航空公司	BR
	美国联合航空公司	UA		深圳航空公司	ZH
	全日空航空公司	NH		华信航空公司	AE
	土耳其航空公司	TK		新西兰航空公司	NZ
	埃及航空公司	MS		蒙古航空公司	OM
	泰国国际航空公司	TG		乌拉尔航空公司	U6
	新加坡航空公司	SQ		美国航空公司	AA
	芬兰航空公司	AY		俄罗斯洲际航空公司	UN
	国泰航空公司	CX			

（2）北京首都国际机场的角色和地位。

作为国家首都机场，北京首都国际机场扮演以下角色（图7.2）：

① 出入北京及华北地区的门户。

② 国内航空枢纽。

③ 连接中国大部分地区的国际门户。

北京首都国际机场是一个国内航空枢纽港。在中国所有的国际航线中，北京占据了40%以上。其余航线基本属于区域性航线，如中国西南地区与东南亚，或中国东北地区与东北亚之间的航线。北京国际航线主要涵盖三大区域：美国（纽约、旧金山及洛杉矶）、日本（东京及大阪）及西欧（法兰克福及伦敦）。

作为中国北部及东北部的地区航空枢纽，北京所处的位置是相当理想的。在飞越太

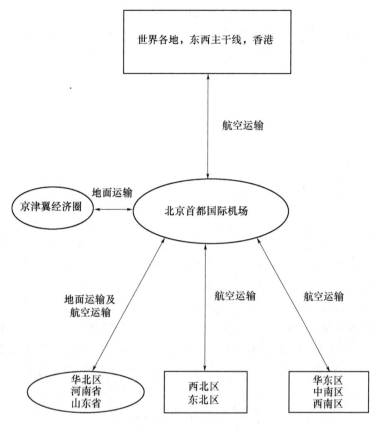

图7.2 北京首都国际机场的角色图

平洋的航线中,北京机场较香港、台北、上海及东南亚的机场更接近北美洲。此外,北京在东亚往欧洲航线所在位置较汉城、东京及大阪更为优越。事实上,从北京始飞的5h飞行范围航程覆盖了20亿人口以及东亚大部分的主要城市。

2）天津滨海国际机场

英文名称为Tianjin Binhai International Airport,IATA三字代码为TSN；ICAO四字代码为ZBTJ。

天津滨海国际机场位于天津东丽区,距天津市中心13km,距天津港30km,距北京134km,南至津北公路,西至东外环路东500m,北至津汉公路及京津高速公路,东至京津塘高速公路,是北京首都国际机场的固定备降机场和分流机场,是国内干线机场、国际定期航班机场、国家一类航空口岸,是中国主要的航空货运中心之一。其地理位置优越,具有较强的铁路、高速公路、轨道等综合交通优势,基础设施完善,市政能源配套齐全。天津滨海国际机场代理国内外客货运包机业务,并提供一条龙服务。同时为各航空公司提供地面代理业务。机场基地航空公司有中国国际航空公司天津分公司、天津航空有限责任公司、奥凯航空公司、厦门航空公司、银河货运有限公司。

天津滨海国际机场现有跑道2条,第一跑道3600m,第二跑道3200m,飞行区等级4E级,可满足各类大型飞机全载起降。是继北京首都国际机场,上海浦东机场,广州新白云机场之后第四个能够完全满足空客A380起降条件的机场。

天津滨海国际机场始建于1939年11月,天津滨海国际机场的前身为天津张贵庄机场。天津是中国最早兴办民航运输的城市之一,1950年8月1日中华人民共和国第一条民用航线从这里起飞。机场同时担负起新中国专业飞行和技术人才培养的任务,被誉为"新中国民航的摇篮"。1974年,天津机场被确定为首都机场的备降机场。1996年10月,被升格为国际定期航班机场,后更名为"天津滨海国际机场"。2002年12月加入首都机场集团公司。

2. 华东区

华东地区是我国机场数量最多,空运业务量最大的地区,特别是货运几乎占据了全国的半壁江山。华东机场群由上海、江苏、浙江、安徽、福建、江西、山东七个省(直辖市)内各机场构成。"十二五规划"中,对华东地区机场群采取的方案是:培育上海浦东机场成为具有较强竞争力的国际枢纽机场。加快发展上海虹桥、杭州、南京、厦门、青岛等区域枢纽机场,满足长三角、上海浦东新区、海西和山东半岛蓝色经济区等国家区域发展战略需要。培育青岛机场面向日韩地区的门户功能。发挥济南、福州、南昌、合肥等机场的骨干作用。发展淮安等支线机场,新增九华山等支线机场。

2012年1月,华东地区39个机场共完成旅客吞吐量1598.74万人次,同比增长13.69%,国内航线旅客1411.73万人次(含地区航线旅客109万人次),国际航线旅客187万人次;货邮吞吐量33.54万吨,同比下降22.8%,国内航线货邮17.48万吨(含地区航线货邮3.4万吨),国际航线货邮16万吨;飞机起降13.89万架次,同比增长5.4%。

华东地区现有机场详见表7.6。

表7.6 华东地区主要机场(按所属省市)

机场名称	机场三字代码	机场四字代码	所属省市
上海浦东国际机场	PVG	ZSPD	上海
上海虹桥国际机场	SHA	ZSSS	上海
济南遥墙国际机场	TNA	ZSJN	山东
青岛流亭国际机场	TAO	ZSQD	山东
威海大水泊国际机场	WEH	ZSWH	山东
潍坊文登机场	WEF	ZSWF	山东
烟台莱山机场	YNT	ZSYT	山东
临沂市临沂机场	LYI	ZSLY	山东
合肥骆岗机场	HFE	ZSOF	安徽
安庆大龙山机场	AQG	ZSAQ	安徽
阜阳西关机场	FUG	ZSFY	安徽
南京禄口国际机场	NKG	ZSNJ	江苏
徐州观音机场	XUZ	ZSXZ	江苏
连云港白塔埠机场	LYG	ZSLC	江苏
盐城市盐城机场	YNZ	ZSYN	江苏
常州奔牛机场	CZX	ZSCG	江苏
无锡硕放机场	WUX	ZSWX	江苏

(续)

机场名称	机场三字代码	机场四字代码	所属省市
南通兴东机场	NTG	ZSNT	江苏
南昌昌北国际机场	KHN	ZSCN	江西
九江庐山机场	JIU	ZSJJ	江西
景德镇罗家机场	JDZ	ZSJD	江西
赣州黄金机场	KOW	ZSGZ	江西
黄山屯溪跃桥机场	TXN	ZSTX	江西
杭州萧山国际机场	HGH	ZSHC	浙江
温州永强机场	WNZ	ZSWZ	浙江
舟山普陀山机场	HSN	ZSZS	浙江
宁波栎社国际机场	NGB	ZSNB	浙江
义乌市义务机场	YIW	ZSYW	浙江
黄岩路桥机场	HYN	ZSLQ	浙江
衢州市衢州机场	JUZ	ZSJZ	浙江
厦门高崎国际机场	XMN	ZSAM	福建
福州长乐国际机场	FOC	ZSFZ	福建
晋江市晋江机场	JIN	ZSQZ	福建
武夷山市武夷山机场	WUS	ZSWY	福建

华东区主要介绍上海的两大国际机场。

1）上海浦东国际机场

英文名称为 Shanghai Pudong International Airport，IATA 三字代码为 PVG；ICAO 四字代码为 ZSPD。

上海浦东国际机场位于中国上海市浦东的江镇、施湾、祝桥滨海地带，面积为 40km^2，距市中心约 30km。浦东国际机场和虹桥机场是上海的两大机场，相距约 40km。是中国（包括港、澳、台）三大国际机场之一，与北京首都国际机场、香港国际机场并称中国三大国际航空港。

浦东机场目前拥有 2 座航站楼、3 条跑道、218 个停机位、70 座登机桥，值机柜台 556 个（1 号航站楼 204 个，2 号航站楼 352 个）。

1 号航站楼 T1 服务的航空公司见表 7.7。

表 7.7 （数据来源：上海机场集团官网 http://www.shanghaiairport.com）

航徽	航空公司	二字代码	航徽	航空公司	二字代码
	四川航空	3U		吉祥航空	HO
	华信航空	AE		春秋航空	9C
	海南航空	HU		日本航空	JL

(续)

航徽	航空公司	二字代码	航徽	航空公司	二字代码
	大韩航空	KE		海湾航空	GF
	荷兰皇家航空	KL		中国东方航空	MU
	法国航空	AF		天津航空	GS
	中华航空	CI		华夏航空	G5

2号航站楼T2为如表7.8所列的航空公司提供服务。

表7.8 （数据来源：上海机场集团官网 http://www.shanghaiairport.com）

航徽	航空公司	二字代码	航徽	航空公司	二字代码
	阿联酋	EK		新西兰航空	NZ
	复兴航空	GE		重庆航空	OQ
	港龙航空	KA		美国达美航空	DL
	卡塔尔航空	QR		德国汉莎航空	LH
	美国西北航空	NW		加航	AC
	瑞士国际航空	LX		美国航空	AA
	土耳其航空	TK		全日空	NH
	印尼航空	GA		泰国航空	TG
	澳门航空	NX		印度航空	AI
	芬兰航空	AY		香港航空	HX
	中国国际航空	CA		深圳航空	ZH
	立荣航空	B7		阿联酋阿提哈德航空	EY

(续)

航徽	航空公司	二字代码	航徽	航空公司	二字代码
	美国联合航空	UA		北欧航空	SK
	山东航空	SC		上海航空	FM
	香港快运航空	UO		新加坡航空	SQ
	英国航空	BA		维珍航空	VS
	澳洲航空	QF		长荣航空	BR
	菲律宾航空	PR		俄罗斯航空	SU
	国泰航空	CX		韩亚航空	OZ
	马来西亚航空	MH		美国大陆航空	CO
	墨西哥航空	AM		中国南方航空	CZ
	宿雾太平洋航空	5J			

在浦东国际机场的航站楼,出发、到达和中转流程分别如图7.3~图7.5所示。

图7.3 浦东国际机场出发流程

上海浦东国际机场拥有三条平行跑道:1号跑道长4000m,宽60m,位置在T1航站楼西侧,4E级,跑道号码为17L/35R,跑道两端助航灯光系统按三类精密仪表进近技术指标预留;2号跑道长3800m,宽60m,位置在T2航站楼东侧,4F级,跑道号为16L/34R,跑道

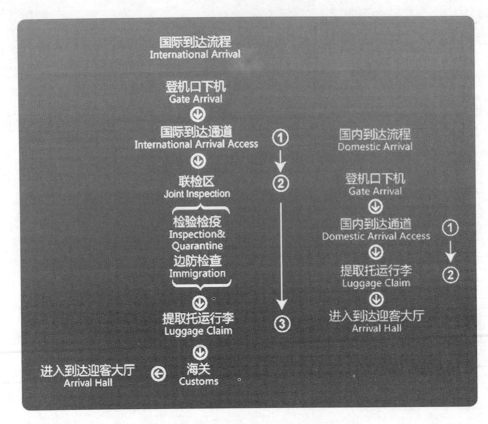

图7.4 浦东国际机场到达流程

南端设置3类精密仪表进近和助航灯光系统,跑道北段设置2类精密仪表进近和助航灯光系统;3号跑道长3400m,宽60m,位置在1号跑道西侧,其跑道西侧为西货运区,4F级,跑道号为17R/35L,跑道与1号跑道平行,中心线相聚460m,南端(主降方向)与1号跑道齐平,北段错开600m,跑道两端设置1类精密仪表进近和助航灯光系统。浦东国际机场拥有两条可以起降世界最大客机的跑道。

截至2011年,浦东国际机场保障飞机起降34.42万架次,完成旅客吞吐量4144.23万人次,完成货邮吞吐量310.86万吨。浦东机场的航班量占到整个上海机场的六成左右,国际旅客吞吐量位居国内机场首位,货邮吞吐量位居世界机场第三位。通航浦东机场的中外航空公司已达48家,航线覆盖90余个国际(地区)城市、62个国内城市。

2)上海虹桥国际机场

英文名称为Shanghai Hongqiao International Airport,IATA三字代码为SHA,ICAO四字代码为ZSSS。

上海虹桥国际机场位于上海市西郊,距市中心约13km。在上海浦东国际机场建成之前,虹桥机场一直是中国最繁忙的机场。

虹桥国际机场现有2座航站楼,2条跑道,两条跑道中,东跑道长3400m,宽57.6m;西跑道长3300m、宽60m。虹桥机场的两条跑道相距365m,是典型的近距离双跑道、双候机楼运行模式,这在国内尚属首家。

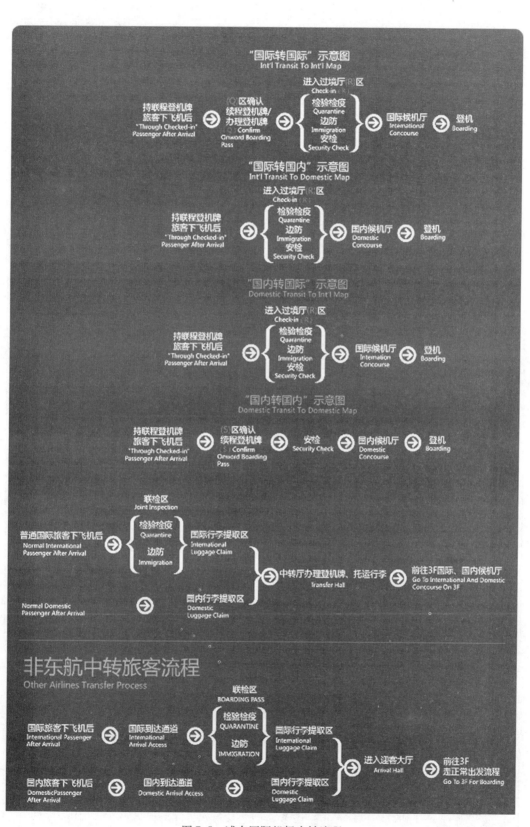

图 7.5 浦东国际机场中转流程

T1航站楼在虹桥机场扩建前有停机位66个,其中13个登机桥,48个远机位,2个专机位,2个货机位,可满足各类飞机的起降要求。虹桥机场扩建前的机柜台有72个(A楼40个,B楼32个)。

扩建后的T2航站楼共有登机桥43座,登机口55个(其中近机位登机口45个,远机位登机口10个)。值机柜台2号航站楼内共设A、B、C、D四个直线排列的值机岛,其内共有80个值机柜台(其中A岛21个、B岛18个、C岛18个、D岛21个),另设有64个自助值机柜台。

2010年3月16日零时起,除春秋航空公司及往返日本、韩国的国际包机航班仍在1号航站楼(T1)运营外,其余航空公司的国内航班全部迁至2号航站楼(T2)运营。

虹桥机场T1航站楼服务的航空公司见表7.9。

表7.9 虹桥机场T1航站楼航空公司分布

(数据来源:上海机场集团官网 http://www.shanghaiairport.com)

航徽	航空公司	二字代码	航徽	航空公司	二字代码
	春秋航空公司	9C		长荣航空	BR
	全日空航空公司	NH		中华航空	CI
	日本航空公司	JL		复兴航空	GE
	韩亚航空公司	OZ		港龙航空	KA
	大韩航空公司	KE		香港航空	HX
	中国东方航空公司(国际航班)	MU		澳门航空	NX
	上海航空公司(国际航班)	FM			
	中国国际航空公司(国际航班)	CA			

2号航站楼(T2)服务的航空公司见表7.10。

表7.10 虹桥机场T2航站楼航空公司分布

(数据来源:上海机场集团官网 http://www.shanghaiairport.com)

航徽	航空公司	二字代码	航徽	航空公司	二字代码
	中国东方航空公司	MU		海南航空公司	HU
	上海航空公司	FM		天津航空公司	GS

(续)

航徽	航空公司	二字代码	航徽	航空公司	二字代码
	中国国际航空公司	CA		四川航空公司	3U
	厦门航空公司	MF		吉祥航空公司	HO
	中国南方航空公司	CZ		中国联航公司	KN
	深圳航空公司	ZH		河北航空公司	NS
	山东航空公司	SC			

在上海虹桥国际机场的 T2 航站楼，出发、到达和中转流程分别如图 7.6 ~ 图 7.8 所示。

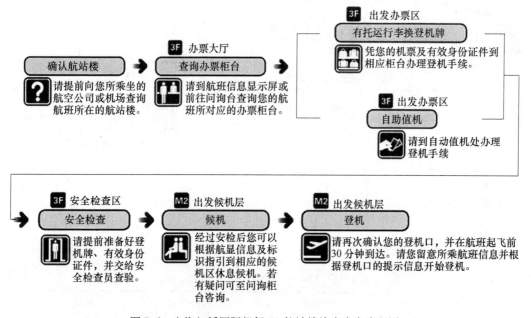

图 7.6　上海虹桥国际机场 T2 航站楼旅客出发流程图

虹桥机场综合交通枢纽是一个集高速铁路、城际和城市轨道交通、公共汽车、出租车等交通方式为一体的现代化大型综合交通枢纽。

3. 中南区

中南地区也是我国机场数量较多，空运业务量较大的地区，特别是珠三角一带，五大机场云集，空运最发达。中南机场群由广东、广西、海南、河南、湖北、湖南六省（自治区）内各机场构成。"十二五规划"中，对中南地区机场群采取的方案是：培育广州机场成为具有较强竞争力的国际枢纽机场。完善深圳、武汉、郑州、长沙、南宁、海口等机场区域枢纽功能，满足珠三角地区、中部崛起、北部湾地区、海南国际旅游岛等国家发展战略和国际

183

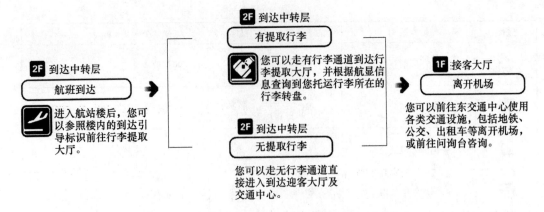

图 7.7 上海虹桥国际机场 T2 航站楼旅客到达流程图

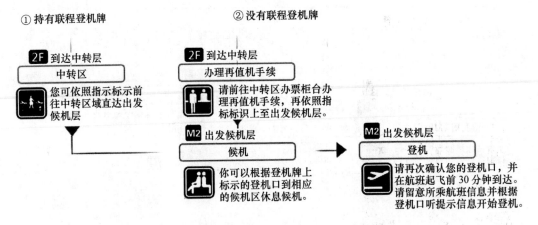

图 7.8 上海虹桥国际机场 T2 航站楼中转流程图

区域合作战略需要。增强三亚、桂林等旅游机场功能。发展百色等支线机场,新增衡阳等支线机场。

中南现有机场详见表 7.11。

表 7.11 中南地区主要机场

机场名称	机场三字代码	机场四字代码	所属省市
广州白云国际机场	CAN	ZGGG	广东
深圳宝安国际机场	SZX	ZGSZ	广东
珠海三灶国际机场	ZUH	ZGSD	广东
汕头外砂机场	SWA	ZGOW	广东
湛江市湛江机场	ZHA	ZGZJ	广东
梅州市梅县机场	MXZ	ZGMX	广东
海口美兰国际机场	HAK	ZJHK	海南
三亚凤凰国际机场	SYX	ZJSY	海南
郑州新郑国际机场	CGO	ZHCC	河南

(续)

机场名称	机场三字代码	机场四字代码	所属省市
洛阳北郊机场	NNY	ZHNY	河南
南阳姜营机场	NNY	ZHSS	河南
武汉天河国际机场	WUH	ZHHH	湖北
武汉王家墩	LYA	ZHLY	湖北
荆州沙市机场	SHS	ZHWT	湖北
襄樊刘集机场	XFN	ZHXF	湖北
宜昌三峡机场	YIH	ZHYC	湖北
恩施许家坪机场	ENH	ZHES	湖北
长沙黄花国际机场	CSX	ZGHA	湖南
张家界荷花机场	DYG	ZGDY	湖南
常德桃花源机场	CGD	ZGCD	湖南
衡阳市衡阳机场	HNY	ZGHY	湖南
南宁吴圩国际机场	NNG	ZGNN	广西
桂林两江国际机场	KWL	ZGKL	广西
北海福成机场	BHY	ZGBH	广西
柳州白莲机场	LZH	ZGZH	广西

1) 广州新白云国际机场

英文名称为 GuangZhou Baiyun international airport, IATA 三字代码为 CAN, ICAO 四字代码为 ZGGG。

广州白云机场地处白云区人和镇和花都区新华街道交界, 距广州市中心海珠广场的直线距离约 28km。广州白云国际机场始建于 20 世纪 30 年代, 是中国民用航空局确立的三大门户复合枢纽机场之一。在中国民用机场布局中具有举足轻重的地位。

广州白云国际机场现有 1 座航站楼, 2 条平行的 4E 级跑道, 未来将建设第 2 座航站楼和第 3 条跑道, 规划长度为 3800m, 宽 60m, 等级为 4F。

统计数据显示, 2011 年白云机场全年累计完成飞机起降 34.93 万架次, 旅客吞吐量 4504.03 万人次, 同比分别增长 6.1%、9.9%。国内航线总数达到 125 条左右, 国际航线总数突破 100 条, 达到 103 条; 中转旅客吞吐量同比增长 15.7%, 中转旅客比例占旅客吞吐量比例上升至 8.3%。

新白云机场在巩固东南亚、澳洲航线网络优势的基础上, 积极拓展欧、美、非航线, 并力争成为非洲国家进入中国的门户枢纽和天合联盟在东南亚的中转枢纽。

2) 深圳宝安国际机场

深圳宝安国际机场位于珠江口东岸的一片滨海平原上, 地理坐标为东经 113.49′, 北纬 22.36′, 距离深圳市区 32km, 场地辽阔, 净空条件优良, 可供大型客货机起降, 符合大型国际机场运行标准, 深圳宝安国际机场实行 24h 运行服务。

深圳宝安国际机场是中国境内集海、陆、空联运为一体的现代化国际空港, 也是中国境内第一个采用过境运输方式的国际机场。深圳宝安国际机场于 1991 年 10 月正式通航。它是中国第一家由地方自筹资金兴建的机场。截止到 2012 年 2 月,深圳机场通航国内外 110 个城市,其中国内城市 80 个,国际和地区城市 30 个,并有 8 家基地航空公司。

深圳宝安国际机场现有跑道 2 条,第 1 条跑道长 3400m,等级为 4E,第 2 条跑道长 3800m,飞行等级为 4F,可以满足目前世界上最大型客机起降其中包括"空中巨无霸"——空客 A380 客机。

深圳宝安国际机场"十二五规划"中计划把深圳空港建设成为区域客运枢纽机场、货运门户、主要快件集散中心。2015 年,航空客运业务量方面在国内机场排名前列;在航空货运方面稳定保持全国第四的地位。围绕规划目标的实现,深圳宝安国际机场将重点实施"安全优先"、"航空城"、"深港合作"、"国际化"、"快件集散中心"五大战略。

4. 东北区

东北地区是我国机场数量相对较少的地区。东北区机场群由辽宁、吉林、黑龙江省内各机场构成。"十二五规划"中,对东北地区机场群采取的方案是:加快发展区域枢纽机场,发挥哈尔滨、沈阳、大连、天津机场分别在东北振兴和天津滨海新区发展中的重要作用。培育哈尔滨机场面向远东地区、东北亚地区的门户功能。发挥长春等机场的骨干作用。发展漠河、大庆等支线机场,新增抚远等支线机场。

东北地区现有机场详见表 7.12。

表 7.12 东北地区主要机场

机场名称	机场三字代码	机场四字代码	所属省市
哈尔滨太平国际机场	HRB	ZYHB	黑龙江
齐齐哈尔三家子机场	NDG	ZYQQ	黑龙江
牡丹江海浪机场	MDG	ZYMD	黑龙江
黑河市黑河国际机场	HEK	ZYHE	黑龙江
佳木斯东郊机场	JMU	ZYJM	黑龙江
长春龙嘉国际机场	CGQ	ZYCC	吉林
延吉朝阳川国际机场	YNJ	ZYYJ	吉林
吉林二台子机场	JIL	ZYJL	吉林
沈阳桃仙国际机场	SHE	ZYTX	辽宁
大连周水子国际机场	DLC	ZYTL	辽宁
锦州小岭子机场	JNZ	ZYJZ	辽宁
丹东浪头机场	DDG	ZYDD	辽宁
朝阳市朝阳机场	CHG	ZYCY	辽宁

1)沈阳桃仙国际机场

沈阳桃仙国际机场为全国八大区域性枢纽机场之一。作为东北地区航空运输枢纽,桃仙国际机场为八市共用机场,地理位置优越。以机场为中心,距沈阳市中心 20km,距抚顺 40km、本溪 45km、鞍山 70km、铁岭 86km、辽阳 45km、阜新 160km、营口 166 km,并通过高速公路与各城市形成辐射连接,是辽沈中部城市群 2400 万人口的共用机场,具有得天独厚的客源优势。

沈阳桃仙国际机场是国家一类民用机场,占地面积约382万平方米,东西长4059m,南北宽1513m。建有T1和T2两座航站楼。机场跑道长3200m,宽45m,装有双向仪表着陆系统。飞行区等级为4E,可供B747-400型飞机起降。

截至2010年7月末,桃仙国际机场共有航线114条,其中国内航线70余条,国际和地区航线40余条。通航城市81座,其中国内城市50余座,国际和地区城市30余座。

2011年12月21日,沈阳桃仙国际机场年旅客吞吐量首次突破1000万人次大关,沈阳机场正式跨入中国大型机场行列。

2）大连周水子国际机场

大连周水子国际机场始建于1972年10月,现已成为国家一级民用国际机场,是国内主要干线机场和国际定期航班机场之一。大连国际机场占地面积284.46万平方千米,飞行跑道长3300m,滑行道3168米,航站楼面积6.5万平方米,停机坪24万平方米,停机位25个,符合4E级Ⅰ类国际机场标准,可供世界上各种大型飞机安全起降。

大连机场是国务院批准的对外开放的国际机场,是首都机场的主备降机场。机场跑道为4E级Ⅰ类国际机场标准,可供B747-400、B777、B767、B737,空客A320、321、319等世界上各种大型飞机安全起降。

大连国际机场作为东北地区四大机场之一,辽宁省南北两翼的重要空港之一,一直以自身空港优势不断促动区域经济的发展,吸引了36家中外航空公司运营大连机场,开通航线146条,其中国内航线108条,国际和特别行政区航线38条,与13个国家、88个国内外城市通航,其中国际、地区通航城市29个,最高峰时每周可达1168余个航班,基本形成了覆盖全国、辐射日韩俄,连接欧美澳亚的航线网络。

大连机场发展迅速,各项运输生产指标一直居东北民用机场的首位。2010年,大连机场实现旅客吞吐量1070万人次,同比增长12.1%;飞机起降9.1万架次,同比增长7.3%;货邮吞吐量完成14万吨,同比增长11.7%。国际旅客吞吐量在国内仅次于北京首都、上海浦东、广州白云三大枢纽机场。大连国际机场旅客、货邮吞吐量和飞机起降架次三项运输生产指标自1998年来连续12年居中国东北地区12个民用机场的首位。

（数据来源:大连国际机场官网,http://www.dlairport.com）。

5. 西南区

西南区受地面交通制约,是我国西部机场数量最多的地区。西南机场群由重庆、四川、云南、贵州、西藏五省（自治区、直辖市）内各机场构成。"十二五规划"中,西南机场群的发展方案是:强化成都、重庆、昆明机场的区域枢纽功能,加快培育昆明机场面向东南亚、南亚地区的门户功能,服务于云南桥头堡发展需要。提升拉萨、贵阳等机场的骨干功能,满足国家加快发展藏区和偏远地区发展需要。发展腾冲等支线机场,新增稻城等支线机场。

西南区现有机场详见表7.13。

表7.13　西南地区主要机场

机场名称	机场三字代码	机场四字代码	所属省市
成都双流国际机场	CTU	ZUUU	四川
绵阳南郊机场	MIG	ZUMY	四川

(续)

机场名称	机场三字代码	机场四字代码	所属省市
宜宾来坝机场	YBP	ZUYB	四川
泸州蓝田机场	LZC	ZULZ	四川
九寨沟黄龙机场	JZH	ZUJZ	四川
攀枝花保安营机场	PZI	ZUZH	四川
西昌青山机场	XIC	ZUXC	四川
万县市万县机场	WXN	ZUWX	四川
达县河市霸机场	DAX	ZUDX	四川
南充都尉坝机场	NAO	ZUNC	四川
万县梁平机场	LIA	ZULP	四川
万州五桥机场	WXN	ZUWX	四川
广汉市广汉机场	GHN	ZUGH	四川
重庆江北国际机场	CKG	ZUCK	重庆
贵阳龙洞堡国际机场	KWE	ZUGY	贵州
铜仁大兴机场	TEN	ZUTR	贵州
遵义机场	ZYI	ZUZY	贵州
昆明巫家坝国际机场①	KMG	ZPPP	云南
丽江三义机场	LJG	ZPLJ	云南
西双版纳嘎洒机场	JHG	ZPJH	云南
大理机场	DLU	ZPDL	云南
芒市机场	LUM	ZPMS	云南
迪庆香格里拉机场	DIG	ZPDQ	云南
思茅市思茅机场	SYM	ZPSM	云南
保山市保山机场	BSD	ZPBS	云南
昭通市昭通机场	ZAT	ZPZT	云南
拉萨贡嘎机场	LXA	ZULS	西藏
昌都邦达机场	BDU	ZUBD	西藏

①：昆明巫家坝国际机场2012年6月停用,启用长水国际机场

1) 成都双流国际机场

成都双流国际机场位于成都市西南郊,距市中心16km,有高速公路与市区相通,设有通往省内主要城市的长途汽车、直达市区的专用公交车和出租车服务站。

成都双流国际机场于1993年被国家批准为"国际口岸机场",2000年获得"落地签证权",是中国国际航空西南分公司、四川航空公司、中国东方航空四川分公司和成都航空公司的基地机场。截止2011年,成都双流国际机场已开通138条国内定期航线和48条国际(地区)航线,是中国中西部地区最大的航空枢纽港,正致力于打造国家级航空枢纽和创建世界十佳机场。

成都双流国际机场占地面积14000余亩(1亩=666.67m^2),现有两条平行跑道,其中

西跑道长3600m,宽45m,等级为4E,具备Ⅱ类着陆标准;东跑道长3600m,宽60m,等级为4F,按Ⅲ类A着陆标准建设,可供A380飞机起降。机场共有停机位200个。

成都双流国际机场拥有两座航站楼。T1航站楼面积13.8万平方米,设有登机廊桥25条,安检通道29条,值机柜台87个,其中国际值机柜台26个,具有国际、国内中转服务和贵宾休息、银行、餐饮、购物、休闲等配套服务功能。即将投用的T2航站楼建筑面积34万平方米,设有登机廊桥49条,值机柜台144个,安检通道48条,有完善的中转、购物、餐饮、娱乐等服务功能,可满足5000万以上旅客吞吐量,并建有五星级和三星级酒店等配套服务设施。

目前,成都双流国际机场建有三座航空货运站,总面积10.7万平方米,能满足航空货邮发展需要,其中建筑面积$55000m^2$的空港货运站是中国中西部最大、功能较完善的综合货运站,具备全天候通关能力。

成都双流国际机场2000年旅客吞吐量552万人次,2005年旅客吞吐量1389.96万人次;2010年旅客吞吐量2580.58万人次,平均每年以10%以上增幅。客运居中国中西部机场第一位、全球机场排名51位,货运居中国大陆机场前六位、全球机场排名47位。2011年旅客吞吐量2907.4万人次,跃居中国大陆机场第五位,成为中国大陆第四大航空城。

(数据来源:成都双流国际机场官网,http://www.cdairport.com。)

2)昆明巫家坝国际机场——昆明长水国际机场

昆明巫家坝国际机场位于昆明东南部,曾是中国最重要的国际口岸机场和全国起降最繁忙的国际航空港之一,是中国西南地区的重要枢纽机场。巫家坝机场是中国最早的四个国际机场中唯一一个至今依然从事民航运营的(另外三个为香港启德机场、上海龙华机场、重庆白市驿机场),但随着长水国际机场的即将使用,该机场将也随之停用。2011年,昆明巫家坝国际机场完成旅客年吞吐量2229.69万人次,排名中国大陆机场第七位。

昆明巫家坝机场始建于1923年,曾于1958年、1993年、1998年进行过三次大的改扩建,占地总面积4297.12亩。巫家坝属国家一类机场,飞行区等级为4E,跑道长3600m,有ILS、VOR/DME、NDB等通信导航设施,可供波音747、空客A340等机型起降。站坪和停机坪面积25万平方米,停机位49个。机场航站楼总面积$76900m^2$,共有候机厅17个。

昆明巫家坝国际机场经三次改扩建,航站楼设计容量800万人次,但仅2008年巫家坝机场的客运吞吐量就达到了1528万人次,2011年达到2229万人次,远远超出了现有航站楼设计容量,成为了中国第七个吞吐量超过2000万的国际机场,机场运营压力巨大。而且巫家坝机场距离仅昆明市中心直线距离仅6.6km,是全国省会城市机场中距离市中心最近的机场,周围已被城市包围,不具备原地扩建的条件。因此,昆明市政府决定迁建一座全新的机场——长水国际机场。

新建成的昆明长水国际机场是中国面向东南亚、南亚和连接欧亚的继北京、上海和广州之后的第四大国家门户枢纽机场,这也让昆明长水国际机场成为了中国西部地区唯一的国家门户枢纽机场。长水机场位于昆明市官渡区长水村附近,距离市区约25km。

长水机场现有航站楼1座,未来将建成第2座。昆明长水国际机场飞行区一期工程新建两条长度为4000m、垂直间距1950m的远距平行跑道,其中东跑道宽60m,西跑道宽

45m。飞行区等级为按照4F标准规划、一期按照4E标准(能够起降并停靠全球载客量最大的客机空客A380、二期为4F标准),配置双向I类精密进近仪表着陆系统及相应的助航灯光系统。飞行区工程建设规模为按照4F标准规划、本期按照4E标准设计,远期规划为4条跑道。

(数据来源:http://www.ynairport.com。)

6. 西北区

西北区包括民航西北、新疆两个航空区划,是我国机场数量相对较少的地区。西北机场群由陕西、甘肃、青海、宁夏和新疆五省(自治区)内各机场构成。"十二五规划"中,西北机场群的发展方案是:强化西安、乌鲁木齐机场区域枢纽功能,满足关中—天水经济区和新疆地区快速发展需要。培育乌鲁木齐机场面向西亚、中亚地区的门户功能。提升兰州、银川、西宁等机场的骨干功能。加快将库尔勒、喀什机场发展成为南疆主要机场,发展玉树等支线机场,新增石河子等支线机场。

西北区现有主要机场详见表7.14。

表7.14 西北地区主要机场

机场名称	机场三字代码	机场四字代码	所属省市
西安咸阳国际机场	XIY	ZLXY	陕西
汉中西关机场	HZG	ZLHZ	陕西
延安二十里堡机场	ENY	ZLYA	陕西
安康五里铺机场	AKA	ZLAK	陕西
榆林西沙机场	UYN	ZLYL	陕西
兰州中川机场	ZGC	ZLLL	甘肃
敦煌机场	DNH	ZLDH	甘肃
嘉峪关机场	JGN	ZLJQ	甘肃
庆阳西峰镇机场	IQN	ZLQY	甘肃
西宁曹家堡机场	XNN	ZLXN	宁夏
格尔木机场	GOQ	ZLGM	青海
银川河东机场	INC	ZLIC	青海
乌鲁木齐地窝堡机场	URC	ZWWW	新疆
和田机场	HTN	ZWTN	新疆
伊宁机场	YIN	ZWYN	新疆
克拉玛依机场	KRY	ZWKM	新疆
塔城机场	TCG	ZWTC	新疆
阿勒泰机场	AAT	ZWAT	新疆
阿克苏机场	AKU	ZWAK	新疆
库尔勒机场	KRL	ZWKL	新疆
库车机场	KCA	ZWKC	新疆
喀什机场	KHG	ZWSH	新疆
且末机场	IQM	ZWCM	新疆
哈密机场	HMI	ZWHM	新疆

1）西安咸阳国际机场

西安咸阳国际机场位于中国内陆中心,地处美丽富饶的八百里秦川之间、渭北黄土塬之上。机场位于西安市西北、咸阳市东北方向,经机场专运线至西安市中心47km,距离咸阳市13km。

西安咸阳国际机场依托西安,不仅是通往中国西部的重要门户,更是连接西北地区与全国其他区域的中心枢纽,是中国主要的干线机场、国际定期航班机场、我国十大机场之一,也是民航总局规划的七个大型枢纽机场之一。

西安咸阳国际机场目前拥有2座航站楼。1号航站楼为南方航空集团系列航空公司专用,包括中国南方航空CZ,四川航空3U,厦门航空MF,重庆航空OQ等4家航空公司。2号航站楼为其他航空公司共同使用。

机场飞行区等级4E级,可起降波音747等大型客货机,场区占地面积564万平方千米,拥有3000(m)×45(m)和3000(m)×48(m)的跑道和平行滑行道各一条,跑道实行Ⅱ类运行标准,停机位59个。机场现有候机楼两座,共10万平方米。已具备年旅客吞吐量超过1800万人次,年飞机起降超过16万架次和年货邮吞吐量超过15万吨的保障能力。机场场区占地564万平方千米,地势平坦,视野开阔,净空良好,为4E级民用机场。机场候机楼面积逾10万平方米,跑道长度为3000m,可满足客机747-400以下、货机A124以下机型起降。

多年来,咸阳机场一直在我国民航机场业保持着行业领先地位,起降架次、旅客吞吐量和或有吞吐量三项基本指标连续多年排名全国第九位。2011年,咸阳机场年旅客吞吐量已达到2116万人次,旅客吞吐量排名稳居全国第8位,进入全球机场前60。

目前,咸阳机场已与国内外25家航空公司建立了航空业务往来,开辟了通往国内68个城市的155条航线,通往国际和地区11个城市的10条航线。全面覆盖了国内所有省会城市、重要工业城市、主要旅游城市,连通了首尔、东京、新加坡以及香港、台北等国际和地区城市。快速增长的生产运输量、逐步完善的航线网络以及不断丰富的通航城市,进一步巩固了咸阳机场作为中西部地区枢纽机场的地位,同时对地区经济的发展产生了积极的推动作用。

(数据来源:http://www.xxia.com/。)

2）乌鲁木齐地窝堡机场

乌鲁木齐地窝堡国际机场位于新疆维吾尔自治区首府乌鲁木齐市郊西北地窝堡,距市区16km。乌鲁木齐机场原为中苏民用航空机场,1970年7月经国务院批准进行扩大规模扩建。1973年建成和对外开放,是中国五大门户机场之一。

机场飞行区等级为4E,可满足波音747-400大型飞机全载起降。机场属于中国国家民用航空局。承担着新疆境内13个机场的中转任务,与国内53个城市通航,航线113条,其中国内航线99条,国际航线14条。

目前,乌鲁木齐国际机场已成为我国西部重要的枢纽机场之一,飞行区等级为4E,可满足高峰小时2000人次,旅客年吞吐量405万人次,货邮年吞吐量41350t的需求。承担着新疆境内十个机场的中转任务,共开辟航线113条,其中国内航线99条,国外航线14条,与北京、上海、广州、香港、伊斯兰堡、莫斯科等60个大中城市通航。驻机场单位中有三个荣获全国创建精神文明先进单位。先进的机场设施、独特的区位优势和热情周到的服务吸引了国内外14家航空公司在乌鲁木齐国际机场运营。

现有南航股份新疆分公司,海航股份新疆分公司两家航空公司落户乌鲁木齐国际机场。

2011年乌鲁木齐国际机场旅客吞吐量完成1107.9万人次,同比增长21.1%;货邮吞吐量完成10.76万吨,同比增长13.1%;保障飞机起降9.8万架次,同比增长13.1%。

乌鲁木齐国际机场已经初步具备西部门户枢纽机场功能,成为中国面向中亚、西亚、南亚、联结亚欧的重要国际航空通道。

乌鲁木齐与中亚、南亚、欧洲空中距离较近,乌鲁木齐国际机场在中国西部和周边区域机场中具有明显的比较优势。

7. 港澳台地区主要机场

港澳台地区主要机场有香港赤鱲角国际机场、澳门国际机场和台湾桃园国际机场。

1) 香港国际机场

香港国际机场(HongKong International Airport)于1998年7月6日正式启用,第二条跑道于1999年5月启用,是现时香港唯一运作的民航机场。由于机场位于新界的大屿山以北赤鱲角的人工岛,因此也称为赤鱲角国际机场(Chek Lap Kok International Airport,并常被航空业界简称为CLK)。香港国际机场由香港机场管理局负责管理及运作。

香港国际机场是全球有数的几个最繁忙的机场,国际客运量位列世界第三,国际货运量更称冠全球。从香港国际机场出发,可于5h飞抵全球半数人口居住地。

2011年,香港国际机场总客运量达5390万人次,总航空货运量约390万公吨。机场连接全球约160个城市,包括约40个内地城市。超过100家航空公司在机场营运,每天提供约900班航班。

香港国际机场是国泰航空、港龙航空、香港航空、香港快运航空、华民航空及甘泉航空的基地机场。

现阶段设有96个停机坪,全日24h运作,每年可处理旅客5000万人次及货物400万公吨。现时有89家航空公司每日提供约750架次定期客运及全货运航班,来往香港及约150个遍布全球的目的地。此外,每周亦平均有约31架次不定期的客运和货运航机来往香港。

机场现有航站楼2座,南北2条跑道,均长3800m,宽60m,可以容纳新一代的大型飞机升降。至于仪表降落系统进场类别,南跑道(07R/25L)属第Ⅱ类,北跑道(07L/25R)则第ⅢA类,可供飞行员在能见度(RVR)只有200m的情况下着陆。两条跑道的最终容量为每小时超过60架次起降,而现时繁忙时段的跑道流量则高达每小时53架次。香港国际机场的北跑道(07L/25R),一般用于客机降落;南跑道(07R/25L)则一般用于客机起飞和货机起降。

香港国际机场是地区转运机场,现阶段设有停机位120个(客运近机位59个,远机位27个,货运即为34个),2座航站楼值机柜台共377个(1号航站楼321个,2号航站楼56个)。为香港及珠江三角洲地区的经济发展灌注源源不绝的动力。

(资料来源:http://www.hongkongairport.com。)

2) 澳门国际机场

澳门国际机场(Macau Internetional Airport)是中华人民共和国澳门特别行政区的唯

一个机场,澳门国际机场于1995年正式投入运作,是继日本大阪关西机场之后,全球第二个、中国第一个完全由填海造陆而建成的机场。它的设计客运量为每年600万乘客。

澳门国际机场现有1座航站楼,1条跑道,1条滑行道。跑道长3360m,宽45m。跑道设置二类进近灯光系统、简易进近灯光系统全向信标/测距仪。

澳门国际机场的面积很小,共有24个停机坪,其中四个附设登机桥,澳门国际机场是按国际民航组织的"CAT"型标准设计,可供起降波音747飞机,并以此构筑了澳门本地到海外市场的主要货运航线。澳门国际机场亦是澳门航空公司,以及直升机航空公司亚太航空的总部所在地,亦是商务包机公司捷星亚洲航空的主要运作基地。澳门国际机场是珠江三角洲与世界各地之间的重要桥梁,全日24h运作。澳门国际机场是中国大陆与台湾之间的空中客运交通中转站之一,亦是世界上少数有到北朝鲜的直航航班的机场之一。

在一国两制下,澳门作为中华人民共和国的一个特别行政区,拥有自己的出入境政策,以及独立于中国大陆的关税区。来往澳门及中国大陆的旅客需要办理入境手续,以及经过海关检查。因此,来往澳门及中国大陆的航班会被当作国际航班处理。

澳门国际机场的建成,架起澳门通往世界各地的空中桥梁,提升了澳门在国际上的知名度,并极大地促进了澳门经济的发展和长期繁荣稳定。

(资料来源:www. macau – airport. com。)

3)台湾桃园国际机场

台湾桃园国际机场(Taiwan Taoyuan International Airport)原又称中正国际航空站,位于台湾桃园县大园乡,是台北市的主机场与北台湾主要的货运以及旅客出入吞吐,也是台湾境内最大最繁忙的机场。中正国际机场与台北市相距约40km,中间有高速公路相连,需要约40min的车程才能抵达。

桃园机场现有2座航站楼,2条南北跑道,北跑道3660m,宽60m,南跑道长3350m,宽60m。停机坪122个,其中客运停机位55个,远程停机位15个,货运停机位25个,修护停机位27个。

港澳台主要机场见表7.15。

表7.15 港澳台地区主要机场

机场名称	机场三字代码	机场四字代码	所属省市
香港赤鱲角国际机场	HKG	VHHH	澳门
澳门国际机场	MFM	VMMM	香港
台湾桃园国际机场	TPE	RCTP	台湾省

7.3 我国主要航空公司

改革开放后,我国航空运输业逐步改变了原国航一统天下的局面,截至2010年底,我国共有运输航空公司43家,按不同类别划分:国有控股公司35家,民营和民营控股公司8家,全货运航空公司11家,中外合资航空公司16家,上市公司5家。民航全行业运输飞机期末在册架数1597架,比上年增加180架。

这些航空公司依旧呈现着三级的市场格局,即以国际航空公司、东方航空公司、南方航空公司三个大型国有控股航空集团为主,海南航空公司、深圳航空公司、山东航空公司、四川航空公司等中型、地方航空公司为辅,春秋航、鹰联航等民营和民营控股航空公司为补充的航空运输体系。

三级航空公司在2010年所占的运输总周转量比重见图7.9,尽管在未来的发展趋势中,作为补充的民营航空公司的力量将越来越强,但比重还是会远远低于国有控股航空公司和地方航空公司,但民营航空公司在特定的区域里占有比重是不容小看的。

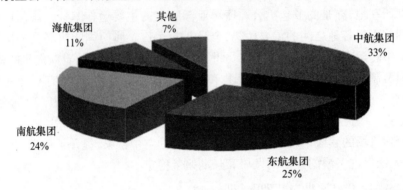

图7.9 2010年各航空(集团)公司运输总周转量比重

在此基础上,本节重点介绍三大航空集团、地方航空公司和部分民营航空公司的基本信息和运营数据。通过这些内容就可以了解我国运力的分布情况。

7.3.1 三大航空集团

1. 中国国际航空股份有限公司

IATA 代码:CA。

ICAO 代码:CCA。

呼号:Air China。

数字代码:999。

英文名称:"Air China Limited",简称"Air China"。

总部:北京。

主运营基地:北京首都国际机场、成都双流国际机场。

第二枢纽:重庆江北国际机场、杭州萧山国际机场、呼和浩特白塔国际机场、天津滨海国际机场、南昌昌北国际机场、上海浦东国际机场。

飞行常客计划/里程奖励计划:国航知音卡。

联盟:星空联盟,2007年。

中国航空集团公司2002年10月11日正式成立。中国航空集团公司的中文简称为：中航集团公司,总部设在中国北京。根据国务院批准通过的《民航体制改革方案》,以中国国际航空公司为主体,联合中国航空总公司和中国西南航空公司,正式组建了中国航空集团公司,是大型国有航空运输集团公司,是国家授权的投资机构和国家控股公司。

1) 成立

中国国际航空股份有限公司前身是中国国际航空公司,1988年在北京正式成立,简称"国航",2004年,中国国际航空股份有限公司在北京正式成立,是中国航空集团公司控股的航空运输主业公司。国航与中国东方航空股份有限公司和中国南方航空股份有限公司合称中国三大航空公司。

国航总部设在北京,辖有西南、浙江、重庆、内蒙古、天津等分公司和上海基地、华南基地,以及工程技术分公司、公务机分公司,控股北京飞机维修工程有限公司(Ameco)、中国国际货运航空有限公司、北京航空食品公司。国航还参股深圳航空公司、国泰航空公司等企业,是山东航空公司的最大股东,控股澳门航空有限公司。国航继续经略北京枢纽的同时,又着力强化成都为中心的西南、上海为中心的华东、广州为中心的华南等区域枢纽。

国航目前是中国唯一悬挂中华人民共和国国旗和承担中国国家领导人出国访问的专机任务,并承担外国元首和政府首脑在国内的专、包机任务的国家航空公司。是中国最大的国有航空运输企业,也是中国民航安全水平高、综合规模最大、拥有最新最好机队的航空公司。

2) 主营业务及航线网络

国航主要经营国际、国内定期和不定期航空客、货、邮和行李运输;国内、国际公务飞行业务;飞机执管业务,航空器维修;航空公司间的代理业务;与主营业务有关的地面服务和航空快递(信件和信件性质的物品除外);机上免税品等。

国航的网络布局特点是:逐步形成以北京为枢纽、以长江三角洲、珠江三角洲、成渝经济带为依托,连接国内干线、支线并对国际航线形成全面支持的国际国内航空运输网络。

国航通过航线和其他资源的优势互补,在国际国内航线网络建设上占据国内航空公司之首。同时,与德国汉莎航空公司等60多家外航分别签定了代码共享及SPA、座位包销等合作协议,与上海航空公司等国内航空公司实行代码共享等合作的基础上,继续加强与国内外航空公司的合作。2007年国航正式加入星空联盟。

3) 标识

国航的企业标识由一只艺术化的凤凰和邓小平先生书写的"中国国际航空公司"以及英文"AIR CHINA"构成。凤凰是中华民族古代传说中的神鸟,也是中华民族自古以来所崇拜的吉祥鸟。据《山海经》中记述:凤凰出于东方君子国,飞跃巍峨的昆仑山,翱翔于四海之外,飞到哪里就给哪里带来吉祥和安宁。国航航徽标志是凤凰,同时又是英文"VIP"(尊贵客人)的艺术变形,颜色为中国传统的大红,具有吉祥、圆满、祥和、幸福的寓意,正是希望这神圣的生灵及其有关它的美丽的传说带给朋友们吉祥和幸福。代表国航视每一位乘客及货主为上宾看待。

4) 机队

截至2011年10月底,国航拥有以波音和空中客车系列为主的各型飞机277架(表7.16)。

表 7.16 国航机队(截至 2011 年 11 月)
(数据来源:国航网站)

机型	数量/架
A319	33
A320	18
A321	32
A330-200	22
A330-300	6
A340-300	6
B737-300	26
B737-700	20
B737-800	80
B757-200	9
767-200	3
B767-300	1
B777-200	10
B747-400	9
B777-300ER	3
共计	278

2. 中国南方航空股份有限公司

IATA 代码:CZ。

ICAO 代码:CSN。

呼号:China Southern。

数字代码:784。

总部:广东省广州。

主运营基地:广州白云国际机场;北京首都国际机场。

其他基地:沈阳桃仙国际机场、厦门高崎国际机场、乌鲁木齐地窝堡国际机场、深圳宝安国际机场、武汉天河国际机场、郑州新郑国际机场、大连周水子国际机场。

飞行常客计划/里程奖励计划:明珠俱乐部。

联盟:天合联盟,2007 年 11 月 15 日。

中国南方航空集团公司是国内三大航空集团之一,以中国南方航空集团公司为母公司组成中国南方航空集团,简称为中国南航集团。集团公司是以南方航空(集团)公司为主体,联合中国北方航空公司和新疆航空公司组建的国有大型航空运输企业,经国务院同意进行国家授权投资的机构和国家控股公司的试点。

集团公司组建后,保留中国南方航空股份有限公司的名称,对原中国北方航空公司和新疆航空公司进行主辅业分离:将航空运输主业及关联资产规范进入中国南方航空股份有限公司,统一使用中国南方航空集团公司的标识,完成集团公司运输主业的一体化;辅业另行重组,由集团公司统一管理。

1) 成立

中国南方航空公司成立于2002年10月11日,是以中国南方航空(集团)公司为主体,联合新疆航空公司、中国北方航空公司组建而成的大型国有航空运输集团,是国务院国资委直接管理的三大骨干航空集团之一,主营航空运输业务,兼营航空客货代理、进出口贸易、金融理财、建设开发、传媒广告等相关产业。南航集团现有员工7万多人,运营总资产达1500多亿元人民币。

中国南方航空股份有限公司先后联合重组、控股参股多家国内航空公司。南航有新疆、北方、北京、深圳、海南、黑龙江、吉林、大连、河南、湖北、湖南、广西、珠海直升机、西安、台湾等15个分公司和厦门航空、汕头航空、贵州航空、珠海航空、重庆航空5家航空控股子公司;在上海、大庆、沈阳设立基地,在成都、杭州、南京等地设有22个国内营业部,在纽约、洛杉矶、巴黎、伦敦、阿姆斯特丹、迪拜、悉尼、温哥华、东京、首尔等地等地设有56个国外办事处。南航于2007年11月15日加入了天合联盟(SkyTeam),成为首家加入国际航空联盟的中国内地航空公司。

2) 业务及航线网络

南航在国内率先推出计算机订座、电子客票等业务;引进开发了收益管理系统、运行控制系统、财务管理系统、人力资源系统、货运系统、办公自动化系统等广泛覆盖各流程的信息系统,信息化优势明显;建有国内第一、全球第三的超级货站,以及国内最大的航空配餐中心等设施。机务维修方面旗下广州飞机维修工程有限公司(GAMECO)建有亚洲最大的飞机维修机库,南航与德国MTU公司合建有国内最大、维修等级最高的航空发动机维修基地。中国南方航空股份有限公司是中国国内一家拥有独立培养飞行员能力的航空公司,与全球知名飞行模拟器制造商CAE合资建立的飞行训练中心是国内规模最大的飞行训练中心。

中国南方航空股份有限公司是国内运输飞机最多、航线网络最密集、年客运量最大的航空公司。在亚洲地区将主要与大韩航空公司及美国西北航空公司进行全面的共享代码的协议。截止2009年,国际国内航线600余条,形成了以广州、北京为中心枢纽,密集覆盖国内,辐射亚洲,连接欧美澳洲的航线网络,通往全球152个大中城市,如图7.10所示。目前南航占有中国国内民航1/3的市场份额。

3) 标识

中国南方航空股份有限公司的航徽标志由一朵抽象化的大红色木棉花衬托在宝蓝色的飞机垂直尾翼图案上组成,航徽色彩鲜艳,丰满大方。在南方人的心目中,木棉象征高尚的人格,人们赞美它、热爱它,广州市民把它推举为自己的市花,视为图腾。

4) 机队

南航机队包括波音系列,空中客车系列,详情见表7.17。

图 7.10　南航航线网络示意图

表 7.17　南航机队(截至 2012 年 3 月)

(数据来源:南航网站)

机型	数量/架
A380－800	3
A380	1
A300－600R	3
A300－600F	1
A319	41
A320	66
A321	57
A330－200	11
A330－300	8
B737－300	25
B737－700	31
B737－800	50
B757－200	17
B777－200	4
B777－200ER	6
B747－400F	2
B777－F	5

(续)

机型	数量/架
ATR72	5
ERJ145	6
MD-90	7
MD-90	13

3. 中国东方航空股份有限公司

IATA 代码:MU。

ICAO 代码:CES。

呼号:CHINA EASTERN。

数字代码:781。

总部:上海。

主运营基地机场:上海虹桥国际机场、上海浦东国际机场。

其他重要基地:昆明巫家坝国际机场、西安咸阳国际机场、南京禄口国际机场、武汉天河国际机场、济南遥墙国际机场、青岛流亭国际机场。

飞行常客计划:东航万里行。

联盟:天合联盟,2011 年 6 月加入。

1) 中国东航航空集团公司

中国东方航空集团公司(简称"东航集团")成立于 2002 年 10 月,总部设在上海。英文全称为 China Eastern Air Holding Company,英文缩写为 CEAH。东航集团以原东方航空集团公司为主体,兼并中国西北航空公司、联合云南航空公司组建而成,是我国三大航空运输集团之一,是隶属国务院国有资产监督管理委员会管理的中央企业。

东航集团经营业务包括:公共航空运输、通用航空业务及与航空运输相关产品的生产和销售(含免税品);航空器材及设备的维修、航空客货及地面代理、飞机租赁、航空培训与咨询等业务以及国家批准经营的其他业务。东航集团旗下共有 20 家控股投资公司,经过几年来的调整优化和资源整合,基本形成以航空运输核心主业为支撑,以航空食品、进出口、金融期货、传媒广告、旅游票务、酒店管理、机场投资等业务为辅助的航空运输服务体系。

截至 2010 年 6 月,东航集团资产总额为 1018 亿元人民币,员工 6.4 万人,拥有运输飞机 338 架,通用航空飞机 18 架,通航点 152 个,国内外航线 570 条。

中国东方航空集团公司组织结构图如图 7.11 所示。

2) 成立

作为东航集团核心主业的中国东方航空股份有限公司,其前身是成立于 1988 年 6 月

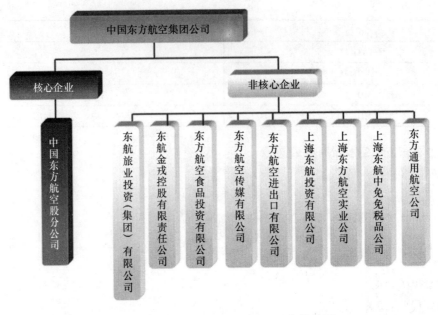

图 7.11　中国东方航空集团公司组织结构图

的中国东方航空公司,是当时中国六大骨干航空公司之一。1993 年 10 月,中国东方航空集团公司成立,由区域性航空公司转变为国际性航空公司。1997 年在香港、纽约、上海三地证券市场挂牌上市,是中国民航业内第一家上市公司。

2002 年在原中国东方航空集团公司的基础上,兼并中国西北航空公司,联合云南航空公司重组成中国东方航空股份有限公司,简称"东航",辖山东、安徽、江西、山西、河北、甘肃、西北、云南、浙江、北京分公司控股中国货运航空有限公司和中国东方航空江苏有限公司,中国东方航空四川有限公司,上海航空股份有限公司。参股中国东方航空武汉有限责任公司。全资控股东方通用航空股份有限公司。

3) 业务及航线网络

经营业务包括公共航空运输、通用航空业务、航空运输相关产品的生产与销售、航空器材及设备维修、航空客货及地面代理、飞机租赁、航空培训、咨询等,同时经营航空食品、金融期货、酒店管理、房产物业、进出口贸易等多项辅业。

东航在航空运输主营业务方面,实施"中枢网络运营"战略,建立以上海为中心、依托长江三角洲地区、连接全球市场、客货并重的航空运输网络。航线除了包括国内航线外,也经营从上海等地至国际各大城市的国际航线。拥有贯通中国东西部,连接亚洲、欧洲、澳洲和美洲的航线网络。构建"统一运营管理模式",建立起与世界水平接近的飞行安全技术、空中和地面服务、机务维修、市场营销、运行控制等支柱性业务体系。

东航年旅客运输量跻身世界前十名,目前共运营客货运飞机超过 380 架,航线网络通达全球 173 个国家、928 个目的地。年报数据显示,截至 2011 年 12 月 31 日,东航总资产为人民币 1122.15 亿元,较年初增长 11.31%;全年共实现营业收入人民币 839.75 亿元,较上年增长 12.03%;资产负债率 80.27%,较年初下降 3.29 个百分点。东航 2011 年共实现利润总额人民币 51.68 亿元,每股收益 0.43 元。

4）标识

中国东方航空的航徽基本构图为圆形,取红蓝白三色,以寓意太阳、大海的上下半圆与燕子组合,表现东航企业形象。红色半圆,象征喷薄而出的朝阳,代表了热情、活力,且日出东方,与东方航空名称吻合;蓝色半圆,象征宽广浩瀚的大海,寓意着东航航线遍及五湖四海;轻盈灵动的银燕,象征翱翔天际的飞机,燕子也被视为东方文化的载体,体现了东方温情。燕子尾部的线条勾勒出东航英文名字"CHINA EASTERN"中的"CE"两字。

5）机队

东航现有飞机286架,不包括中货航的现役19架飞机,上海航空的现役64架飞机,东方通用航空21架通用飞机和直升机以及正在引进的飞机。详情见表7.18。

表7.18 东航机队(截止至2012年3月)

(数据来源:东航官网)

机型	数量/架
A319－100	15
A320－200	120
A321－200	21
A330－200	9
A330－300	15
A340－300	4
A340－600	5
A300－600R	7
B737－300	16
B737－700	45
B737－800	20
CRJ200	5
ERJ145	10
公务机(托管)	5
总计	286

7.3.2 地方航空公司

1. 海南航空股份有限公司

英文名称:Hainan Airlines Company Limited。
IATA 代码:HU。
ICAO 代码:CHH。

201

呼号:HAINAN。

数字代码:880。

总部:海南省海口市。

主运营基地:海口美兰机场。

第二基地:北京首都国际机场、西安咸阳国际机场、太原武宿机场、乌鲁木齐地窝堡国际机场、广州新白云国际机场。

飞行常客计划/里程奖励计划:金鹏俱乐部。

1) 成立

海南航空股份有限公司(以下简称海南航空)于1993年1月成立,起步于中国最大的经济特区海南省,是中国发展最快和最有活力的航空公司之一,致力于为旅客提供全方位无缝隙的航空服务。

海南航空股份有限公司是海南航空集团下属航空运输产业集团的龙头企业,对海南航空集团所辖的中国新华航空有限责任公司、长安航空有限责任公司、山西航空有限责任公司实施行业管理。1998年8月,中国民用航空总局正式批准海航入股海口美兰机场,成为首家拥有中国机场股权的航空公司。

2) 业务及航线网络

1993年至今,海南航空在以海口为主基地的基础上,先后建立了北京、西安、太原、乌鲁木齐、广州、兰州、大连、深圳八个航空营运基地,航线网络遍布中国,覆盖亚洲,辐射欧洲、美洲、大洋洲、非洲,开通了国内外航线近400条,通航城市近90个。

1995年海南航空开始探讨发展以支线为主的"毛细血管战略"。形成了适用于中短程干线飞行,短程支线飞行,公务、商务包机飞行的航线布局。1995年海南航空引进公务机,并在北京设立了公务客机飞行基地,首开中国公务包机飞行。1999年,海南航空获准经营由海南省始发至东南亚及周边国家和地区的定期和不定期航空客货运输业务。海南航空拥有的国内支线客机群,开通了海口、三亚、湛江、北海、桂林、南宁、珠海等华南地区城市之间的短程航班。

海南航空是继中国南方航空、中国国际航空及中国东方航空后中国内地第四大的航空公司。

3) 标识

海航企业原标志以"生生不息"为理念创意。以"无限空间"为理念定位。标志构图中注目之处是一核心球体,以极具动感和极富张力的曲线蕴含,回护相生的太极图,诠释海航事业倚"生生不息"之理展"无限空间"之志的立身之本。标志中以静蓝色表征沉稳与智慧,以暖黄色表征希冀与亲和。

海南航空启用新的企业标志,顶端是日月宝珠,环形构图从东方文化传说中的大鹏金翅鸟幻化而成,图形底部是浪花的写意表达。企业标志的色调,选定庄严的红色和暖人的黄色。红色是生命之色,是朝阳之色,是蓬勃生机之色,是永恒之色。黄色是中华大地本色,是中华远祖黄帝本色,是生生不息的本源之色。

4) 机队

海南航空拥有波音737、767系列和空客330、340系列为主的年轻豪华机队,适用于客运和货运飞行。截止2011年2月,海航共有飞机247多架(表7.19)。

表 7.19　海航机队(截至 2012 年 4 月)

机型	数量/架
波音 737－300/400/700/800	94
波音 767－300	3
空客 330－200	6
空客 330－300	4
空客 340－600	3

2. 深圳航空有限责任公司

英文简称:Shenzhen Airlines。
飞行常客计划/里程奖励计划:尊鹏俱乐部。
IATA 代码:ZH。
ICAO 代码:CSZ。
呼号:Shenzhen Air。
数字代码:479。
总部:广东省深圳。
主运营基地:深圳宝安国际机场。
深圳航空有限责任公司通常简称为"深航"。

1) 成立

深圳航空有限责任公司成立于 1992 年 11 月,是由广东广控(集团)公司、中国国际航空公司等五家公司共同投资的航空公司,1993 年 9 月 17 日正式开航。股东为中国国际航空股份有限公司、深国际全程物流(深圳)有限公司等。

2) 业务

主要经营航空客、货、邮运输业务。截止 2010 年 7 月,深航及其控股的河南航空、昆明航空、翡翠货运等四家航空公司共经营国内国际航线 160 多条。

深圳航空有限责任公司是主要经营航空客、货、邮运输业务的航空运输企业。设立南宁、无锡、广州、常州、沈阳、郑州六个基地分公司和航空货运、工贸、广告、旅游、航空配餐、酒店六个二级公司。深圳市深航货运有限公司成立于 1994 年,是深圳航空的直属企业,主要从事国内、国际航空货物运输业务。开辟"卡车航班"货运业务,实现货物运输的无缝转接。深圳航空控股常州机场、管理无锡机场,与德国汉莎航空合资成立了翡翠国际航空货运公司。与美国梅萨航空合资成立了鲲鹏航空有限公司。由深圳航空出资以持有80%股权控股成立了昆明航空有限公司。

3) 标识

"民族之鹏"是深圳航空的标志。朋,神鸟也,其翼若垂天之云,形神俱绝的象形文字。"民族之鹏"是中国传统文化和现代文化集合的图腾。图案和谐融汇,红金吉祥映衬,凝聚东方文化的精髓,挺拔傲立,充满生机,体现果断进取的精神,标志造型气势磅礴,沉着矫健,呈高瞻远瞩,胸怀万物,根基稳固之三态:一为睿智定乾坤,二是同心创辉煌,三生万物盛千里。代表深圳航空"沉稳,诚信,进取"的理念。

4) 机队

2007年定购中国拥有自主知识产权的 ARJ21 支线飞机,成为率先购买该机种的航空公司。截止2010年7月,深航及其控股的河南航空、昆明航空、翡翠货运等四家航空公司共拥有波音747、737,空客320、319等各类型干线客货机逾百架。根据公司发展规划,"十二五"期末,深航将达到或超过180架客机,并适时引进宽体客机。

深航现有机队见表7.20。

表7.20 深圳航空机队(截止至2011年5月)

(数据来源:http://www.shenzhenair.com)

机型	数量/架
A320-200	41
A319-100	5
737-300	8
737-700	5
737-800	33
737-900	5
ARJ21 机	100(订购,待确认)
747-400ERF 全货	6架(下属翡翠国际货运航空所有)
ERJ190	4架(下属河南航空所有,另有1架已经坠毁)
其他	昆明航空5架737-700

3. 厦门航空有限公司

厦航企业标志

英文名称:Xiamen Airlines。
IATA 代码:MF。
ICAO 代码:CXA。
呼号:XIAMEN AIR。
数字代码:731。
总部:福建省厦门市。
飞行常客计划/里程奖励计划:白鹭卡。
运营基地:厦门高崎国际机场、福州长乐国际机场。
其他运营基地:泉州晋江机场、武夷山机场、杭州萧山国际机场、南昌昌北国际机场、天津滨海国际机场。
联盟:预计2013年加入天合联盟。

1）成立

厦门航空有限公司,通常简称"厦航",成立于1984年7月,是中国民用航空局和福建省合作创办的、中国首家按现代企业制度运行的航空公司,目前股东为中国南方航空股份有限公司（占51%股权）、厦门建发集团有限公司（占34%股权）和河北航空投资集团有限公司（占15%股权）。

2）业务

厦航目以厦门、福州、杭州为主基地,在福州、杭州、南昌、天津、长沙设有分公司,在境内外40多个大中城市设有营运基地、办事处和营业部。覆盖全国、辐射东南亚和东北亚、连接港澳台的航线网络,航点涉及40多个城市,执飞航线超过210条,每周执行航班3200个。图7.12展示的是厦航以厦门为始点的航线网络。

厦航主营国内航空客货运输和福建省及其他经民航局批准的指定地区始发至邻近国家和地区的航空客货运输业务。经营从厦门、福州、泉州、武夷山、杭州、重庆、天津、长沙、南昌始发至中国内地及港澳台、东南亚、东北亚各大中城市航线150多条。

厦航目前已有近180万人加入到厦航的常旅客计划中。

2010年,厦航旅客运输量为1356.1万人次,货邮运输量15.8万吨,完成营业收入106.8亿元,实现盈利15.5亿元,成为了全中国民航唯一连续24年实现盈利的航空公司。厦门航空有限公司,

厦门航空主营国内航空客货运输业务、福建省及其他经民航总局批准的指定地区始发至邻近国家或地区的航空客货运输业务,航空公司间的业务代理,兼营航空器维修、航空配餐、酒店、旅游、广告、进出口贸易等业务。厦门航空获得国际航空运输协会"IOSA营运人"注册证书,是国际航空运输协会的正式会员。

厦门航空下辖福州、杭州、南昌、天津等分公司,以厦门、福州、晋江、武夷山、杭州、南昌为航班始发的营运基地,经营至全国各大中城市以及新加坡、马来西亚、泰国、日本、韩国等140多条国内、国际航线,在境内外四十几个大中城市设立了办事处和营业部。构筑东南亚往来中国大陆的便捷通道,并努力发展成为连接台湾海峡两岸的重要纽带。

3）标识

厦门航空有限公司飞机的航徽是"蓝天白鹭"。昂首矫健的白鹭在蓝天振翅高飞的图案,象征吉祥、幸福,并展示了该公司团结拼搏、开拓奋飞的精神。

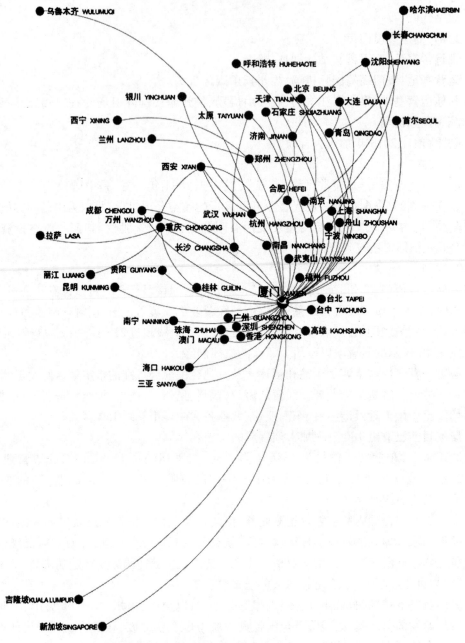

图7.12 厦航航线网络图(以厦门为始点)
(资料来源:http://www.xiamenair.com.cn)

4)机队

厦门航空选择技术先进、安全舒适的现代化飞机构建机队,截至2012年4月,拥有波音系列飞机80架。厦航是中国唯一使用全波音系列飞机的航空公司,平均机龄4.48年,是世界上最年轻的机队之一(表7.21)。

表7.21 厦航机队(截至2012年4月)

机型	数量/架
757－200	6
737－700	17
737－800	57
757－200	6
共计	80

(已订购6架Boeing787－8 Dream－liner宽体客机,将于2014年开始交付使用)

4. 山东航空股份有限公司

英文名称:Shandong Airlines CO.,LTD。
IATA 代码:SC。
ICAO 代码:CDG。
呼号:SHANDONG。
总部:山东省济南市。
主运营基地:济南遥墙国际机场。
第二运营基地:青岛流亭国际机场;烟台莱山国际机场。在厦门、重庆等地设有飞行基地。

1)成立

被誉为"齐鲁之翼"的山东航空集团有限公司(简称"山航集团")是由中国国际航空股份有限公司、山东省经济开发投资公司等十家股东合资组成的从事航空运输相关产业经营的企业集团公司,于1994年3月12日经国家民航总局和山东省委、省政府批准成立,总部在济南。

2)业务及航线网络

山航集团以股权关系为纽带,控股山东航空股份有限公司、山东太古飞机工程有限公司、山东国际航空培训有限公司、山东航空翔宇技术服务有限公司、山东彩虹航空广告有限公司以及丹顶鹤大酒店等子公司和分支机构,形成了以运输业为龙头,集航空运输、飞机维修、航空培训、酒店旅游、广告业务为一体的上下游业务配套发展的经营格局。

山航主营航空运输业务。公司目前经营航线110余条、每周2000多个航班飞往全国60多个大中城市,并开通香港、台湾等地区航线和韩国、日本国际航线。在济南、青岛、烟台、厦门、北京、昆明、重庆等地设有飞行基地,形成了"东西串连、南北贯通、覆盖全国及周边"的航线网络。

3) 标识

三个"S"形曲线代表擅长飞翔纪律严明的飞雁。同时,它也可以称为团结一致的象征。飞雁的三"S"形翅膀看上去也像中文"山"的变体,"山"是山东省的第一个字。这三个"S"分别代表"Shandong"山东、"Safety"安全、"Success"成功。

4) 机队

截至2011年5月,拥有波音B737系列、CRJ系列等各型飞机49架(表7.22)。根据山航"十二五"规划,2015年末该公司机队规模将增加到100架飞机,实现从中型航空公司到大型航空公司的新跨越。

表7.22 山航机队(截至2011年5月)

(数据来源:http://www.shandongair.com.cn)

机型	数量/架
737-300	9
737-700	3
737-800	30
CRJ200	5
CRJ700	2

5. 四川航空公司

英文名称:SiChuan Airlines。

IATA 代码:3U。

ICAO 代码:CSC。

呼号:Sichuan Air。

总部:四川省成都市。

主运营基地:成都双流国际机场;货运部设在成都双流国际机场北头基地。

第二运营基地:重庆分公司设在重庆江北国际机场。

飞行常客计划/里程奖励计划:金熊猫会。

联盟:2012年年初,四川航空股份有限公司已着手开始申请进入"星空联盟"大家庭成员。

1) 成立

四川航空股份有限公司通常简称川航,其前身是四川航空公司,四川航空公司成立于1986年9月19日,1988年7月14日正式开航营运。

四川航空股份有限公司成立于2002年8月29日,是在对原四川航空公司进行股份制改造后,以其航空经营性净资产为基础,与中国南方航空股份有限公司、上海航空股份有限公司、山东航空股份有限公司和成都银杏餐饮有限公司共同发起设立"四川航空股份有限公司",同时,原四川航空公司的其他经营性资产则留在改制后的四川航空集团公司继续经营。四川航空集团公司持有四川航空股份有限公司40%的股份,成为第一大股东。

2) 业务及航线网络

四川航空股份有限公司通过股份合作,实现了航线联营、航线共飞、代码共享、票价控制、常旅客计划、销售代理的运输销售网络。2005年5月12日开通重庆—香港首条地区航线,8月20日飞越世界屋脊开通成都—拉萨航线,2006年12月15日开通成都—香港航线;2007年9月10日开通第一条国际航线成都至首尔。2007年四川航空与中华航空公司展开合作,推出一票通服务(一张机票到达台北或高雄两市,或经由香港至成都)。

现行的股份合作,使四川航空、中国南方航空、上海航空、山东航空实现了航线联营、航线共飞、代码共享、票价控制、常旅客计划、销售代理的运输销售网络。先进的机型、灵活有效的经营策略及良好的生产环境条件,为川航的迅猛发展奠定了坚实的基础。公司拥有130多条航线,形成从南到北、从东到西、干线支线纵横交错的航空运输网络。

川航航线网络在巩固成、渝、昆"金三角"的基础上,实现通航66个大中城市,并开通有香港、台湾地区航线,首尔、马尔代夫、普吉、塞班、雅加达、胡志明等国际航线,完善了航线网络,提高了公司竞争力。公司已实现连续15年赢利,并一直保持较高增长速度。特别是在国内航空市场竞争加剧的情况下,公司不断开拓国内外市场,挖掘潜力,先后与国内外数十家航空公司建立起客货联运合作关系,为旅客、货主提供了更加优质的服务。

3) 标识

川航的航徽是一只在江面上奋力翱翔的江鸥,即寓意着公司的起源与愿景,又潜含着公司不平凡的历程。

4) 机队

公司现有机队见表7.23。

表7.23 川航机队(截至2011年8月)

数据来源:http://www.scal.com.cn

机型	数量/架
A320	31
A319	15
A321	13
A330	3
共计	62
	原5架ERJ-145已出售给河北航空

7.3.3 民营航空公司

中国的航空市场依然是三大航外加海南航空占据主导地位,国航的母公司中航集团控股国航、深航、山东航空、澳门航空以及深航下属的河南航空、昆明航空、翡翠航空;南航集团控股南方航空、厦门航空、重庆航空;东航集团控股东方航空、上海航空、中国联航以及幸福航空;海航集团控股海南航空、香港航空、大新华快运、首都航空、金鹿航空等。此外,四川航空,河北航空等中小型地方国营航空公司又占据了一部分市场。可以说留给民营航空的市场空间是非常微小的。根据国家民航总局网站上的数据,2011年1月,全国航空旅客运输量为2266.7万人,其中民营航空公司(春秋航空、幸福航空、吉祥航空、奥凯航空)旅客运输量为100.55万人,只占到旅客运输总量的4.4%。

在这些民营航空中,似乎只有位于上海的春秋航空和吉祥航空发展较为顺利。因此本文主要介绍这两家民营航空公司。

1. 春秋航空公司

英文名称:Spring Airlines Co,LTD。

IATA 代码:9C。

ICAO 代码:CQH。

呼号:Spring Airlines(国内直接呼"春秋")。

总部:上海市。

主运营基地:虹桥机场。

第二运营基地:三亚凤凰国际机场。

与稳居上海的吉祥航空相比,春秋航空设立多个营运基地,开通多条国际地区航线,发展迅速,光彩夺目,俨然成为了中国民营航空公司的代名词,也似乎只有春秋航空才掌握了中国民营航空的生存之道。

1) 成立

春秋航空股份有限公司(以下简称春秋航空)是中国首批民营航空公司之一,是中国唯一一家廉价航空公司。春秋航空有限公司经中国民用航空总局批准成立于2004年5月26日,由春秋旅行社创办,注册资本8000万元人民币,创立之初,只有3架租赁的飞机空客A320飞机,经营国内航空客货运输业务和旅游客运包机运输业务。

经过民航局方对公司严格的运行合格审定,2005年7月18日首航。

2) 业务及航线网络

经营国内航空客货运输业务和旅游客运包机运输业务。春秋航空目标要做以商务旅客为主的低成本航空公司。春秋航空公司是国内唯一不参加中国民航联网销售系统(CRS)的航空公司。春秋航空公司以上海虹桥国际机场、上海浦东国际机场和海口美兰国际机场为基地。经营上海飞广州、珠海、厦门、昆明、海口、三亚、桂林、温州、青岛、福州、长春等多条航线。

2010年7月28日,春秋航空开通了中国民营航空公司第一条国际航线上海—日本茨城航线,同年9月28日开通上海—香港航线,2011年4月8日开通上海—澳门航线,提供"安全、低价、准点、便捷、温馨"的航空服务。2011年7月15日,春秋航空又正式开通上海至日本香川县高松定期航线。方便大阪神户京都等近畿地区的游客往返日本和中国。2012年1月18日,春秋航空开通上海至日本佐贺定期航线,为福冈地区的游客提供便利。

3) 机队

截至2012年1月,春秋航空拥有空中客车A320-200 30架(另有2架订单),其中21架是经营性租赁,9架是自己购买的(数据来源:http://www.china-sss.com/)。

2. 吉祥航空公司

英文名称:Juneyao Airlines Co., Ltd.。

IATA 代码:HO。

ICAO 代码:DKH。

呼号:AIR JUNEYAO。

总部:上海。

主运营基地:上海虹桥国际机场、上海浦东国际机场。

1) 成立

上海吉祥航空股份有限公司(简称"吉祥航空"),系"中国民企百强"企业——上海均瑶(集团)有限公司的控股子公司,注册资本为5亿元人民币。吉祥航空于2006年9月25日正式开航运营。

2) 业务及航线网络

吉祥航空以上海为主运营基地和维修基地,以上海虹桥国际机场和浦东国际机场为飞行基地,经营范围包括国内航空客货邮运输、商务旅游包机业务,内地至香港、澳门特别行政区和周边国家的航空客货运输业务。

截至2012年4月,实现上海基地2场(虹桥机场、浦东机场)航线始发经营,经营包括北京、天津、香港、澳门、广州、重庆、乌鲁木齐、深圳、温州、长沙、青岛、三亚、太原、昆明、成都、大连、哈尔滨、沈阳、长春、烟台、福州、厦门、台州、长治、北海、龙岩、桂林、包头、呼和浩特、海拉尔、武汉、石家庄、郑州、海口、南宁、东营、南昌、珠海、贵阳、西安等40余条国内(地区)航线。

吉祥航空的目标定位中高端公务、商务和商务休闲航空市场,航线网络依托上海,形成国内和周边地区航线为枢纽网络的航线布局。作为获批开飞国际(地区)航线资质的航空公司,将逐步开通东南亚和日韩等国际航线。

3) 标识

吉祥航空将"吉祥凤凰"作为企业的标识,力求通过对中国传统文化的国际化阐释,在中国航空界和国际航空界塑造一个为客户提供舒心优质服务的百年航空品牌。

吉祥航空企业的标识是"吉祥凤凰"。吉祥航空标志的创意灵感来自以吉祥凤凰为图案的中国古代的圆形玉佩。

凤凰是自由翱翔的化身,和航空产业联系紧密,寓意吉祥和太平。玉蕴含着深厚的人文内涵,是吉祥如意的瑞物,代表了吉祥航空既有外表的明智而又兼具内在的诚实守信、乐观进取、坚忍不拔的崇高精神,象征着吉祥航空的品牌将和宝玉一样,经过时间的淬炼,更显出自身的价值。

吉祥航空司标的颜色则是中国传统的吉祥色——含蓄的酒红色和典雅的金色作为主色调,结合吉祥凤凰的设计元素,经过法国设计师对图形线条的现代化处理,以色彩和图形的完美结合(金为阳、玉为阴)而成吉祥,充分体现了中国文化和世界文化的融合以及吉祥航空所提供的高品质、便捷的服务和媲美国际水平的至臻愿望,是稳重与激情的结合。惟有这种沉静与跃动的统一,才能构成世上最绚烂华美的色彩,最辉煌富丽的图腾,最激情迸发的力量,最完美无暇的永恒。有包藏宇宙之机,吞吐天地之志。充分显示了均瑶人"创新实现价值"的精神追求。

4) 机队

截至 2012 年 4 月,吉祥航空通过自主购买和租赁等方式,拥有 25 架全新空客 A320 系列飞机。

7.3.4 其他航空公司

关于我国其他民营航空公司和港澳台航空公司的基本情况请参阅表 7.24。

本 章 小 结

改革开放 30 年来,我国民航事业走过了一条从小到大、逐步成长为世界民航大国的光辉发展历程。改革开放为民航业的发展提供了前所未有的机遇,国民经济持续快速增长,旅游外贸加速发展,人民生活水平不断提高,促进了航空运输需求的快速增长,航空运输业基本建设投资规模不断扩大,,国家不断加大对民航的投资,大力加强基础设施建设,使航空运输保障能力有了很大提高。航空运输发展迅速,国际地位显著提高。

尽管我国已经形成了一个三级市场格局,然而,这一格局是在我国政府的指导下短期内有计划、有步骤地形成的,并没有经过充分的市场竞争的洗礼,缺乏长期的稳定性,一旦遇到外界环境的剧烈变化如经济的景气程度变化、国际油价的巨幅波动等,就很容易给各个航空公司带来极大的经营困难。

表 7.24 我国航空公司基本信息一览表

航空公司名称	IATA 代码	ICAO 代码	呼号	数字代码	总部	主运营基地	航徽
中国国际航空公司	CA	CCA	Air China	999	北京	北京首都国际机场	
中国南方航空公司	CZ	CSN	China Southern	784	广州	广州白云国际机场	
中国东方航空公司	MU	CES	CHINA EASTERN	781	上海	上海虹桥国际机场 上海浦东国际机场	
海南航空公司	HU	CHH	HAINAN	—	海口	海口美兰国际机场	
上海航空公司	FM	CSH	Shanghai Air	774	上海	上海虹桥国际机场 上海浦东国际机场	
深圳航空公司	ZH	CSZ	Shenzhen Air	471	深圳	深圳宝安国际机场	
厦门航空公司	MF	CXA	Xiamen Air	731	厦门	厦门高崎国际机场 福州长乐国际机场	
四川航空公司	3U	CSC	Sichuan Air	—	成都	成都双流国际机场	
山东航空公司	SC	CDG	SHANDONG	—	济南	济南遥墙国际机场	
春秋航空公司	9C	CQH	Spring Airlines	—	上海	上海虹桥国际机场	
奥凯航空公司	BK	OKA	OKAYJET	—	北京	天津滨海国际机场	

（续）

航空公司名称	IATA 代码	ICAO 代码	呼号	数字代码	总部	主运营基地	航徽
鹰联航空公司	UE	UEA	UNITED EAGLE	—	四川	成都双流国际机场	
吉祥航空公司	HO	DKH	AIR JUNEYAO	—	上海	上海虹桥国际机场 上海浦东国际机场	
长城航空有限公司	JI	GWL	GREAT WALL	989	上海	上海浦东国际机场	
深圳东海航空有限公司	J5	EPA	DONGHAI AIR	—	深圳	深圳宝安国际机场	
华夏航空有限公司	G5	HXA	CHINA EXPRESS	—	贵州贵阳市	贵阳龙洞堡国际机场	
国泰航空有限公司	CX	CPA	Cathay Pacific	—	香港	香港国际机场	
澳门航空股份有限公司	NX	AMU	Air Macau		澳门	澳门国际机场	
中华航空股份有限公司	CI	CAL	Dynasty		台湾台北	桃园国际机场	
长荣航空股份有限公司	BR	EVA	Eva		台湾桃园县	桃园国际机场	
复兴航空运输股份有限公司	GE	TNA	TransAsia		台北	台北松山机场	

214

复习与思考

1. 航线的概念和航线网络的概念是什么?
2. 我国航线网络的类型有哪几种,各自的优缺点是什么?
3. 分析我国国际航线的分布特点。
4. 分析我国国内航线的分布特点。
5. 我国机场布局的基本现状是什么?
6. 我国的三大机场群指的是哪三大?
7. 分析我国机场的基本评价。
8. 我国机场布局的原则是什么?
10. 了解我国各个航空区划中主要机场的基本情况。
11. 简要分析我国航空运输格局的特点。
12. 简要概述我国主要航空公司的运营情况。
13. 简要概述我国及港澳台地区主要航空公司基本情况以及其各自的代码。

阅 读

补充资料:上海航空有限公司

英文简称:Shanghai Airlines。
总部:上海。
主运营基地:上海浦东国际机场、上海虹桥国际机场。
飞行常客计划/里程奖励计划:金鹤俱乐部。
IATA 代码:FM。
ICAO 代码:CSH。
呼号:Shanghai Air。
数字代码:774。
联盟:2007 年上海航空正式加入国际航空联盟——星空联盟。但其正式退出星空联盟。

1) 初期开创

20 世纪 80 年代初,中国航空运输业尚是一个突出的瓶颈产业,"乘机难"成为上海乃至国家经济发展和对外开放的一个制约因素。因此,从 1984 年起,中共上海市委、市政府领导与市政府交通办公室的领导开始酝酿组建上海航空公司(简称"上航")。1985 年 12

月27日,上航获得工商营业执照,宣告正式成立。

上航成立伊始就面临着巨大的安全压力:上航(筹备组)1985年4月从美国引进了5架波音707型老龄飞机,由于资金问题,除了2架维持每周5个航班外,其他3架实际上成了航材的"备用仓库",从中选取急需的飞机维修零部件来保证2架运行的飞机。考虑到安全问题,公司管理层在征得有关主管部门的同意后,毅然决定于1988年3月4日开始停航B707型老龄飞机。

在B707型老龄飞机停航后,上航一方面积极出售5架B707飞机,另一方面抓紧做好以租赁方式引进3架B757飞机等准备工作,争取重新通航。从1989年8月开始,上航先后引进了5架全新的B757-200和1架B767-300飞机,重新恢复运行并不断拓展航线,至20世纪末,上航已经拥有3种机型近20架飞机。

2) 发展上市

航空公司的发展需要强大的资金支持。为募集资金,上航于2002年9月在上海证券市场成功发行2亿股A股,募集资金10亿元。上航的成功上市,既进一步优化了公司的股权结构,同时也为公司的快速发展提供了资金支持,这是公司发展史上的一件大事,具有里程碑的意义。

从2002年上市到2009年,也是上航快速发展时期。截至2009年底,公司在册飞机72架(含上货航、中联航),经营了170多条国内和国际(地区)航线,通航60多个大中城市。并在2007年,与中国国际航空公司一起加入星空联盟,成为全球航空大家庭的成员。

3) 东上重组

随着民航业的激烈竞争和国有资产的整合要求,2009年6月,东航、上航联合重组工作拉开序幕。在随后的一年时间里,东航上航联合重组工作在国家相关部委的指导帮助和东上联合重组工作领导小组的统一部署下,在确保正常安全运行的前提下,依法有序地快速推进,重组方案先后获得双方董事会、职工代表大会、股东大会高票通过,获得国务院国资委、民航局、商务部、发改委、证监会等监管机构的核准和批复。2010年5月28日,东航股份全资子公司上海航空有限公司正式挂牌运营,保持独立法人和原有LOGO、航班号。

4) 业务经营

上海航空是以经营国内干线客货运输为主,同时从事国际和地区航空客、货运输及代理的大型地区航空公司。上海航空立足上海航空枢纽港,截至2007年,共开辟了170多条国内、国际和地区航线,通达60多个国内外(地区)城市。已开辟了上海至日本、韩国、泰国、越南、柬埔寨和香港、澳门等地的多条国际、地区航线。上航投资组建的上海国际货运航空公司,于2006年7月1日投入运营。有5架全货机,已经开通了上海至美国、德国、泰国、日本、印度、越南、香港等国际、地区的全货运航线。

截至2010年4月,上海航空公司拥有各型飞机59架,机队具体情况见表。

上航与国航、南航已在常旅客制、代号共享方面分别实现了业务合作;与汉莎航空、美联航、全日空、维珍等20余家外航和台湾长荣、复兴等同行开展代码共享和航线联运等业务合作;并分别与国航、南航、深航、山航等航空公司在上海—北京、上海—广州[上航广州直销中心]、上海—深圳等航线上实施代码共享。

上海航空标识(注册商标)为红尾翼上翱翔的仙鹤。标识主体呈变形简化的白鹤,象征吉祥、如意、展翅飞翔。并将公司名称的缩写"SAL"也组合进图案中,鹤翅与硕长的鹤颈连成的柔和曲线代表"S",鹤头代表"A",鹤翅与鹤尾相连代表"L"。外形呈上海的"上"字,整体为红尾翼上翱翔的白鹤。上航将鹤作为标识的主体,就是祝愿公司万事如意,不断勇往直前。标识内涵为安全平稳、稳健有力、蓬勃向上、欣欣向荣、百折不挠、一往无前。

上航机队

> 上航机队(截至2010年4月)
> - 波音737-700 7架
> - 波音737-800 12架
> - 波音737-800W 17架
> - 波音757-200 10架
> - 波音767-300 4架
> - 波音767-ER 3架
> - 庞巴迪CRJ200 5架
> - 雷神HAWKER 1架

思 考 题

1. 我国航空公司三大重组的基本情况是什么?
2. 重组对各航空公司的发展都有哪些方面的优缺点?

附录1 国际时差换算表

Country/area	Standard Clock Time	Daylight Saving Time	DST effective period
Afghanistan	+4.30		
Albania	+1	+2	27Mar – 24Sep
Algeria	+1		
Andaman Is.	+5.30		
Andorra	+1	+2	27Mar – 24Sep
Angola	+1		
Anguilla	–4		
Argentina	–4		
Antigua and Barbuda	–4		
Amenia	+4		
Aruba	–4		
Ascension Is.	GMT		
Australia	+8		
Western Australia	+9.30		
South Australia	+9.30	+10.30	31Oct – 05Mar
Northern Territory	+10	+11	31Oct – 05Mar
Capital Territory	+10	+11	31Oct – 05Mar
New South Wales	+10	+11	31Oct – 05Mar
Queensland	+10	+11	03Oct – 26Mar
Whitsunday Islands	+10	+11	31Oct – 05Mar
Tasmania	+10	+11	31Oct – 05Mar
Victoria	+10.30		
Lord Howe Island			
Austria	+1	+2	27Mar – 24Sep
Azerbaijan	+4		
Azores	–1	GMT	27Mar – 24Sep
Bahamas	–5	–4	03Apr – 29Oct
Bahrain	+3		
Bangladesh	+6		
Bahamas	–5	–4	03Apr – 29Oct
Bahrain	+3		
Bangladesh	+6		

(续)

Country/area	Standard Clock Time	Daylight Saving Time	DST effective period
Barbados	−4		
Belarus	+2	+3	27Mar − 24Sep
Belgium	+1	+2	27Mar − 24Sep
Belize	−6		
Benin	+1		
Bermuda	−4	−3	03Apr − 29Oct
Bhutan	+6		
Bolivia	−4		
Bosnia and Herzegovina	+1	+2	27Mar − 24Sep
Botswana	+2		
Brazil Fernando do Noronha S. E. Coast, inc. Bahia, Goias and Brasilia N. E. Coastal States, And E of Para Certral and N. W. States, and W of Para Amazonas, Mato Grosso and Matto Grosso do Sul Territory of Acre	−2 −3 −3 −4 −4 −5	−2 −3	17Oct − 19Feb 17Oct − 19Feb
British Virgin Is.	−4		
Brunei Darussalam	+8		
Bulgaria	+2	+3	27Mar − 24Sep
Burkina Faso	GMT		
Burundi	+2		
Cambodia	+7		
Canada Newfoundland Is. Atlantic Time Eastern Quebec Eastern Time Western Ontario Central Time Saskatchewan Mountain Time Some Towns in North East British Columbia	−3.30 −4 −4 −5 −5 −6 −6 −7 −7 −8	−2.30 −3 −4 −5 −6 −7	03Apr − 29Oct 03Apr − 29Oct 03Apr − 29Oct 03Apr − 29Oct 03Apr − 29Oct 03Apr − 29Oct

(续)

Country/area	Standard Clock Time	Daylight Saving Time	DST effective period
Pacific Time And Yukon Territory			
Canary Is.	GMT	+1	27Mar – 24Sep
Cape Verde	-1		
Cayman Is.	-5		
Central African Rep.	+1		
Chad	+1		
Chatham Is.	+12.45	+13.45	03Oct – 19Mar
Chile	-4	-3	10Oct – 12Mar
China	+8		
Christmas Is. (indian Ocean)	+7		
Cocos Is.	+6.30		
Colombia	-5		
Comoros	+3		
Congo	+1		
Cook Is.	-10		
Costa Rica	-6		
Cote D'lvoire	GMT		
Croatia	+1	+2	27Mar – 24Sep
Cuba	-5	-4	03Apr – 08Oct
Cyprus Ercan Larnaca	+2 +2	+3 +3	27Mar – 24Sep 27Mar – 24Sep
Czech Republic	+1	+2	27Mar – 24Sep
Denmark	+1	+2	27Mar – 24Sep
Djibouti	+3		
Dominica	-4		
Dominican Rep.	-4		
Easter Is.	-6	-5	10Oct – 12Mar
Ecuador Except Galapagos Is.	-5		
Egypt	+2	+3	01May – 30Sep
El Salvador	-6		
Equatorial Guinea	+1		
Eritrea	+3		

(续)

Country/area	Standard Clock Time	Daylight Saving Time	DST effective period
Estonia	+2	+3	27Mar – 24Sep
Ethiopia	+3		
Falkand Is.	–4	–3	12Sep – 16Apr
Faroe Is.	GMT	+1	27Mar – 24Sep
Fiji	+12		
Finland	+2	+3	27Mar – 24Sep
France	+1	+2	27Mar – 24Sep
French Antilles	–4		
French Guiana	–3		
Gabon	+1		
Galapagos Is.	–6		
Gambia	GMT		
Gambier Is.			
Georgia	+3	+4	27Mar – 24Sep
German Federal Rep.	+1	+2	27Mar – 24Sep
Ghana	GMT		
Gibraltar	+1	+2	27Mar – 24Sep
Greece	+2	+3	27Mar – 24Sep
Greenland Scoresbysund and Constaple Pynt Thule	–3 –1 –4	–2 GMT –3	26Mar – 24Sep 27Mar – 24Sep 03Apr – 30Oct
Grenada	–4		
Guadeloupe	–4		
Guam	+10		
Guatemala	–6		
Guinea	GMT		
Guinea Bissau	GMT		
Guyana	–4		
Haiti	–5	–4	03Apr. – 29Oct
Honduras	–6		
Hungary	+1	+2	27Mar – 24Sep
Iceland	GMT		
India	+5.30		
Indonesia Central Zone East Zone West Zone	+8 +9 +7		

221

（续）

Country/area	Standard Clock Time	Daylight Saving Time	DST effective period
Iran	+3.30	+4.30	21Mar – 21Sep
Ireland	GMT	+1	27Mar – 22Oct
Israel	+2	+3	01Apr – 03Sep
Italy	+1	+2	27Mar – 24Sep
Jamaica	-5		
Japan	+9		
Jerudsalem	+2	+3	01Apr – 03Sep
Johnston Is.	-10		
Jordan	+2	+3	01Apr – 29Sep
Kazakhstan	+6	+7	27Mar – 24Sep
Kenya	+3		
Kiribati Kiritimati Is. Phoenix Is.	+12 -10 -11		
Kyrgyzstan	+5	+6	10Apr – 24Sep
Lao P. D. R.	+7		
Latvia	+2	+3	27Mar – 24Sep
Lebanon	+2	+3	27Mar – 24Sep
Leeward Is.	-4		
Lesotho	+2		
Liberia	GMT		
Liechtenstein	+1	+2	27Mar – 24Sep
Lithuania	+2	+3	27Mar – 24Sep
Loyalty Is.	+11		
Luxembourg	+1	+2	27Mar – 24Sep
Former Yugoslav Republic of Macedonia	+1	+2	27Mar – 24Sep
Madagascar	+3		
Madeira Is.	GMT	+1	27Mar – 24Sep
Malawi	+2		
Malaysia	+8		
Maldives	+5		
Mali	GMT		
Malta	+1	+2	27Mar – 24Sep
Mariana Is.	+10		
Marquesas Is.	-9.30		

(续)

Country/area	Standard Clock Time	Daylight Saving Time	DST effective period
Marshall Is.	+12		
Martinique	-4		
Mauritania	GMT		
Mauritius	+4		
Mexico General including Mexico City Baja California Norte Baja California Sur, Sinaloa, Sonora	-6 -8 -7	-7	03Apr - 29Oct
Micronesia Caroline Is. (General) Pohnpei and Kosrae	+10 +11		
Midway Is.	-11		
Moldova	+2	+3	27Mar - 24Sep
Monaco	+1	+2	27Mar - 24Sep
Mongolia	+8	+9	27Mar - 24Sep
Montserrat	-4		
Morocco	GMT		
Mozamblique	+2		
Myanmar	+6.30		
Namibia	+2		
Nauru	+12		
Nepal	+5.45		
Netherlands	+1	+2	27Mar - 24Sep
Netherlands Antilles	-4		
New Caledonia	+11		
New Zealand	+12	+13	03Oct - 19Mar
Nicaragua	-5		
Niger	+1		
Nigeria	+1		
Niue	-11		
Norfolk Is.	+11.30		
Norway	+1	+2	27Mar - 24Sep
Oman	+4		

(续)

Country/area	Standard Clock Time	Daylight Saving Time	DST effective period
Pakistan	+5		
Palau	+9		
Panama	−5		
Papua New Guinea	+10		
Paraguay	−4	−3	01Oct − 26Feb
Peru	−5	−4	01Jan − 31MAR
Philippines	+8		
Poland	+1	+2	27Mar − 24Sep
Portugal	+1	+2	27Mar − 24Sep
Puerto Rico	−4		
Qatar	+3		
Reunion	+4		
Romania	+2	+3	27Mar − 24Sep
Russian Federation Zone1, Kaliningrad Zone2, Moscow, St. Petersburg, Astrakhan Zone3, Lzhevsk, Samara Zone4, Perm Nizhnevatovsk Zone5, Omsk and Novosibirsk Zone6, Norilsk, Kyzyl Zone7, Bratsk − UlanUde Zone8, Chita, Yakutsk Zone9, Khabarovsk, Vladivostock Zone10, Magadan, Yuzhno Sakhalinsk Zone11 Petropavlovsk Kamchatsky	+2 +3 +4 +5 +6 +7 +8 +9 +10 +11 +12	+3 +4 +5 +6 +7 +8 +9 +10 +11 +12 +13	27Mar − 24Sep 27Mar − 24Sep 27Mar − 24Sep 27Mar − 24Sep 27Mar − 24Sep 27Mar − 24Sep 27Mar − 24Sep 27Mar − 24Sep 27Mar − 24Sep 27Mar − 24Sep 27Mar − 24Sep
Rwanda	+2		
St. Helena	GMT		
St. Kitts and Nevis	−4		
St. Lucia	−4		
St. Pierre and Miquelon	−3	−2	03Apr − 29Oct
St. Vincent and Grenadines	−4		
Samoa, American	−11		

(续)

Country/area	Standard Clock Time	Daylight Saving Time	DST effective period
Samoa	-11		
San Marino	+1	+2	27Mar - 24Sep
San Tome and Principe	GMT		
Saudi Arabia	+3		
Senegal	GMT		
Seychelles	+4		
Sierra Leone	GMT		
Singapore	+8		
Slovenia	+1	+2	27Mar - 24Sep
Society Is.	-10		
Solomon Is.	+11		
Somalia	+3		
South Africa	+2		
Spain	+1	+2	27Mar - 24Sep
Spanish North Africa	+1	+2	27Mar - 24Sep
Sri Lanka	+5.30		
Sudan	+2		
Suriname	-3		
Swaziland	+2		
Sweden	+1	+2	27Mar - 24Sep
Switzerland	+1	+2	27Mar - 24Sep
Syria	+2	+3	01Apr - 30Sep
Tahiti	-10		
Tajikistan	+5		
Tanzania	+3		
Thailand	+7		
Togo	GMT		
Trinidad and Tobago	-4		
Tuamotu Is.	-10		
Tubuai Is.	-10		
Tunisia	+1		
Turkey	+2	+3	27Mar - 24Sep
Turkmenistan	+5		
Turks and Caicos Is.	-5	-4	03Apr - 29Oct
Tuvalu	+12		

(续)

Country/area	Standard Clock Time	Daylight Saving Time	DST effective period
U. S. A. Eastern Time Indiana(East) Central Time Mountain Time Arizona Pacific Time Alaska – except Aleutian Islands Alaska – Aleutian Islands Hawaiian Islands	−5 −5 −6 −7 −7 −8 −9 −10 −10	−4 −5 −6 −7 −8 −9	03Apr – 29Oct 03Apr – 29Oct 03Apr – 29Oct 03Apr – 29Oct 03Apr – 29Oct 03Apr – 29Oct
Uganda	+3		
Ukraine	+2	+3	27Mar – 24Sep
United Arab Emirates	+4		
United Kingdom	GMT	+1	27Mar – 24Sep
U. S. Virgin Is.	−4		
Uruguay	−3		
Uzbekistan	+5		
Vanuatu	+11		
Venezuela	−4		
Viet Nam	+7		
Wake Is.	+12		
Wallis and Futuna Is.	+12		
Yemen	+3		
Zaire Kinshasa, Mbandaka Haut – Zaire, Kasai, Kivu And Shaba	+1 +2		
Zambia	+2		
Zimbabwe	+2		

附录2 世界国家二字代码(部分)

代码	国 家
AE	阿拉伯联合酋长国
AF	阿富汗
AL	阿尔巴尼亚
AM	亚美尼亚
AO	安哥拉
AR	阿根廷
AT	澳地利
AU	澳大利亚
AZ	阿塞拜疆
BA	波斯尼亚—黑塞哥维那
BB	巴巴多斯
BD	孟加拉
BE	比利时
BF	布基纳法索
BG	保加利亚
BH	巴林
BI	布隆迪
BJ	贝宁
BM	百慕大
BN	文莱
BO	玻利维亚
BR	巴西
BS	巴哈马
BW	博茨瓦纳
BY	白俄罗斯
BZ	伯利兹
CA	加拿大
CF	中非共和国
CG	刚果共和国
CD	刚果民主共和国(曾称扎伊尔)

（续）

代码	国　家
CH	瑞士
CI	科特迪瓦
CK	库克群岛
CL	智利
CM	喀麦隆
CN	中国
CO	哥伦比亚
CR	哥斯达黎加
CU	古巴
CY	塞浦路斯
CZ	捷克共和国
DE	德国
DJ	吉布提
DK	丹麦
DZ	阿尔及利亚
EC	厄瓜多尔
EE	爱沙尼亚
EG	埃及
ER	厄立特里亚
ES	西班牙及加那利群岛
ET	埃塞俄比亚
FI	芬兰
FJ	斐济
FR	法国
GA	加蓬
GB	英国
GE	格鲁吉亚
GH	加纳
GI	直布罗陀
GM	冈比亚
GN	几内亚
GP	瓜德罗普(含圣巴泰勒米岛和北圣马丁岛)
GQ	赤道几内亚
GR	希腊
GT	危地马拉
GW	几内亚比绍

(续)

代码	国 家
GY	圭亚那
HK	香港
HN	洪都拉斯
HR	克罗地亚
HU	匈牙利
ID	印度尼西亚
IE	爱尔兰
IL	以色列
IN	印度（含安达曼群岛）
IQ	伊拉克
IR	伊朗
IS	冰岛
IT	意大利
JM	牙买加
JO	约旦
JP	日本
KE	肯尼亚
KG	吉尔吉斯斯坦
KH	柬埔寨
KI	基里巴斯
KM	科摩罗
KP	朝鲜民主主义人民共和国
KR	韩国
KW	科威特
KZ	哈萨克斯坦
LA	老挝
LB	黎巴嫩
LK	斯里兰卡
LR	利比里亚
LT	立陶宛
LU	卢森堡
LV	拉脱维亚
LY	利比亚
MA	摩洛哥
MD	摩尔多瓦共和国
MG	马达加斯加

(续)

代码	国家
MK	马其顿
ML	马里
MM	缅甸
MN	蒙古
MO	澳门
MP	北马里亚纳群岛（含除关岛之外的马里亚纳群岛）
MQ	马提尼克岛
MR	毛里塔尼亚
MT	马耳他
MU	毛里求斯
MW	马拉维
MX	墨西哥
MY	马来西亚
MZ	莫桑比克
NA	纳米比亚
NC	新喀里多尼亚（含洛亚蒂群岛）
NE	尼日尔
NG	尼日利亚
NI	尼加拉瓜
NL	荷兰
NO	挪威
NP	尼泊尔
NZ	新西兰
OM	阿曼
PA	巴拿马
PE	秘鲁
PF	法属波利尼西亚
PG	巴布亚新几内亚
PH	菲律宾
PK	巴基斯坦
PL	波兰
PM	圣皮埃尔和密克隆
PR	波多黎各
PT	葡萄牙（含亚速尔群岛和马德拉群岛）
PY	巴拉圭
QA	卡塔尔
RE	留尼汪
RO	罗马尼亚
RU	俄罗斯
RW	卢旺达

(续)

代码	国家
SA	沙特阿拉伯
SB	所罗门群岛
SC	塞舌尔
SD	苏丹
SE	瑞典
SG	新加坡
SI	斯洛文尼亚
SK	斯洛伐克
SL	塞拉利昂
SN	塞内加尔
SO	索马里
SR	苏里南
ST	圣多美和普林西比
SV	萨尔瓦多
SY	叙利亚
TD	乍得
TG	多哥
TH	泰国
TJ	塔吉克斯坦
TM	土库曼斯坦
TN	突尼斯
TR	土耳其
TT	特立尼达和多巴哥
TV	图瓦卢
TZ	坦桑尼亚
UA	乌克兰
UG	乌干达
US	美国
UY	乌拉圭
UZ	乌兹别克斯坦
VE	委内瑞拉
VN	越南
VU	瓦努阿图
WS	萨摩亚
YE	也门
YU	南斯拉夫
ZA	南非
ZM	赞比亚
ZW	津巴布韦

附录3　世界航空公司二字代码

(部分)

CHINA SOUTHEM AIRLINES	中国南方航空公司	CZ
CONTINENTAL MICRONESIA	美国大陆航空公司	CO
CZECHOSLOVAK AIRLINES	捷克航空公司	OK
DELTA AIRLINES	美国三角航空公司	DL
EL AL ISREAL AIRLINES	以色列航空公司	LY
EMIRATE SKY CARGO	阿联酋航空公司	EK
EVA AIRWAYS	台湾长荣航空公司	BR
FEDERAL EXPRESS	美国联邦快递公司	FM
FINNAIR	芬兰航空公司	AY
GARUDA INDONESIA	印尼航空公司	GA
GULF AIR	海湾航空公司	GF
IBERIA	西班牙航空公司	IB
IRAN AIR	伊朗国家航空公司	IR
KLM ASIA	荷兰航空公司	KL
KOREAN AIR	大韩航空公司	KE
KUWAIT AIRWAYS	科威特航空公司	KU
LAO AVIATION	老挝国家航空公司	QV
LAN CHILE	智利航空公司	LA
LAUDA AIR	奥地利荣达航空公司	NG
LOT - POLISH AIRLINES	波兰航空公司	LO
LUFTHANSA	汉莎航空公司	LH
MALAYSIA AIRLINES	马来西亚航空公司	MH
MALEV - HUNGARIAN AIRLINES	匈牙利航空公司	MA
NORTHWEST AIRLINES	美国西北航空公司	NW
AEROFLOT RUSSIA AIRLINES	俄罗斯航空公司	SU
AEROLINEAS ARGENTINAS	阿根廷航空公司	AR
AEROPERU	秘鲁航空公司	PL
MEXICANA AIRLINES	墨西哥国际航空公司	MX
AIR CANADA	加拿大枫叶航空公司	AC
AIR FRANCE	法国航空公司	AF

(续)

AIR INDIA	印度航空公司	AI
AIR LANKA	斯里兰卡航空公司	UL
AIR MACAU	澳门航空公司	NX
AIR NEW ZEALAND	新西兰航空公司	NZ
AIR PORTUGAL	葡萄牙航空公司	TP
ALITALIA	意大利航空公司	AZ
AMERICAN AIRLINES	美国国家航空(美利坚航空公司)	AA
ASIANA	韩亚航空公司	OZ
BRITISH ASIA	英国航空公司	BA
CANADIAN AIRLINES INT'L	加拿大国际航空公司	CP
CATHAY PACIFIC AIRWAYS	国泰航空公司	CX
CHINA AIRLINES	中华航空公司	CI
PACIFIC AIRLINES	越南太平洋航空公司	BL
PHILIPPINE AIRLINES	菲律宾航空公司	PR
QANTAS AIRWAYS	澳洲航空公司	QF
ROYAL AIR CAMBODGE	柬埔寨国家航空公司	QV
ROYAL BRUNEI AIRLINES	文莱航空公司	BI
ROYAL JORDANIAN	约旦航空公司	RJ
ROYAL NEPAL AIRLINES	尼泊尔航空公司	RA
SAS	北欧航空公司	SK
SAUDI AIRLINES	沙特航空公司	SV
SINGAPORE AIRLINES	新加坡航空公司	SQ
SOUTH AFRICA AIRWAYS	南非航空公司	SA
SWISSAIR	瑞士航空公司	SR
THAI AIRWAYS	泰国航空公司	TG
TRANS ASIA AIRWAYS	复兴航空公司	GE
TURKISH AIRLINES	土耳其航空公司	TK
UNITED AIRLINES	美国联合航空公司	UA
VIETNAM AIRLINES	越南航空公司	VN
JAPAN AIRLINES	日本航空公司	JL
ALL NIPPON AIRWAYS	全日空航空公司	NH

附录4 我国民用机场三字代码

机场名称	所在区域	所在省市	三字代码	四字代码
华北区				
北京首都国际机场	华北地区	北京	PEK	ZBAA
北京南苑机场	华北地区	北京	NAY	ZBNY
天津滨海国际机场	华北地区	天津市	TSN	ZBTJ
太原武宿机场	华北地区	山西省	TYN	ZBYN
长治王村机场	华北地区	山西省	CIH	ZBCZ
大同/倍加皂机场	华北地区	山西省	DAT	ZBDT
石家庄正定机场	华北地区	河北省	SJW	ZBSJ
秦皇岛山海关机场	华北地区	河北省	SHP	ZBSH
邯郸机场	华北地区	河北	HDG	ZBHD
呼和浩特白塔机场	华北地区	内蒙	HET	ZBHH
包头二里半机场	华北地区	内蒙	BAV	ZBOW
海拉尔东山机场	华北地区	内蒙	HLD	ZBLA
赤峰玉龙机场	华北地区	内蒙	CIF	ZBCF
通辽机场	华北地区	内蒙	TGO	ZBTL
锡林浩特机场	华北地区	内蒙	XIL	ZBXH
乌兰浩特/伊勒力特机场	华北地区	内蒙	HLH	ZBUL
乌海机场	华北地区	内蒙	WUA	ZBUH
北京/定陵机场	华北地区	北京	NNN	——
北京/大溶洞机场	华北地区	北京	NNN	——
天津塘沽机场	华北地区	天津	NNN	——
滨海东方通用直升机场	华北地区	天津	NNN	——
平朔/安太堡机场	华北地区	山西	NNN	ZBPS
大同东王庄机场	华北地区	山西	NNN	——
昌黎/黄金海崖机场	华北地区	河北	NNN	——
西北地区				
西安咸阳国际机场	西北地区	山西	XIY	ZLXY
西安西关机场	西北地区	山西	SIA	ZLXG
延安二十里堡机场	西北地区	陕西	ENY	ZLYA
汉中机场	西北地区	陕西	HZG	ZLHZ
榆林西沙机场	西北地区	陕西	UYN	ZLYL

(续)

机场名称	所在区域	所在省市	三字代码	四字代码
西北地区				
安康机场	西北地区	陕西	AKA	ZLAK
兰州中川机场	西北地区	甘肃	ZGC/LHW	ZLLL
敦煌机场	西北地区	甘肃	DNH	ZLDH
嘉峪关机场	西北地区	甘肃	JGN	ZLJQ
庆阳/西峰机场	西北地区	甘肃	IQN	ZLQY
西宁曹家堡机场	西北地区	青海	XNN	ZLXN
格尔木机场	西北地区	青海	GOQ	ZLGM
银川河东机场	西北地区	宁夏	INC	ZLIC
乌鲁木齐地窝堡国际机场	新疆地区	新疆	URC	ZWWW
塔城机场	西北地区	新疆	TCG	ZWTC
伊宁机场	西北地区	新疆	YIN	ZWYN
喀什机场	西北地区	新疆	KHG	ZWSH
且末机场	西北地区	新疆	IQM	ZWCM
阿克苏/温宿机场	西北地区	新疆	AKU	ZWAK
和田机场	西北地区	新疆	HTN	ZWTN
库尔勒机场	西北地区	新疆	KRL	ZWKL
库车机场	西北地区	新疆	KCA	ZWKC
阿勒泰机场	西北地区	新疆	AAT	ZWAT
西安阎良机场	西北地区	陕西	NNN	ZLYN
蒲城机场	西北地区	陕西	NNN	——
乌鲁木齐东山通用航空机场	新疆地区	新疆	NNN	——
喀纳斯直升机场	新疆地区	新疆	NNN	——
石河子通用航机场	新疆地区	新疆	NNN	——
华东区				
上海浦东国际机场	华东地区	上海	PVG	ZSPD
上海虹桥国际机场	华东地区	上海	SHA	ZSSS
赣州黄金机场	华东地区	江西	KOW	ZSGZ
景德镇/罗家机场	华东地区	江西	JDZ	ZSJD
南昌昌北机场	华东地区	江西	KHN	ZSCN
舟山/普陀山机场	华东地区	浙江	HSN	ZSZS
黄岩路桥机场	华东地区	浙江	HYN	ZSLQ
义乌机场	华东地区	浙江	YIW	ZSYW
衢州机场	华东地区	浙江	JUZ	ZSJU
宁波栎社机场	华东地区	浙江	NGB	ZSNB
温州永强机场	华东地区	浙江	WNZ	ZSWZ

(续)

机场名称	所在区域	所在省市	三字代码	四字代码
华东区				
合肥骆岗机场	华东地区	安徽	HFE	ZSOF
黄山屯溪机场	华东地区	安徽	TXN	ZSTX
安庆机场	华东地区	安徽	AQG	ZSAQ
阜阳机场	华东地区	安徽	FUG	ZSFY
济南遥墙机场	华东地区	山东	TNA	ZSJN
烟台莱山机场	华东地区	山东	YNT	ZSYT
威海/大水泊机场	华东地区	山东	WEH	ZSWH
潍坊机场	华东地区	山东	WEF	ZSWF
临沂/沭埠岭机场	华东地区	山东	LYI	ZSLY
东营机场	华东地区	山东	DOY	ZSDY
常州奔牛机场	华东地区	江苏	CZX	ZSGG
徐州观音机场	华东地区	江苏	XUZ	ZSXZ
盐城/南洋机场	华东地区	江苏	YNZ	ZSYN
南通兴东机场	华东地区	江苏	NTG	ZSNT
连云港白塔埠机场	华东地区	江苏	LYG	ZSLG
九江庐山机场	华东地区	江西	NNN	ZSJJ
福州长乐机场	华东地区	福建	FOC	ZSFZ
厦门高崎国际机场	华东地区	福建	XMN	ZSAM
武夷山机场	华东地区	福建	WUS	ZSWY
泉州晋江机场	华东地区	福建	JJN	ZSQZ
龙华机场	华东地区	上海	NNN	ZSSL
高东海上救助机场	华东地区	上海	NNN	
启东直升机场	华东地区	江苏	NNN	
桐庐直升机场	华东地区	浙江	NNN	
安吉直升机场	华东地区	浙江	NNN	
横店体育机场	华东地区	浙江	NNN	
石老人直升机场	华东地区	山东	NNN	
泰安直升机场	华东地区	山东	NNN	
南昌青云谱机场	华东地区	江西	NNN	
蓬莱沙河口机场	华东地区	山东	NNN	
春兰直升机场	华东地区	江苏	NNN	
东北地区				
沈阳桃仙国际机场	东北地区	辽宁	SHE	ZYTX
沈阳东塔机场	东北地区	辽宁	SHE	ZYYY
大连周水子国际机场	东北地区	辽宁	DLC	ZYTL

(续)

机场名称	所在区域	所在省市	三字代码	四字代码
东北地区				
锦州小领子机场	东北地区	辽宁	JNZ	ZYJZ
丹东浪头机场	东北地区	辽宁	DDG	ZYDD
长海机场	东北地区	辽宁	CNI	ZYCH
朝阳机场	东北地区	辽宁	CHG	ZYCY
哈尔滨太平国际机场	东北地区	黑龙江	HRB	ZYHB
齐齐哈尔三家子机场	东北地区	黑龙江	NDG	ZYQQ
佳木斯东郊机场	东北地区	黑龙江	JMU	ZYJM
牡丹江海浪机场	东北地区	黑龙江	MDG	ZYMD
黑河机场	东北地区	黑龙江	HEK	ZYHE
吉林二台子机场	东北地区	吉林	JIL	ZYJL
延吉朝阳川机场	东北地区	吉林	YNJ	ZYYJ
长春龙嘉机场	东北地区	吉林	CGQ	ZYCC
嫩江机场	东北地区	黑龙江	NNN	ZYNJ
哈尔滨平房机场	东北地区	黑龙江	NNN	——
塔河机场	东北地区	黑龙江	NNN	ZYTH
加格达奇机场	东北地区	黑龙江	NNN	ZYJD
佳西机场	东北地区	黑龙江	NNN	——
八五六农航站机场	东北地区	黑龙江	NNN	——
新民农用机场	东北地区	辽宁	NNN	——
沈阳苏家屯红宝山机场	东北地区	辽宁	NNN	——
辽中机场	东北地区	辽宁	NNN	——
绥芬河直升机货运机场	东北地区	黑龙江	NNN	——
沈阳于洪全胜机场	东北地区	辽宁	NNN	——
长春二道河子机场	东北地区	吉林	NNN	ZYRD
敦化机场	东北地区	吉林	NNN	ZYDH
白城机场	东北地区	吉林	NNN	——
中南地区				
广州白云国际机场	中南地区	广东	CAN	ZGGG
珠海三灶机场	中南地区	广东	ZUH	ZGSD
珠海九洲机场	中南地区	广东	ZUH	ZGUH
梅县/长岗岌机场	中南地区	广东	MXZ	ZGMX
汕头外砂机场	中南地区	广东	SWA	ZGOW
湛江机场	中南地区	广东	ZHA	ZGJL
深圳宝安国际机场	中南地区	广东	SZX	ZGSZ
罗定机场	中南地区	广东	LDG	ZGLD

(续)

机场名称	所在区域	所在省市	三字代码	四字代码
中南地区				
南宁吴圩机场	中南地区	广西	NNG	ZGNN
桂林两江机场	中南地区	广西	KWL	ZGKL
北海福成机场	中南地区	广西	BHY	ZGBH
柳州白莲机场	中南地区	广西	LZH	ZGZH
梧州机场	中南地区	广西	WUZ	ZGWZ
长沙黄花机场	中南地区	湖南	CSX	ZGCS
张家界荷花机场	中南地区	湖南	DYG	ZGDY
常德桃花源机场	中南地区	湖南	CGD	ZGCD
武汉天河机场	中南地区	湖北	WUH	ZHHH
宜昌三峡机场	中南地区	湖北	YIH	ZHYC
襄樊刘集机场	中南地区	湖北	XFN	ZHXF
沙市机场	中南地区	湖北	SHS	ZHSS
郑州新郑机场	中南地区	河南	CGO	ZHCC
洛阳北郊机场	中南地区	河南	LYA	ZHLY
南阳姜营机场	中南地区	河南	NNY	ZHNY
安阳北郊机场	中南地区	河南	AYN	ZHAY
三亚凤凰机场	中南地区	海南	SYX	ZJSY
海口美兰国际机场	中南地区	海南	HAK	ZJHK
阳江合山机场	中南地区	广东	NNN	ZGYJ
湛江新塘机场	中南地区	广东	NNN	——
深圳南头直升机场	中南地区	广东	NNN	——
湛江坡头直升机场	中南地区	广东	NNN	ZGNU
永州零陵机场	中南地区	湖南	NNN	——
荆门漳河机场	中南地区	湖北	NNN	——
恩施许家坪机场	中南地区	湖北	NNN	——
郑州上街机场	中南地区	河南	NNN	——
南航三亚珠海直升机起降场	中南地区	海南	NNN	——
海南东方机场	中南地区	海南	NNN	——
海南亚太机场	中南地区	海南	NNN	——
海南东方机场	中南地区	海南	NNN	——
海南亚太机场	中南地区	海南	NNN	——
西南地区				
成都双流国际机场	西南地区	四川	CTU	ZUUU
宜宾莱坝机场	西南地区	四川	YBP	ZUYB
泸州蓝田机场	西南地区	四川	LZO	ZULZ

（续）

机场名称	所在区域	所在省市	三字代码	四字代码
西南地区				
绵阳南郊机场	西南地区	四川	MIG	ZUMY
攀枝花保安营机场	西南地区	四川	PZI	ZUZH
九寨黄龙机场	西南地区	四川	JZH	ZUJZ
西昌青山机场	西南地区	四川	XIC	ZUXC
广元盘龙机场	西南地区	四川	GYS	ZUZU
广汉机场	西南地区	四川	GHN	ZUGH
万州五桥机场	西南地区	重庆	WXN	ZUWX
重庆江北机场	西南地区	重庆	CKG	ZUCK
贵阳龙洞堡机场	西南地区	贵州	KWE	ZUGY
铜仁大兴机场	西南地区	贵州	TEN	ZUTR
安顺黄果树机场	西南地区	贵州	AVA	ZUAS
拉萨贡嘎机场	西南地区	西藏	LXA	ZULS
昌都邦达机场	西南地区	西藏	BPX	ZUBD
保山机场	西南地区	云南	BSD	ZPBS
大理/荒草坝机场	西南地区	云南	DLU	ZPDL
丽江三义机场	西南地区	云南	LJG	ZPLJ
临沧/博尚机场	西南地区	云南	LNJ	ZPLC
西双版纳嘎洒机场	西南地区	云南	JHG	ZPJH
思茅机场	西南地区	云南	SYM	ZPSM
迪庆香格里拉机场	西南地区	云南	DIG	ZPDQ
昭通机场	西南地区	云南	ZAT	ZPZT
遂宁机场	西南地区	四川	NNN	ZUSN
成都温江机场	西南地区	四川	NNN	——
九寨沟直升机场	西南地区	四川	NNN	——
新津机场	西南地区	四川	NNN	ZUXJ
德宏芒机场	西南地区	云南	NNN	——

参考文献

[1] 张焕. 空中领航学[M]. 成都:西南交通大学出版社,2003.
[2] 张永隆,张彦. 地球磁场及其应用[J]. 中国科技信息,2008(14):55-60.
[3] 徐文耀. 地磁学[M]. 北京:地震出版社,2003.
[4] 赵洋. 谁发现了时差[J]. 科技瞭望,2008(5):40.
[5] 黄仪方,朱志愚. 航空气象[M]. 成都:西南交通大学出版社,2002.
[6] 刘志强. 航空大百科全书[M]. 安徽:文化音像出版社,2004.
[7] 王迎新. 航空安全事故防范实用手册[M]. 北京:光明日报出版社,2002.
[8] 上海航空公司运行手册[S]. 上海航空股份有限公司,2007.
[9] 周成,章余胜,张保江. 飞机积冰对飞机气动性能和操稳特性的影响[J]. 江苏航空,2001(1):24-26.
[10] 马玲. 飞机积冰与飞行安全[J]. 民航经济与技术,1999(5):37-38
[11] 李雨. 雷暴对飞行的危害和管制指挥策略[J]. 空中交通管理,2009(1):38-40
[12] 谭慧卓. 航空运输地理教程[M]. 北京:中国民航出版社,2007.
[13] 万青. 航空运输地理[M]. 北京:中国民航出版社,2006.
[14] 汪泓,周慧艳. 机场运营管理[M]. 北京:清华大学出版社,2008.
[15] 张安民,许宏量等. 中国航空货运[M]. 北京:航空工业出版社,2005.
[16] 石丽娜,周慧艳,景崇毅. 航空客运实用教程(第2版)[M]. 北京:国防工业出版社,2008.
[17] 耿淑香. 航空公司运营管理方略[M]. 中国民航出版社,2000.
[18] 李阳. 轴辐式网络理论及应用研究[D]. 上海:复旦大学,2006.4.
[19] 中国航空运输发展报告[Z]. 民航年刊,中国民用航空总局,2005.
[20] 罗凤娥. 我国民航机场规划布局的研究[D]. 西南交通大学,2003.
[21] 刘宏鲲. 中国航空网络的结构及其影响因素分析[D]. 西南交通大学,2007.
[22] 范军. 中国航空运输发展战略对策研究[D]. 西南交通大学,2003.
[23] 刘晓明,夏洪山. 我国民用机场等级分布的合理性分析[J]. 综合运输,2006(7):31-34.
[24] 赵凤彩,吴彦丽. 我国民航运输经济的区域划分[J]. 经济地理,2008,28(5):841-844.
[25] 周蓓,李艳娜. 我国民航运输机场布局与旅游资源开发互动关系分析[J]. 重庆工商大学学报(西部论坛),2004(6):78-82.
[26] 王姣娥,金凤君,孙炜,戴特奇,王成金. 中国机场体系的空间格局及其服务水平[J]. 地理学报,2006,61(8):829-838.
[27] 党亚茹,赵铨劼. 科技创新在新一代民用航空运输系统中的作用[J]. 天津科技,2007(1):36-38.
[28] 齐禹萌. 科技进步与航空运输发展[J]. 中国民用航空,2008(9)29-31
[29] 铁路提速对民航运输业的影响分析[EB/OL]. http://www.askci.com/freereports/2008-04/200843014559.html.
[30] 各航空公司官网.